金融与投资研究丛书

国家自然科学基金应急重点项目（71850010）：债券市场及其基础设施风险防范与化解研究

融资交易与股价崩盘风险研究

吕大永　吴文锋　－　著

Margin Trading and Stock Price Crash Risk

上海交通大学出版社
SHANGHAI JIAO TONG UNIVERSITY PRESS

内容提要

在国内经济下行压力加大、国际环境波谲云诡的形势下,研究我国金融市场风险防范与化解具有重要意义。本书基于信息视角的交易模型框架,研究融资交易对股价崩盘风险的影响,结果表明:我国融资交易者以具有投机偏好的个人交易者为主;融资交易不利于股价信息含量却有助于提高股价调整速度;融资交易并未通过"流动性提供"和"资产抛售"机制显著影响股价崩盘风险,却通过"套利风险"机制导致股价持续高估、增加未来股价崩盘风险。

图书在版编目(CIP)数据

融资交易与股价崩盘风险研究 / 吕大永,吴文锋著. —上海:上海交通大学出版社,2019
ISBN 978 - 7 - 313 - 22499 - 6

Ⅰ.①融… Ⅱ.①吕…②吴… Ⅲ.①融资-影响-股票价格-研究 Ⅳ.①F832.51

中国版本图书馆 CIP 数据核字(2019)第 263867 号

融资交易与股价崩盘风险研究

RONGZI JIAOYI YU GUJIA BENGPAN FENGXIAN YANJIU

....

著　　　者:	吕大永　吴文锋			
出版发行:	上海交通大学出版社	地　　　址:	上海市番禺路 951 号	
邮政编码:	200030	电　　　话:	021 - 64071208	
印　　　刷:	上海万卷印刷股份有限公司	经　　　销:	全国新华书店	
开　　　本:	710mm×1000mm　1/16	印　　　张:	12	
字　　　数:	213 千字			
版　　　次:	2019 年 12 月第 1 版	印　　　次:	2019 年 12 月第 1 次印刷	
书　　　号:	ISBN 978 - 7 - 313 - 22499 - 6			
定　　　价:	78.00 元			

前　言

　　金融市场的健康、有序发展对金融体系的稳定与实体经济的高质量发展至关重要。然而,当前我国金融市场仍存在制度不完善、监管不到位、投资者不成熟等问题,也面临着一系列的风险隐患。在国内经济下行压力加大、国际环境波谲云诡的形势下,前期积累的潜在问题开始显现,甚至衍生出新的金融风险。在此背景下,对我国金融市场风险防范与化解的研究已经成为一个非常迫切的课题。习近平总书记强调金融安全是国家安全的重要组成部分,要把主动防范化解系统性金融风险放在更加重要的位置。2017年年底的中央经济工作会议将"防范化解重大风险"列为三大攻坚战之首,并明确指出"重点是防控金融风险"。2019年央行工作会议也再次强调"切实防范化解重点领域金融风险"。

　　高杠杆不仅是诱发证券个体风险的重要源头之一,而且还会加剧个体风险的互相传染和叠加,放大、扩散个体风险对整体风险的冲击,从而引发系统性金融风险。自2010年我国融资融券交易制度推出以来,融资交易(杠杆交易)就受到投资者的广泛欢迎。在2015年上半年的股市上涨过程中,融资交易余额快速增加并一度超过2万亿元人民币。然而,2015年6月中旬的股市暴跌也是从监管层"去杠杆、查配资"开始的,融资交易甚至被认为是造成2015年我国股市异常波动的元凶。在此背景下,研究融资交易对股价崩盘风险的影响,在实务上具有重要意义。而且,现有关于我国融资融券交易制度的讨论主要聚焦整体制度推出的影响或仅关注融券交易的作用,鲜有文献关注融资交易对我国证券市场质量、股价崩盘风险等方面的影响,而部分基于国外融资交易制度的研究结论也不一定适用于我国股票市场。因此,本书关于融资交易对市场质量、股价崩盘风险影响的研究也具有一定的理论价值。

　　证券市场中,交易者的交易活动决定了资产的价格,并最终决定市场质量(股价的信息效率、稳定性和流动性)。因此,讨论融资交易主体的特征,即"融资交易者是噪声交易者还是信息交易者",是研究融资交易对市场质量(信息效率、股价稳定性等)影响的首要问题。基于此,本书分别从融资交易者的交易偏好(投机型股票还是投资型股票)、交易策略(信息交易还是噪声交易)这两个角度综合检验我国融资交易者的特征,并在此基础上讨论来自这些交易者的融资交易活动对标的股票信息效率和股价崩盘风险的影响。最后,我们还基于行为金融的视角,讨论了融资交易对"股价前期高点效应"的影响。

　　本书的主要结论包括:①我国的融资交易者以具有明显投机偏好的个人交易者为主,倾向于采取正反馈交易、移动均线交易等具有噪声交易特征的交易策略;②融资交易活动对信息效率不同方面的影响并不一致——融资交易不利于标的股价的信息含量却有助于提高标的股价调整速度;③融资买入交易未能显著降低未来股价崩盘风险,融资余额与未来股价崩盘风险之间也不存在正向相关关系;④融资交易波动加剧了噪声交易风险,抑制了知情交易者的套利交易活动,导致股价持续高估和更少的信息含量,进一步增加了未来股价崩盘风险;⑤当股价接近前期高价时,融资买入越多的股票,其未来收益率也越低,这意味着融资交易加剧(而不是"修正")我国股市存在的"前期股价高点效应"。

　　本书出版得到了国家自然科学基金应急重点项目"债券市场及其基础设施风险防范与化解研究"(71850010)的资助。

　　囿于作者水平有限,本书错漏缺点在所难免,希望读者批评指正。

目　录

第1章 绪 论

1.1 研究背景

1.1.1 我国融资融券交易制度的推出与运行状况

市场质量是证券市场发挥资金调节和分配作用的核心之一。长期以来,由于制度建设不健全,我国股票市场投机行为盛行、股价暴涨暴跌现象异常明显,诸多研究表明我国股票市场仍处于"弱势有效市场"阶段。这其中,买空、卖空限制被认为是造成我国股票市场有效性较低的一个很重要的原因。

2010年1月8日,国务院公告"原则上同意证券公司的融资融券业务试点",并指出"(融资融券业务试点)是加强我国资本市场基础性制度建设,不断丰富证券交易方式,完善市场功能,继续夯实市场稳定运行的内在基础,促进资本市场稳定健康发展的重要举措"。[①] 2010年2月12日,上海证券交易所和深圳证券交易所分别公告,指定沪深两市市值最大、流动性最强的90只股票作为融资融券标的股票,允许符合条件的投资者向指定的券商借入资金或借入标的股票进行买空、卖空交易。随着融资融券交易业务的发展,上海证券交易所和深圳证券交易所又分别于2011年11月25日、2013年1月25日、2013年9月6日、2014年9月12日进行融资融券扩容,标的数量从两融业务初期的90只增加到2014年年底的900只,占同期A股交易股票总数的35%左右(如表1-1所示)。

根据证监会关于融资融券交易的有关规定,投资者开立融资融券交易账户必须要满足一定的要求,例如:①具有一年半(18个月)以上的证券交易经验;②账户资产总额不低于50万元。但是,从2013年开始,证监会对券商的相关指导意见中对交易经验的要求修改为"具有半年以上的证券交易经验",且对相关资金门

---

① 详见国务院公告(http://www.gov.cn/gzdt/2010-01/08/content_1506214.htm)以及证监会相关公告(http://www.csrc.gov.cn/pub/zjhpublic/G00306201/201001/t20100122_175838.htm)。

槛的要求也不断降低。[①] 因此,与日本的融资融券交易制度类似,我国的融资融券交易制度在推行过程中,也在一定程度上为个人投资者提供了更多的便利,不断降低的信用账户开户要求更是迎合了个人投资者的偏好,吸引了更多个人交易者参与融资融券交易。但是,随着 2014 年年底我国股市暴涨、两融余额突破 1 万亿元人民币,证监会又提高了信用账户开户门槛以期抑制过热的股市。[②]

表 1 - 1　我国融资融券标的扩容事件(截至 2019 年 8 月 19 日)

生效日期	公告日期	调入股票数量	调出股票数量	标的股票数量
2010 年 03 月 31 日	2010 年 02 月 12 日	90	0	90
2011 年 12 月 05 日	2011 年 11 月 25 日	189	1	278
2013 年 01 月 31 日	2013 年 01 月 25 日	222	0	500
2013 年 09 月 16 日	2013 年 09 月 06 日	206	0	700
2014 年 09 月 22 日	2014 年 09 月 12 日	205	0	900
2016 年 12 月 12 日	2016 年 12 月 02 日	77	0	950
2019 年 08 月 19 日	2019 年 08 月 09 日	650	0	1 600

数据来源:根据上海证券交易所、深圳证券交易所有关融资融券的公告整理。[③]
注:各扩容事件之间可能有部分标的微调。

此外,我国的融资融券交易成本较高。在融资融券交易制度推出初期,融资交易利率为 8.6%、融券交易利率为 9.5%,远高于同期定期存款利率或一年期国债收益率(2.0%～3.0%)。截至 2019 年,融资融券交易的利率在不同券商处可能有一定的差异,但是基本上都维持在 7% 以上。然而,D'Avolio(2002)却指出,美国融资交易市场的市值加权利率仅为 0.25%,且只有 9% 的融资交易标的的利率高于 1%。可见,我国融资交易的成本相对较高。

虽然融资融券交易者的准入门槛和交易成本较高,但是融资融券交易在我国

①　部分券商的资金门槛甚至陆续降低至 20 万元、10 万元、5 万元,甚至是零门槛。(例如:http://app.why.com.cn/epaper/qnb/html/2015-01/20/content_240689.htm? div=-1)
②　例如,证监会于 2015 年 1 月 16 日通报 2014 年四季度两融业务检查结果,指出:"招商证券、广发证券存在向不符合条件的客户融资融券问题;新时代证券、齐鲁证券、银河证券、中信证券、海通证券和国泰君安存在违规为到期融资融券合约展期问题。"
③　上海证券交易所融资融券公告,http://www.sse.com.cn/disclosure/magin/announcement/;深证证券交易所融资融券公告,http://www.szse.cn/main/disclosure/rzrqxx/ywgg/。本书所采用的融资融券相关数据,如无特殊说明,均源自上述两大交易所公告。下文不再一一说明。——著者注

证券市场中非常活跃。图 1-1 展示了我国融资融券交易制度开通以来的融资融券月末余额与上证指数月收盘价的变化情况。从图中可以看出,随着融资融券交易制度被交易者认知和熟悉,融资融券余额逐渐增加。两融余额从 2010 年年底的 127 亿元直线上升,并于 2014 年年底首次向上突破 1 万亿元。随着 2015 年市场行情的上涨,融资融券月末余额在 2015 年 5—6 月正式站上 2 万亿元大关。

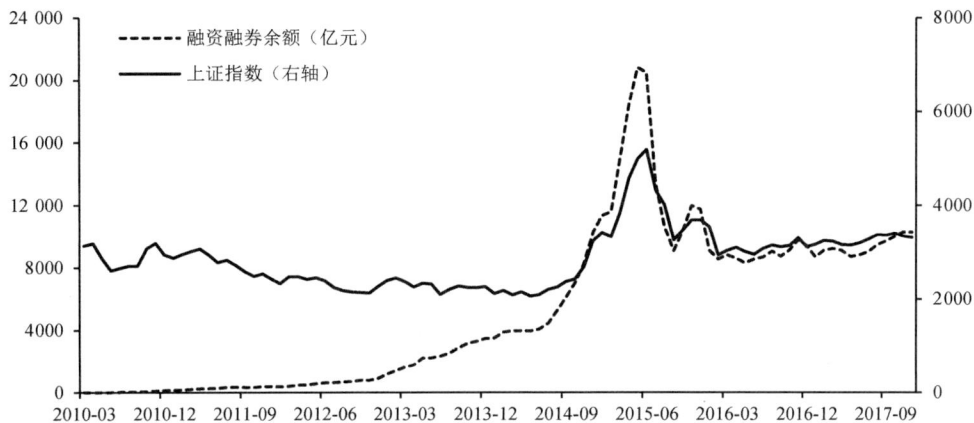

图 1-1　2010 年 3 月—2017 年 12 月融资融券余额变动情况

　　值得注意的是,虽然我国的融资交易制度、融券交易制度是一起推出的,但是两者的交易活动存在较大的不平衡。图 1-2 展示了我国融资融券交易制度开通至 2017 年 12 月的融资交易、融券交易月末余额的变动情况。从图 1-2 中可以看出,自从融资融券交易制度开通以来,融资交易余额不断增加,并于 2015 年 5—6 月突破了 2 万亿元人民币(最高达到 20 719 亿元)。在 2015 年股灾之后,融资交易余额虽然有所回落,但是一直都在 8000 亿元以上,并于 2017 年 11 月重新站上 1 万亿元关口。相反,自从融券交易开通以来,融券余额一直较低且从未向上突破 90 亿元规模(即使 2015 年 4 月底的最高融券余额也仅有 88.5 亿元)。因此,我国的融资交易规模远远大于融券交易的规模,融资交易与融券交易之间存在较大的不对称性。

　　融资交易与融券交易的不平衡可能与我国投资者的交易习惯、偏好有关。长期以来,我国股市的投资者更习惯于“先买后卖”获利,且我国股市的投资者具有较强的博彩偏好和投机性特征,他们对融券交易仍比较陌生,而融资交易恰恰迎合了他们的投机性偏好。因此,融资融券交易制度开通以后,我国股市投资者更倾向参与融资交易而较少参与不熟悉的融券交易。

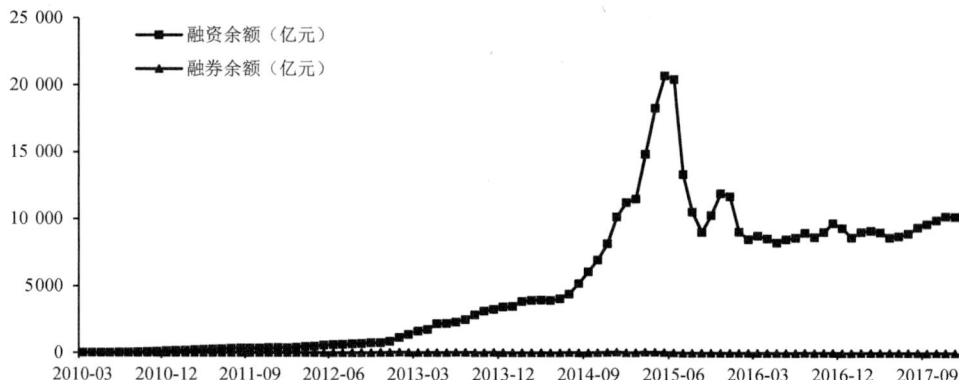

图 1-2　2010 年 3 月—2017 年 12 月融资交易、融券交易余额情况

1.1.2　我国 2015 年股市异常引发对杠杆融资交易的思考

杠杆融资交易一直被视为我国股市不稳定的元凶。从 2010 年 3 月 31 日融资融券制度开设至 2015 年年底,上证指数有 19 个交易日涨跌幅超过 5%,而同期道琼斯工业平均指数仅有 1 个交易日涨跌幅超过 5%(这一数据在过去 44 年里仅有 28 次)。

2015 年 6 月中旬开始爆发的股灾使得投资者、监管层再次将目光聚焦于融资融券交易上。上证指数从 2015 年年初开始在半年不到的时间内从 3234 点上涨至最高 5178 点,涨幅高达 60%。在这个过程中,监管当局出于对"杠杆牛市"的担忧,多次提出调查和清理场外配资,最终在 2015 年 6 月底触发了股市暴跌。上证指数从最高 5178 点暴跌至 7 月 9 日的 3373 点,在 20 个交易日不到的时间内暴跌了 34.86%,并且在之后两个月不到的时间内上证指数暴跌至 2859 点(跌幅高达 44.79%)。特别是本次股市最高点之后,A 股市场在 3 个月不到的时间内经历了 16 次千股跌停潮(如图 1-3 所示)。

在本次股市异常期间,监管层出台多种措施稳定市场,以避免引发系统性金融风险。2015 年 6 月 27 日央行宣布"自 28 日起有针对性地对金融机构实施定向降准";6 月 29 日人力资源和社会保障部、财政部等部门起草《基本养老保险基金投资管理办法》并向社会征询意见;7 月 4 日,国务院决定暂停首次公开募股(IPO),同时证券业协会 21 家会员单位决定共同出资 1200 亿元投资蓝筹股ETF;7 月 5 日,证监会发布公告称"中国人民银行将协助通过多种形式给予中国

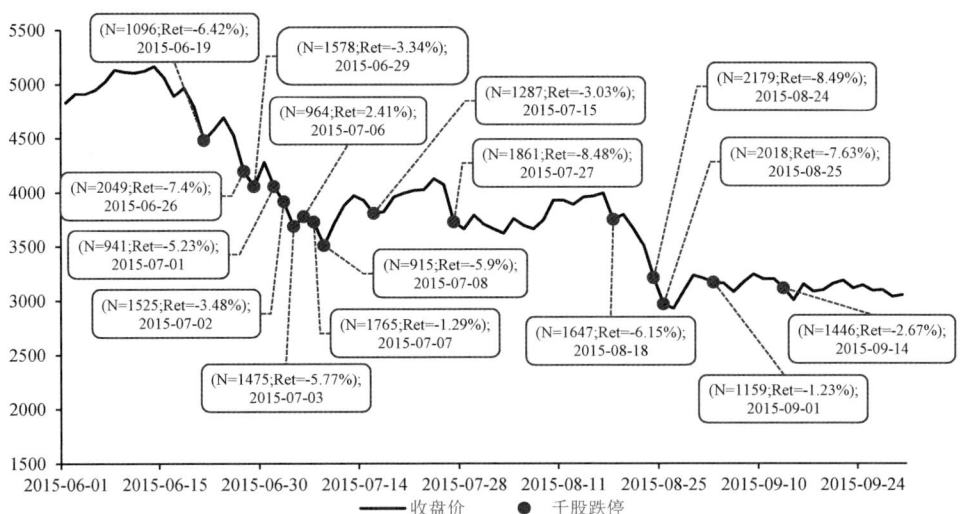

注：方框内第 1 行 N 表示该交易日跌停的股票数量、Ret 表示当天上证指数收益率；第 2 行表示千股跌停的日期。

图 1 - 3　2015 年 6 月—2015 年 9 月上证指数日收盘价与 16 次千股跌停分布

证券金融股份有限公司流动性支持"。此外，监管层还通过"要求控股机构不减持所持有的控股上市公司股票，支持控股机构择机增持""联合公安部打击证券期货领域违法犯罪活动""提高股指期货保证金、开仓限制"等措施从多个方面救市、打击过度投机，以期稳定市场、防范系统性暴跌。

对这一轮股灾的原因的争议很多，其中一个重要的观点是杠杆融资交易机制，同时证监会清理场外配资也一直被认为是本轮暴跌的导火索。在 2015 年 2—6 月股市暴涨期间，证监会多次出台文件，明确规定"券商不得以任何形式参与场外股票配资、伞形信托等活动，不得为场外股票配资、伞形信托提供数据端口等服务或便利""未批机构不得融资融券，叫停场外配资接入"。甚至在 2015 年 6 月底开始的股市暴跌期间，证监会依然重拳"去杠杆、查配资"。例如，7 月 12 日证监会公布的《关于清理整顿违法从事证券业务活动的意见》要求"加强对场外配资业务的清理整顿力度"；7 月 27 日，证监会组织稽查执法力量赴上海铭创、浙江同花顺核查场外配资。

1.1.3　相关文献对我国杠杆融资交易的讨论不足

融资融券交易制度的开通为我国投资者提供了买空、卖空的交易渠道。但是已有的相关文献主要关注卖空交易对市场流动性、波动性、信息效率等方面的影响（Diamond and Verrecchia，1987；Bris et al.，2007；Diether et al.，2009；Saffi and Sigurdsson，2011；Beber and Pagano，2013；Boehmer and Wu，2013）。而现有的针对我国融资融券交易制度的研究，也大多从整个制度推出对市场的影响方面入手（许红伟、陈欣，2012；Chang et al.，2014；Sharif et al.，2014；肖浩、孔爱国，2014；李志生等，2017），或者重点讨论融券交易的影响（李科等，2014；Li et al.，2016；李丹等，2016；唐松等，2016；Li et al.，2017）。但是，不管是关于卖空机制影响的研究，还是针对融资融券交易制度影响的相关讨论，并没有取得比较一致的结论，甚至存在较大分歧。

此外，目前也有部分研究开始关注融资交易的影响，但是他们的结论仍存在一定的争议。国外的相关研究主要是基于 1987 年 10 月的股灾，讨论融资交易的保证金比率调整对市场流动性、波动性的影响，但是并没有得到比较一致的结论（Hardouvelis，1990；Hardouvelis and Peristiani，1992；Seguin and Jarrell，1993；Chowdhry and Nanda，1998）。此后的相关讨论也基本针对融资交易保证金调整对市场的影响展开的（Thurner et al.，2012；Rytchkov，2014；Brumm et al.，2015；Kahraman and Tookes，2017）。除此之外，也有少部分文献探讨融资交易者的持股特征或交易策略（Hirose et al.，2009；Lin and Lin，2014；Koudijs and Voth，2016）。

更重要的是，现有的关于融资交易影响的相关研究主要基于国外市场（例如，美国、日本、德国等），而与国外的投资者结构不同，A 股市场仍是一个以散户为主的市场，因此现有的关于国外市场的研究是否适用 A 股市场，仍值得怀疑。而大部分针对我国融资融券交易影响的研究把两者视为一个整体，讨论整个制度推出的影响。虽然目前有部分文献专门讨论我国的融资交易对证券市场的影响，但是也没有得出比较一致的结论（例如，陈海强、范云菲，2015；褚剑、方军雄，2016；廖理等，2018），更罕有文献讨论我国融资交易者的交易特征和交易策略。因此，关于融资交易制度对我国证券市场的影响，仍有待进一步研究。

1.2 研究意义

我国融资融券交易制度推出以后，融资交易远比融券交易活跃。截至 2017 年年底，融资交易月末余额均值约为 5156 亿元，而融券交易月末余额均值仅27.68亿元，前者是后者的 180 倍以上。因此，融资交易对证券市场的影响更不应被忽略。更重要的是，2015 年的股灾也正是从证监会"去杠杆、查配资"开始的。然而，现有的文献研究主要是针对融资融券交易制度的推出对证券市场的影响，或重点关注融券交易的影响,有限的讨论融资交易的研究并没有得到比较一致的结论。在此背景下,本专著从杠杆融资交易的标的特征、交易策略、对市场信息效率和股价崩盘风险的影响这几个方面入手,重点关注杠杆融资交易及其对证券市场的影响,这不仅在理论上而且在实务上都具有重要的意义。

本研究的理论意义在于:

(1)通过对融资交易的标的特征、交易策略的讨论,从更微观的视角提供了关于我国融资交易者的交易行为的讨论,丰富了对我国融资交易的相关研究,并为进一步讨论融资交易的影响提供了更直接的微观证据。

(2)综合使用多种指标讨论融资交易对股价信息效率的影响,有助于更全面地判断融资交易对信息效率影响的利弊,缓解相关研究关于融资交易影响的争议,也丰富了关于我国融资交易对信息效率影响的讨论。

(3)从多个渠道讨论融资交易对标的股价崩盘风险的影响,有助于更全面地认清融资交易对股价崩盘风险的影响机理,解决前人关于融资交易对股价崩盘风险影响的争议。

本研究的现实意义在于:

(1)分析融资交易者的交易偏好和持股特征,有助于为证券公司调整融资交易业务提供一定的参考。证券公司应根据融资交易者的交易偏好,在不同的市场行情下适时、适当地制订差异化的融资交易利率、调整担保证券的折算率,以进一步控制融资交易业务风险。

(2)通过探讨融资交易的交易策略、研究融资交易者是否拥有公司特质性信息,认清我国融资交易者的交易目的和交易方式,有助于为投资者提供投资建议。例如,投资者是否可以参照融资交易的相关指标来判断未来股市变化并采取相应的交易策略。

(3)有助于进一步认清 2015 年"疯牛快熊"中杠杆融资交易机制的作用,也有助于更好地识别场外配资的利弊,同时对监管当局更好地调控融资交易提供相关的政策建议,以促进我国证券市场未来融资交易的进一步发展。

1.3　研究内容与结构安排

1.3.1　研究内容

证券市场中,交易者的交易形成资产的价格(如图 1-4 所示),并最终决定市场质量(股价的信息效率、稳定性和流动性)。根据噪声交易理论,证券市场的交易者主要包括非信息(噪声)交易者和信息交易者两大类(De Long et al.,1990; Palomino et al.,1996)。其中,非信息(噪声)交易者是不拥有信息的交易者,他们的交易更多的受到非理性因素,例如情绪的驱动,具有更强的投机偏好,且噪声交易者往往根据历史股价的变化采取移动均线、正反馈等非信息交易策略(De Long et al.,1990; Shleifer and Summers,1990; Taylor,2014);而信息交易者是拥有特质性信息的、理性的、成熟的交易者,他们往往根据当前股价与内在价值的偏差进行交易决策,且更偏好于买入被低估的股票、卖出被高估的股票。更重要的是,这两类交易者的交易行为对市场质量的影响可能并不相同,例如:来自非信息(噪声)交易者的投机交易增加了股市的噪声,且更容易造成股价高估、导致股价的过度波动,因此噪声交易者很可能不利于股价的信息含量(Brown,1999; Barber and Odean,2000; Morck et al.,2000; Dow and Han,2017);相反,来自信息交易者的交易则很可能有助于增加股价的信息含量,起到降低股价与内在价值偏差、抑制股价波动的作用,因此来自信息交易者的交易可能有助于提高股价的信息效率(Boehmer and Kelley,2009; Engelberg et al.,2012)。

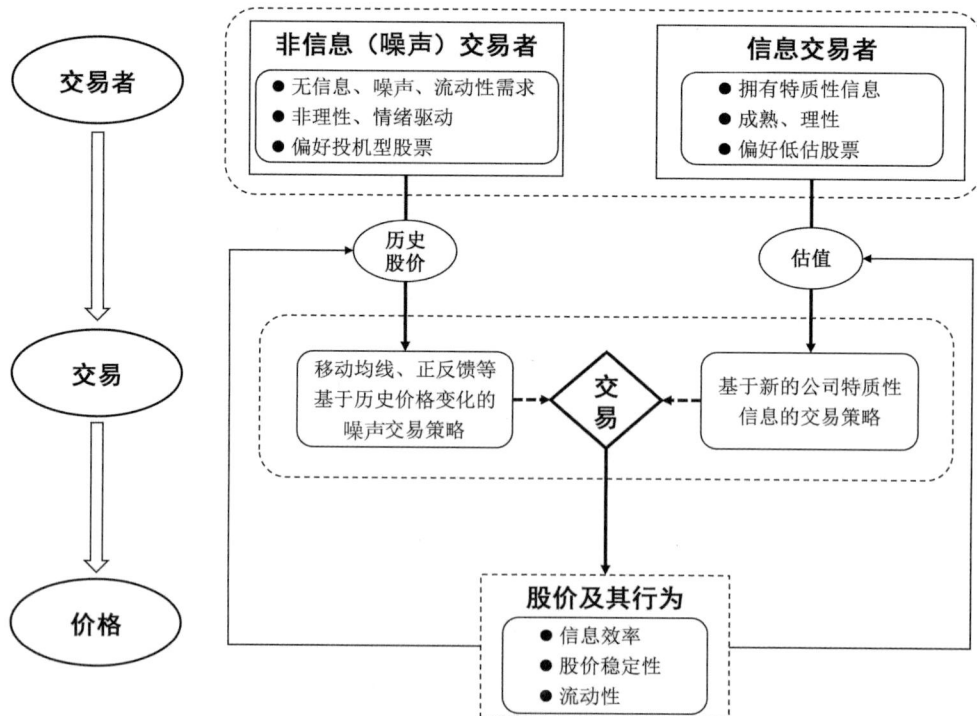

图 1-4　基于信息视角的市场交易模型

因此,讨论融资交易主体的特征(即"融资交易者是噪声交易者还是信息交易者")是研究融资交易对市场质量(信息效率、股价稳定性等)影响的首要问题。基于此,本书分别从融资交易者的交易偏好(投机型股票还是投资型股票)、交易策略(信息交易还是噪声交易)这两个角度综合检验我国融资交易者的特征,并在此基础上讨论来自这些交易者的融资交易活动对标的股票信息效率和股价稳定性的影响。最后,我们还基于行为金融的视角,讨论了融资融券交易对"股价前期高点效应"的影响。

具体而言,本书的研究内容主要包括以下 5 个部分。

第一,本书研究了我国融资交易的标的特征及其对融资交易活动的影响。由于我国个人投资者面临更高的融资约束且具有较强的博彩偏好和投机性特征,他们更有可能是我国融资交易的主体。我们从传统指标(市值、市盈率、换手率)、股票的彩票型特征、散户化程度(散户持股比例、散户规模)3 个角度度量了标的股票的投机性特征,并运用分组均值比较分析、面板回归分析等方法综合讨论融资交易的标的特征对融资交易活动的影响,以识别融资交易者的交易偏好。

第二,本书讨论了我国融资交易者可能采取的交易策略。我们首先以当期融资交易活动为解释变量、以滞后期收益率作为被解释变量,通过实证检验讨论我国融资交易者在融资买入时是否采取基于新的正面公司特质性信息的交易策略。其次,基于正反馈交易、移动均线等交易策略被噪声交易者广泛使用的事实,我们检验了我国融资交易者是否采取这两类具有噪声交易特征的交易策略。

第三,前人关于融资交易对信息效率影响的相关研究并没有取得一致的结论,我们认为主要原因在于前人的研究只是侧重信息效率的某一方面,而融资交易对信息效率不同方面的影响可能是不同的。因此,本书将信息效率分解为"股价信息含量"和"价格调整速度"这两个方面,讨论融资交易对信息效率的不同方面的影响是否存在差异。我们首先运用倾向得分匹配等多种匹配方法选取对照组,利用双重差分模型(differences-in-differences,DID)讨论融资交易制度的开通(或扩容)事件对标的股票信息效率不同方面影响可能存在的不一致性。进一步说,我们以信息效率指标为被解释变量、以融资交易活跃程度为关键解释变量进行面板回归分析,检验融资交易活动对信息效率不同方面的影响是否存在差异。

第四,我们检验了融资交易及其波动对标的股价崩盘风险的影响。融资交易可能通过提供流动性、增加未来卖盘压力等途径对未来股价崩盘风险产生不同的影响。我们首先系统性地梳理了融资交易对未来股价崩盘风险影响的可能渠道,并使用相应的指标检验融资交易活动对未来股价崩盘风险的影响及其具体的影响机制。更重要的是,融资交易波动可能带来更大的噪声交易风险,这将抑制知情交易者的套利交易活动,降低股价的信息含量,导致股价持续高估,进而影响未来股价崩盘风险。因此,我们进一步检验融资交易波动对股价高估程度、股价信息含量的影响,以更明确融资交易波动对未来股价波动影响的内在机制。

第五,本书基于行为金融的视角,检验融资交易对投资者行为偏差的可能影响。融资交易制度的推出为投资者(特别是散户投资者)提供了加杠杆的机会,这可能进一步加剧投资者追涨杀跌等行为偏差。此外,国内外研究表明,股价接近前期高点时,投资者可能表现出更严重的过度反应(反应不足),导致未来股价下跌(或上涨),即存在"股价前期高点效应"。因此,我们首先检验股价接近前期高点时融资交易活动的变化,以判断融资交易者是否有助于识别"股价前期高点效应"。进一步讲,检验融资交易对"股价前期高点效应"的可能影响——股价接近前期高点时,融资交易越活跃的股票未来收益率是更高还是更低。本部分的研究为融资交易对投资者行为偏差的影响(融资交易加剧投资者的行为偏差还是有助于修正投资者的行为偏差)提供了实证证据。

1.3.2　结构安排

本书的框架结构如图 1-5 所示,具体安排如下。

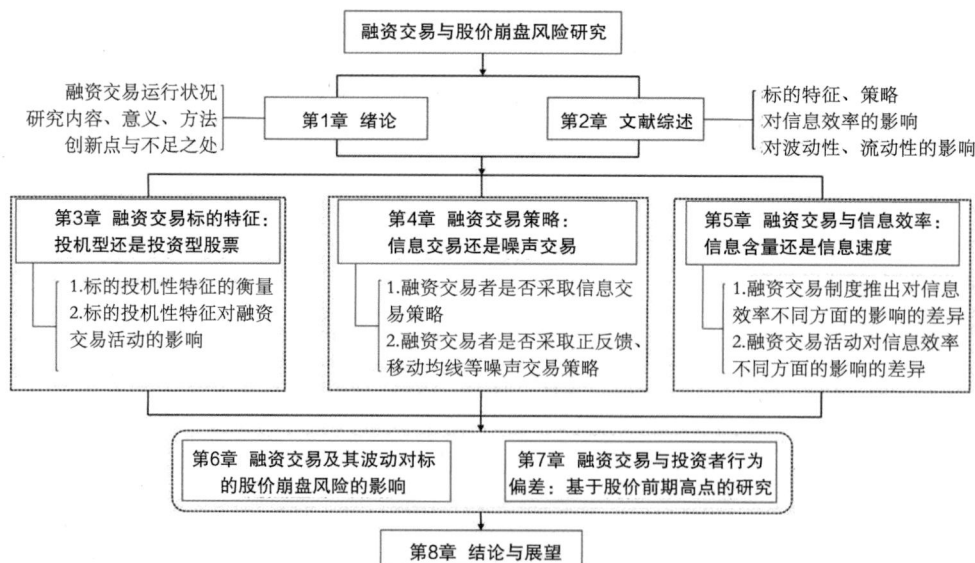

图 1-5　研究框架图

第 1 章是本书的绪论部分,介绍与本书选题相关的我国融资融券交易制度推出与运行现状、2015 年股市异常、相关文献对我国融资交易的讨论等研究背景,并概括了本书的研究内容、意义和基本结构。

第 2 章是文献综述部分,重点梳理与本书选题相关的国内外已有研究,具体包括:国内外关于融资交易者的持股特征、交易策略的相关研究,关于融资交易对信息效率、波动性、流动性影响的相关文献综述。在相关文献梳理的基础上,对前人的研究成果进行评述。

第 3 章讨论了我国融资交易的标的特征对融资交易活动的影响。首先,针对我国股市的投资者结构和投资者偏好,指出我国的融资交易者可能是以具有博彩偏好、投机特征的个人投资者为主。其次,综合从传统指标(市值、市盈率、换手率)、股票的彩票型特征、个股的散户化程度这 3 个方面衡量标的股票的投机性程度。最后,运用分组比较分析、面板回归分析等方法研究标的股票的投机性程度对融资交易活动的影响。

第 4 章考察了我国融资交易者可能采取的交易策略。首先,如果融资交易者拥有公司特质性信息且采取基于信息的交易策略,那么他们融资买入更多的股票在未来应具有更高的收益率。基于此,我们构建回归分析模型检验融资交易活动对未来收益率的预测能力,以识别融资交易者是否采取基于信息的交易策略。其次,基于正反馈、移动均线等具有噪声交易特征的交易策略在各个市场中被广泛使用的事实,我们检验了融资交易活动对过去收益率以及移动均线交易信号的反应,讨论融资交易者是否采取正反馈、移动均线等策略,以识别我国融资交易者的交易策略是否具有噪声交易特征。

第 5 章讨论了融资交易对信息效率的影响。前人关于融资交易对信息效率影响的研究并没有得出一致的意见,甚至存在较大分歧。我们首先将信息效率分为"股价信息含量"和"价格调整速度",并分别采用多个指标衡量信息效率的这两个方面。其次,以融资交易制度推出事件和标的扩容事件为基础,运用 DID 模型讨论个股被纳入融资融券标的对信息效率不同方面影响可能存在的差异。最后,考虑到不同标的的融资交易活动存在较大的差异,我们进一步构建面板回归模型检验融资交易活动对"股价信息含量""价格调整速度"的影响可能存在的差异。

第 6 章讨论了融资交易及其波动对标的股价崩盘风险的影响。首先,基于现有的相关理论和文献,我们将融资交易对未来股价崩盘风险影响的可能内在机制进行梳理总结,提出融资交易可能通过"流动性提供""资产抛售"和"套利风险"这 3 个机制影响未来股价崩盘风险。进一步以"经市场调整后的日收益率负偏度"

和"股价上升和下降阶段波动性的差异"作为衡量标的股价崩盘风险的指标,并使用衡量融资交易不同方面的多个代理变量,运用回归分析方法实证检验了融资交易制度对未来股价崩盘风险的影响及其机制。

第7章基于行为金融的视角讨论了融资交易对投资者行为偏差的影响。股价前期高点是投资者在投资决策时重要的参考点,这一投资者行为偏差为进一步检验融资融券对我国股市的影响提供了更直接的途径。我们首先实证检验了我国股市可能存在的"股价前期高点效应",并以融资融券标的为研究对象,讨论当股价接近前期高价时的融资交易行为变化,并进一步讨论融资交易活动与未来收益率的关系。

第8章为本书的结论与展望部分。总结文章的研究发现,并指出进一步研究的方向。

1.4　主要创新点

本书的创新点主要包括以下几个方面:

第一,本书关于融资交易者杠杆买入交易特征及其投资策略的研究,弥补了现有文献关于融资交易标的特征、交易策略讨论的不足,为讨论融资交易对市场质量的影响提供了更直接的证据和新的研究视角。前人文献关于融资交易者偏好的认识仅基于主观判断,缺少直接的客观证据。本书基于我国证券市场的投资者结构现状,从多个角度衡量标的股票的投机性特征,检验并发现了投机型标的股票具有更活跃的融资交易活动。此外,现有文献关于融资交易者交易策略的讨论仍较少,更罕有文献检验我国融资交易者的投资策略。我们发现我国的融资交易者可能采取正反馈、移动均线等具有噪声交易特征的交易策略,而并没有明显的证据表明我国融资交易者采取基于公司特质性信息的交易策略。我们的研究弥补了现有文献关于融资交易标的特征、交易策略的不足。

第二,本书关于融资交易对信息效率影响的研究发现,融资交易对信息效率不同方面的影响并不一致,这在一定程度上解决了现有文献存在的争议,也为研究信息效率提供了新思路。针对前人关于融资交易对信息效率影响的争议,我们将信息效率分解为"股价信息含量"和"价格调整速度"两个方面,发现融资交易对这两个方面的影响并不一致——融资交易降低了标的股价信息含量却有助于提高标的股价调整速度,这在一定程度上缓解了现有文献存在的争议。此外,我们的发现在一定程度上补充了现有文献关于信息效率方面的研究,我们的研究表明融资交易对股价信息含量、价格调整速度的影响并不相同,这意味着同一个交易制度对信息效率的不同方面的影响可能并不一致,因此需要分别讨论其对股价信息含量、股价调整速度的影响。

第三,从多个渠道讨论并检验了融资交易制度对标的股价崩盘风险的影响,拓展了关于融资交易影响方面的研究,也从微观市场结构的角度补充了股价崩盘风险的相关研究。在现有文献和相关理论梳理总结的基础上,我们提出融资交易可能通过"流动性提供""资产抛售"和"套利风险"三个机制影响未来股价崩盘风险。实证结果表明,融资买入交易相对水平未能显著降低未来股价崩盘风险,融资余额更高的股票也不具有更高的未来股价崩盘风险,这些结果拒绝了"流动性提供"机制和"资产抛售"机制假说。更重要的是,融资交易波动越高的股票未来的崩盘风险越大,这为"套利风险"机制提供了初步证据。我们还发现融资交易波动更高的股票更可能被高估,且融资交易波动降低了股价的信息含量,这进一步支持了"套利风险"机制的观点——融资交易波动增加了噪声交易风险、抑制了知情交易者的套利交易活动,导致股价高估和更高的未来崩盘风险。

第 2 章　文献综述

2.1　对融资交易者持股特征及交易策略的相关研究

2.1.1　对融资交易者持股特征的研究

国外诸多学者认为,融资交易主要来源于具有投机性偏好和噪声交易特征的个人投资者。例如,Hardouvelis and Peristiani(1992)发现日本股市的融资交易者以投机为主要交易目的,并且融资交易保证金比例上调有助于抑制投机者的融资交易。Hardouvelis and Theodossiou(2002)认为融资交易保证金比例的调整对个人投资者的影响更大,因为个人投资者面临更高的融资约束,融资交易制度为他们提供了向券商借入资金买入股票的渠道,而这一融资渠道相比其他融资渠道(例如住房抵押贷款)更加便利。Andrade et al.(2008)也认为处于信息劣势的个人投资者是我国台湾地区股市融资交易的主体,并且个人投资者的融资交易以噪声交易为主。Hirose et al.(2009)认为日本股市融资交易以不成熟的个人投资者为主,且融资交易者表现出较强的过度自信特征以及投机性特征。Brunnermeier and Pedersen(2009)认为投机者是杠杆融资交易的主体,并基于此讨论了融资交易流动性与市场流动性的关系。Foucault et al.(2011)认为融资交易、融券交易都具有较强的投机性特征,他们以 2000 年法国融资融券交易费用调整为事件进行研究,发现更高的融资融券交易费用降低了股市的波动性,认为法国的融资融券交易者主要是具有投机交易、噪声交易特征的个人投资者。Lin and Lin(2014)认为我国台湾地区股市的个人投资者是融资交易的主体,且他们发现融资交易者存在严重的羊群交易行为。Koudijs and Voth(2016)的研究表明投资者的个人经历会影响风险偏好,而风险偏好的变化导致了市场杠杆融资交易的变化,并且风险偏好越强的投资者更倾向于进行杠杆融资交易。Farkas and Vvradi(2017)认为德国的权证交易使个人投资者的杠杆交易成为可能,他们认为个人投资者持有权证的目的主要是投机而不是风险对冲。

关于我国融资融券交易者的交易特征的讨论仍比较有限。张浩(2016)的研究表明融资融券投资者存在"过度自信""过度贪婪"等非理性情绪或非理性投资行为,融资融券交易具有明显的助涨助跌效应。Chen et al.(2016)认为,由于 A 股融资融券对于投资者具有一定的资格要求,因此 A 股的融资融券交易者是具有一定投资经验的、成熟的个人投资者或机构投资者。但是,由于券商之间存在较激烈的竞争,券商也向一些不合格的个人投资者提供融资融券开户业务①,因此他们认为一部分非理性、不成熟的个人投资者也参与了融资融券交易。Chang et al.(2014)指出,虽然信用账户交易者能够同时进行融资交易和融券交易,但是实际上两融交易者更多的是以个人交易者为主,且更倾向于根据交易习惯参与到融资交易而避免进行不熟悉的融券交易。然而,李峰、李志生(2018)基于两融交易账户的数据分析,发现融资融券业务的开通改变了融资融券交易者的偏好,表现为两融投资者更显著地偏好于大市值、高账面市值比、低异质性波动的股票。廖理等(2018)专门针对融资交易者的交易行为进行讨论,他们发现融资交易者存在更严重的过度交易,表明杠杆融资对个人投资者的心理和行为存在影响。

2.1.2　对融资交易者交易策略的研究

从国内外的相关研究来看,目前针对融资交易者交易策略的讨论仍比较有限。Hirose et al.(2009)讨论了日本股市融资交易者的交易行为,他们发现日本股市融资交易量与股票的过去收益率显著正相关,说明日本股市的融资交易者采用比较明显的正反馈交易策略。Lin and Lin(2014)发现我国台湾地区股市的融资交易者存在羊群交易行为,并且在股市下跌时倾向于卖出过去的输家股票,而在股市上涨时倾向于买入过去的赢家股票。我国融资融券交易制度开通以后,Chang et al.(2014)以 A 股市场 2010 年 3 月 31 日至 2012 年 12 月 31 日的融资融券交易数据作为研究样本检验融资交易对过去收益率的反应,但是他们并没有发现我国的融资交易者采取明显的动量交易策略。李锋森(2017)的研究发现,机构持股比例低的股票,融资交易并没有表现出显著的趋势交易特征;对于机构持股比例较高的股票,融资交易表现出反转交易特征。他认为融资交易投资者倾向于"高抛低吸"而非"追涨杀跌",这一交易特征有助于平抑股市波动。然而,蒋振凯(2017)基于 2011 年 12 月—2015 年 8 月交易数据的实证研究表明融资融券交易者采取了"追涨杀跌"的投资策略。

---

① 例如,2015 年 1 月 16 日,证监会通报称"民生证券、广州证券存在向不符合条件的客户融资融券问题,新时代证券、齐鲁证券、银河证券存在违规为到期融资融券合约展期问题"。

2.2　融资交易对信息效率影响的相关研究

2.2.1　针对国外市场融资交易的相关研究

部分研究表明,放松融资交易提高了"噪声交易者"的杠杆交易能力,加剧了证券市场的交易噪声、提高了"与信息无关"的股价波动,意味着融资交易降低了股价的信息效率(De Long et al.,1990;Hardouvelis,1990;Chowdhry and Nanda,1998;Rytchkov,2014;Chen et al.,2016)。Hardouvelis(1990)针对 1934 年开始的美国股市 23 次融资保证金比例调整事件的分析和讨论表明,提高融资保证金比例有助于降低实际股价与内在价值的偏差,意味着融资限制提高了股价的信息效率而放松融资交易降低了股价的信息效率。此外,Garbade(1982)、Thurner et al.(2012)的研究也表明股价下跌过程中来自证券公司追加保证金的要求可能会导致融资交易者在下跌过程中卖出,加剧股价"与信息无关"的下跌,降低股价的信息效率。

相反,部分研究表明融资交易有助于提高股价的信息效率。Alexander et al.(2004)发现融资保证金比例下调有助于提高成交量,认为下调融资保证金比例有助于改善个股的信息环境、提高股价的信息效率。此外,Chen et al.(2016)基于日内交易数据,讨论了中国股票市场融资融券交易制度推出对信息效率的影响,他们的研究发现融资融券交易制度的推出促进了新信息融入股价,并且融资交易活动、融券交易活动与标的股价的信息效率正相关。

2.2.2　针对我国融资融券交易的相关研究

大部分的相关研究发现我国融资融券交易制度的推出在一定程度上提高了标的股价的信息效率。方立兵、刘烨(2014)基于融资融券开通后的两次扩容事件的研究发现,融资融券制度的推出有助于提高标的股票的定价效率。肖浩、孔爱国(2014)以股价特质性波动来衡量股价的信息含量,利用 DID 回归发现融资融券交易降低了标的证券的噪声交易进而降低了股价特质性波动的非信息因素,认为融资融券制度提高了标的股价的信息含量。李科等(2014)以白酒行业的"塑化剂风波"为基准事件,研究了卖空机制对标的股票定价误差的影响,他们的研究发现卖空限制导致了股价高估,融券卖空机制有助于修正股价高估、提高标的股价的信息效率。Chang et al.(2014)的研究认为我国推出融资融券制度后,整个市场的定价效率提高了,但他们认为这主要是由于卖空带来的,而融资交易并没有显著影响。吴术等(2014)基于理论模型分析和实证检验,发现融资融券交易制度引入之后,市场有效性及股价反应信息的速度均有一定的提高。方立兵和肖斌卿(2015)讨论了我国融资交易、融券交易不平衡对定价效率的不同影响,他们的研究表明融资交易降低了标的股票对好消息的定价效率,而融券交易却有助于提高标的股票对坏消息的定价效率。李志生等(2015)发现融资融券交易制度有助于提高标的证券股价反映信息的速度,提高股票的信息效率。李丹等(2016)的研究表明引入融资融券交易制度有助于降低分析师的乐观性偏差并提高分析师预测准确性,因此融资融券交易制度的推出有助于提高标的股票的定价效率。唐松等(2016)的研究表明股票被纳入融资融券标的之后,其股价更及时、充分地反映了有关公司价值的负面信息。李志生等(2017)的研究表明融资融券交易制度的推出有助于促使管理层对负面信息的披露,同时也提高了分析师对标的公司财务指标预测的准确度,认为融资融券交易制度有助于改善标的股票的信息环境从而提高股价的信息效率。武志伟等(2017)基于经济学实验的研究发现,融资融券交易制度的推出显著降低了资产价格泡沫,意味着融资融券交易制度的推出提高了标的股价的信息效率。

　　然而,部分研究却发现融资融券交易制度的推出对标的股价信息效率并不存在显著影响,或存在负面影响。许红伟、陈欣(2012)以首批融资融券标的为研究对象,发现融资融券对标的股票的信息效率的影响较弱,特别是对负面信息含量的影响并不显著。田景坤、倪博(2015)运用多重分形去趋势波动分析方法及 DID 回归分析,发现融资融券业务开启初期并没有提高市场有效性。顾琪、王策(2017)的研究甚至表明融资融券交易制度的推出显著提高了股价同步性,降低了股价中的特质性信息含量。徐长生、马克(2017)认为由于投资者在牛市过程中表现出更大的过度乐观,从而对好消息更加敏感,此时杠杆融资交易更可能导致股价高估,降低了股价的信息效率。

2.3　融资交易对股价稳定性影响的相关研究

2.3.1　针对国外市场融资交易的相关研究

　　关于杠杆融资交易对市场稳定性的影响,目前这方面的研究也没有得出比较一致的结论。大部分研究认为允许(或放松)杠杆融资交易会加剧市场的不稳定。Hardouvelis(1990)利用美国 1934 年开始的 23 次融资保证金比例调整事件,讨论了融资交易保证金比例调整对市场波动性的影响,他们的研究表明,更高的融资保证金比例有助于降低股价波动及其异常波动,意味着放松融资交易加剧了市场不稳定。Hardouvelis and Peristiani(1992)认为调高融资交易保证金比例有助于抑制"不稳定"的投机者的杠杆交易能力,因此融资交易保证金比例的提高降低了股价波动。Chowdhry and Nanda(1998)构建了一个重复交易模型(repeated rounds model),发现即使在基本面信息没有改变的情况下,证券的价格也会发生变动,因此杠杆融资交易会导致市场的不稳定。Hardouvelis and Theodossiou(2002)检验了初始融资保证金要求对股市波动性影响的不对称性,他们发现更高的初始保证金有助于降低股市正常期间和牛市期间的波动性,而对熊市期间的波动性不存在显著的影响。Guo et al.(2011)认为融资交易的"加杠杆效应"和"去杠杆效应"分别导致了股价的进一步上涨和进一步下跌,加剧了股价的波动。Thurner et al.(2012)考虑了保证金交易风险的融资交易模型,发现投资基金公司在持有杠杆资产的时候更倾向于在市场下跌的时候进一步卖出以维持保证金比例,从而加速了市场的进一步下跌,导致收益率序列出现厚尾和波动集聚现象。Rytchkov(2014)基于理论研究模型讨论了融资保证金比例水平对股价的影响,他们发现提高融资保证金比例有助于降低股价波动性,意味着允许融资交易加剧了股价波动。

然而,也有部分研究表明杠杆交易可以提高成交量、降低波动性从而提高市场稳定性。Seguin(1990)以场外市场的融资交易标的调整为研究事件,通过比较证券纳入融资标的的事件的前后数据,发现融资交易降低了市场波动性,说明放松融资限制有助于提高市场的稳定性。Seguin and Jarrell(1993)对 1987 年股灾期间融资标的与非融资标的进行对比研究,他们发现融资交易并没有显著加剧股价暴跌,相反,融资标的的股票的下跌比例显著小于非融资标的的股票的下跌比例。Coen-Pirani(2005)的理论模型分析也表明更高的融资保证金要求提高了股价波动性,意味着允许或放松融资交易有助于降低股价波动性。

此外,也有少量文献发现融资交易保证金调整对股价稳定性并不存在显著影响。Hsieh and Miller(1990)发现融资交易保证金比例调整对股市波动性并不存在直接、显著的影响。Brumm et al.(2015)构建的理论模型也表明,融资交易保证金比例的调整对市场波动率几乎不存在显著影响。

2.3.2 针对我国融资融券交易制度的相关研究

1. 针对融资融券交易制度推出影响的研究

与国外的相关研究类似,针对我国融资融券交易制度的推出对市场稳定性影响的研究也没有取得一致的结论。

大部分研究表明,融资融券交易制度的推出有助于提高股价稳定性。许红伟和陈欣(2012)以首批融资融券标的为研究对象,发现融资融券对标的股票的向下波动的影响并不明显,但是能够显著地降低股价异常下跌频率。万迪昉等(2012)运用 EGARCH-M 模型讨论了融资融券交易制度的推出对股市波动性的影响,他们的研究结果表明融资融券交易制度有助于稳定市场。Chang et al.(2014)的研究也认为我国推出融资融券制度后,标的证券的波动性显著降低。李志生等(2015)发现融资融券制度的推出降低了股价波动性以及资产价格跳跃的风险,认为融资融券制度提高了我国股票市场的稳定性。杨丽彬等(2015)、唐松等(2016)也发现,融资融券制度实行以来,标的股价的暴跌风险显著降低,表明融资融券制度有助于平抑股价、稳定市场。武志伟等(2017)基于经济学实验的研究也发现,融资融券制度的推出有助于平抑股价波动。

然而,部分研究却表明融资融券交易制度的推出加剧了股市的不稳定。例如,褚剑、方军雄(2016)的研究发现融资融券交易制度的推出增加了标的股价的崩盘风险,更重要的是,他们的研究表明由于融资机制为投资者提供了跟风追涨的渠道,杠杆融资交易加剧了股市的崩盘风险。黄飞鸣(2018)的研究发现,个股被纳入融资融券标的之后,其股价异常波动的频率和幅度均显著增加,说明融资融券交易制度的推出加剧了个股股价的不稳定。

与上述文献研究不同,李锋森(2017)的研究表明融资融券交易对股市的周期性波动并不存在显著的影响,融资融券交易并不存在助涨助跌的作用。

2. 区分融资交易、融券交易影响的研究

目前部分针对我国市场的研究将融资融券作为一个整体讨论,无法理清融资交易、融券交易各自的作用。部分文献同时综合考虑并区分融资交易、融券交易的影响,但是他们的研究结论存在一定的争议。部分研究发现,融资交易加剧了股价不稳定,而融券交易的影响并不明显或有助于股价稳定。例如,吴国平、谷慎(2015)运用 GARCH 和 VAR 模型对其构造的融资融券标的指数的波动率的研究表明,融资融券制度的推出加剧了股市的波动性,并且融资交易加剧了股市的波动性,而融券交易降低了股市的波动性。王雨、粟勤(2017)的研究也表明融资交易提高了标的的波动性,但是融券交易并不存在稳健影响。吕大永、吴文锋(2018)分别讨论了融资交易、融券交易对股价稳定性的影响,他们的研究表明融资交易有助于股价整体稳定却提高了股价异常下跌频率,融券交易并不存在显著影响。更重要的是,他们还发现融资交易的波动加剧了股价波动,而融券交易的波动却有助于股价稳定。俞红海等(2018)发现信用账户投资者倾向于"追涨杀跌",且融资交易加剧了股价不稳定,而融券交易却有助于降低股价未来崩盘的可能。刘光彦等(2019)的实证研究表明,融资融券交易均加剧了股市波动,但是融资交易对波动性的不利影响更大,同时深圳市场受到融资融券的影响也更大。

但是,其他研究却得出了不同的结论。Hauser and Huber(2012)基于实验的方法检验了融券交易、融资交易对市场的影响,他们的研究发现融资限制或者融券限制会导致股价的系统性偏差,放松融资限制或融券限制有助于提高市场流动性和定价效率,同时降低市场波动性和买卖价差。陈海强、范云菲(2015)通过构造反事实波动率并与实际波动率进行比较,发现融资融券制度的推出有效降低了标的证券的波动,且融资交易降低了标的股价波动而融券交易则加剧了标的股价的不稳定性。刘烨等(2016)基于"外生信息冲击的门限自回归条件密度(TARCD-X)"模型的研究表明,融资融券交易制度的推出并没有加剧市场不稳定性,融资交易、融券交易的变动也没有显著增加市场波动和异常涨跌的频率。蒋振凯(2017)发现融资交易对市场的定价效率并没有显著影响,而融券交易则有利于提高定价效率。张博等(2017)的研究更是发现,融资具有抑制股票市场波动的作用,而融券交易却存在诱发股票市场波动的效果。陈海强等(2019)实证检验融资融券交易制度的推出对个股随市场暴涨暴跌概率的影响,基于巴顿(Patton)提出的 SJC Copula 函数,他们的研究表明融资交易的追涨模式导致个股跟随大盘暴涨,而融券交易将悲观交易者信息纳入股价,有利于抑制股价过度上涨。

2.4　融资交易对流动性影响的相关研究

2.4.1　针对国外市场融资交易的相关研究

大部分的研究表明,融资交易有助于提高市场流动性。Seguin(1990)以场外市场的融资交易标的调整为研究事件,通过比较证券纳入可融资标的的事件前后数据,发现融资交易提高了成交量,说明允许融资交易有助于提高标的流动性。Seguin and Jarrell(1993)基于 1987 年股灾的研究也表明,相比非融资标的,融资标的股票的成交量更大,认为融资交易在股灾期间也有助于提高市场流动性。Hardouvelis and Peristiani(1992)的研究发现提高融资保证金比例显著降低了市场成交量,意味着放松融资交易有助于提高市场流动性。Chordia et al.(2001)也认为融资交易成本的降低有助于提高市场流动性。Alexander et al.(2004)讨论了融资担保比例下调对流动性的影响,他们的研究表明融资担保比例下调有助于提高成交量。因此,这些研究都表明允许或放松融资交易有助于提高股市流动性。

但是,近年来关于融资交易的研究却发现,融资交易对流动性的影响具有一定的不对称性。例如,Brunnermeier and Pedersen(2009)构建的理论分析模型表明,投资者的融资能力与股市流动性呈现正向的相互作用:股市上涨时,融资交易有助于提高股市流动性;股市下跌过程中,融资能力的下降加剧了股市流动性枯竭。Kahraman and Tookes(2017)基于印度证券市场的实证研究表明股票被允许融资交易之后,其流动性显著增强,但是在股市危机期间,融资偿还交易却降低了流动性。

2.4.2　针对我国融资融券交易制度的研究

大部分研究表明,我国融资融券交易制度开通有助于提高标的股票的流动性,但是融资交易、融券交易对流动性的影响可能并不相同。杨德勇、吴琼(2011)讨论了融资融券交易制度推出对上海证券市场流动性的影响,他们发现个股纳入融资融券交易之后的流动性显著提高。王性玉、王帆(2013)运用 VAR 模型讨论了融资交易、融券交易对市场流动性的影响,他们的研究表明两者的推出显著提高了市场流动性,并且融资交易对流动性的影响显著大于融券交易对流动性的影响。顾海峰、孙赞赞(2013)根据沪深股市的经验数据,研究了融资融券对中国证券市场流动性的影响,并将融资融券标的股票数量增加前后对股市的影响进行了比较:在标的股票数量增加前,上海证券交易所的融资交易有助于提升市场的流动性水平,融券交易则起到相反的作用;在标的股票数量增加后,上海证券交易所的融资交易和融券交易均有助于提升市场的流动性。而深圳证券交易所在标的股票数量增加前后,其融资融券交易均对市场流动性水平有提升作用。刘晓星等(2016)的研究却表明融资融券业务增强了投资者情绪对市场流动性的正向影响,意味着融资融券交易制度也有助于提高股市流动性。王帅、谢赤(2016)基于小波 CCC-GARCH 的研究表明,融资交易与证券市场成交量存在显著的正相关关系,而融券交易并不存在显著影响。

　　然而,部分研究却发现,融资融券交易制度的开通降低了标的股票的流动性。Sharif et al.(2014)通过对中国股市的研究发现,部分可以进行融资融券的个股的流动性水平在下降,他们认为主要是由于在信息不对称的环境下,投资者为了规避风险而减少参与这些"知情的卖空交易者"较多的标的股票的交易。Wang(2015)对中国融资融券的事件研究也表明,由于信息的不对称,融资融券制度的推出降低了股市的流动性。

　　此外,部分研究发现融资融券交易并没有对证券市场的流动性产生显著的影响。例如,谷文林、孔祥忠(2010)研究了融资融券业务对市场流动性的短期影响,运用单因素方差检验了上证 50 指数标的股票和深证成指成分股的换手率变化,发现融资融券业务的推出短期内对深圳证券交易市场资本流动性的影响不显著。

2.5　有关股价崩盘风险的研究

2.5.1　股价崩盘风险的度量

　　相比股价波动性(或下跌波动),股价暴跌更能反映崩盘风险。Brown and Warner(1985)最先使用股价异常下跌频率作为衡量股价崩盘的指标,将日收益率低于当月收益率均值减去两倍标准差的交易日定义为异常下跌日,在此基础上统计了该个股当月的异常下跌次数,并将该次数除以当月个股交易天数后得到个股异常下跌频率。Chang et al.(2007)、Piotroski et al.(2015)的研究也使用异常下跌频率来刻画股价崩盘风险。此外,大量的文献(例如,Hong and Stein,2003;Hutton et al.,2009;许年行等,2013;Kim and Zhang,2016)使用"经市场调整后的日收益率的负偏度"(NCSKEW)和"股价上升和下降阶段波动性的差异"(DUVOL)衡量股价崩盘风险的指标。

2.5.2　公司高管行为与股价崩盘风险

　　基于委托代理理论,Jin and Myers(2006)首次阐述了公司高管信息隐藏行为导致股价崩盘的机制:公司高管总是倾向于隐藏对他们不利的负面信息,而高管能够隐藏的负面信息是有限的,当达到可隐藏的极限时,积累的负面信息将集中释放,导致股价急剧下降。在此基础上,越来越多的学者关注与高管信息隐藏行为有关的因素,并进一步讨论对股价崩盘风险的影响。Ball(2009)、Kothari et al.(2009)的研究表明,基于对自身薪酬、声誉、职业生涯发展等自利因素的考虑,公司高管倾向于隐藏负面信息。此外,越来越多的研究表明,信息环境、会计制度、公司治理等因素都可能通过加剧或抑制高管信息隐藏行为进而影响股价崩盘风险。例如，Alexander and Liu(2007)认为，高管可以利用历史成本会计将好项目和坏项目结合起来一起推动，如果股东未能尽早识别出净现值为负的坏项目，这些坏项目可能随着时间推移继续恶化，在最后时期显露出来，导致股价崩盘。Hutton et al.(2009)发现信息越不透明的公司，高管更有可能持续隐藏负面信息，其未来股价崩盘风险越高。Kim et al.(2011)、Chen et al.(2017)、Khurana et al.(2018)、Kim et al.(2019)的研究表明，公司高管可能利用复杂的避税手段、更难理解的财务报告或收益平滑等方法隐藏负面信息，掩盖了较长时间内的负面经营结果，从而导致更大的未来股价崩盘风险。Kim and Zhang(2016)发现公司会计稳健性限制了高管夸大业绩和向投资者隐瞒坏消息的动机和能力，从而降低了股价崩盘风险。此外，其他相关研究(Kim et al.，2011；Xu et al.，2014；Piotroski et al.，2015)还表明，期权激励、高管津贴、政治关联等增加了披露负面信息的成本，会诱使高管隐藏负面信息，增加股票崩盘风险。然而，公司社会责任、国家宗教氛围、机构投资者监督等因素则有助于抑制高管负面信息隐藏行为、降低未来股价崩盘风险(An and Zhang，2013；Callen and Fang，2015；Lee，2016；Zhang et al.，2016；Li et al.，2017)。

　　国内研究方面也得出了比较类似的结论。例如，叶康涛等(2015)的研究发现，公司内部信息披露水平与股价崩盘风险呈负相关关系。此外，其他研究还表明，公司内外部因素都可能通过抑制高管信息隐藏行为而降低股价崩盘风险。例如，年长女性 CEO、更高的第一大股东持股比例等内部因素有助于抑制信息隐藏行为、降低了股价崩盘风险(李小荣、刘行，2012；王化成等，2015)；频繁的媒体报道、良好的地区投资者保护、高质量的审计监督水平、独立董事制度的正式引入等外部监督因素有助于抑制高管信息隐藏行为，起到降低股价崩盘风险的作用(罗进辉、杜兴强，2014；王化成等，2014；梁权熙、曾海舰，2016)。这些研究为抑制信息隐藏行为、降低股价崩盘风险的公司内部治理机制设计与政府制度规制提供了重要线索。

　　除此之外，高管的行为偏差也可能带来更高的股价崩盘风险。例如，基于行为金融理论，Kim et al.(2016)认为过度自信的 CEO 不能理性地评估项目的内在价值，相信自身能通过继续执行净现值为负的投资项目及隐藏这些项目"暂时"的不良表现，最大化长期公司价值。因此，将管理者和外部投资者的利益结合起来的传统治理机制在降低高管过度自信引发的股票崩盘风险方面可能没有那么有用。Habib and Hasan(2017)认为高管的能力(而不是信息隐藏行为)与股价崩盘风险有关。他们研究表明,能力越强的高管更倾向于过度投资,进而带来更大的未来股价崩盘风险。

2.5.3　微观市场结构与股价崩盘风险

Blanchard and Watson(1982)基于不完全理性假设提出股价泡沫假说,"跟风买进"的投机行为容易导致股价被高估、形成股价泡沫,市场充满投机氛围使得泡沫不断膨胀直至破裂,最终引起股价崩盘。Chen et al.(2001)从信息不对称角度研究了股价的暴涨暴跌现象,他们发现在卖空受限的市场中投资者异质信念导致了未来股价崩盘风险。Hong and Stein(2003)建立了一个基于投资者意见分歧的市场崩溃理论模型。由于卖空限制的存在,看跌的投资者无法参与市场交易,他们所持有的负面信息也无法在股价中得到反映,可能导致股价持续高估。在市场下跌时,这些积累的隐藏信息就会暴露出来,造成股价崩盘。更有趣的是,Chang et al.(2017)还发现股票流动性越好的上市公司,高管更倾向于隐藏负面信息,未来股价崩盘风险越大。

其他市场参与者的行为偏差也可能带来股价崩盘风险。例如,许年行等(2012)、Xu et al.(2013)的研究表明,A 股市场分析师乐观偏差与上市公司未来股价崩盘风险之间显著正相关,且这一关系在"牛市"更为显著。此外,许年行等(2013)还发现机构投资者的"羊群行为"加剧了公司股价未来崩盘的风险。Xu et al.(2017)甚至发现分析师的羊群行为会加剧未来股价崩盘风险。

2.6　文献述评

现有的关于融资交易者交易特征的讨论较多且均认为融资交易者主要是以具有噪声交易和投机交易特征的个人投资者为主,但是现有的文献更多的是基于国外市场的研究且基本上都是主观判断,缺少有关投资者交易特征的直接客观证据。更重要的是,罕有文献关注我国融资交易者可能采取的交易策略,更鲜有文献讨论我国融资交易者是采用基于信息的投资策略还是采用具有噪声交易特征的交易策略。

此外,从目前国内外的研究来看,有关杠杆融资交易对证券市场信息效率、股价稳定性、流动性影响的研究相对比较丰富。但是,关于融资交易对信息效率、股价稳定性影响的研究,并没有得到比较一致的结论,甚至存在较大争议。

更进一步讲,由于我国的融资机制和融券机制是同时推出的,国外的研究结论是否适用中国市场的实践,仍有待进一步检验。虽然有相关研究考虑了中国市场的融资融券制度,但是大部分的相关研究却将融资交易和融券交易作为一个制度整体一起考虑,讨论该制度的推出对信息效率、波动性和流动性的影响。然而,融资、融券交易可能对市场质量存在不同的影响,但是上述的研究无法分离两者的作用,也无法理清融资交易在其中的具体作用。

第 3 章 融资交易标的特征：投机型还是投资型股票

3.1 引言

个人投资者是我国证券市场的交易主体。[①] 相比资金规模不断增加的机构投资者而言，我国的个人投资者仍面临较高的融资约束，当个人投资者拥有关于个股的正面信息时，很可能由于缺乏资金而无法买入股票获利。同时，投资者普遍存在较强的"以小博大"的赌博倾向（Barberis and Huang，2008；Kumar，2009；Bali et al.，2011），且我国的个人投资者的博彩心理更为严重（徐小君，2010；郑振龙、孙清泉，2013）。吴敬琏（2005）更是指出"中国股市是一个无规矩的赌场"。融资交易制度的推出为个人投资者提供了新的、更便利的融资渠道，增强了个人投资者的杠杆交易能力（Hsieh and Miller，1990），更是迎合了我国个人投资者"以小博大"的投机交易偏好。因此，我国融资交易制度推出以后，个人投资者很可能是融资交易的主体。

然而，大部分的个人投资者是缺乏经验、非理性的交易者，且具有较强的投机偏好（Barber and Odean，2001；Ang et al.，2006；徐浩峰，2009）。大量的研究表明，个人投资者更倾向于买入具有小市值、高换手率、高特质性波动、高市盈率、高偏度等具有投机性特征的股票（马洪潮，2001；Statman，2002；Brunnermeier et al.，2007；Kumar，2009；郑振龙、孙清泉，2013）。更重要的是，我国个人投资者的赌博偏好主要受到风俗、文化等的影响（Tse et al.，2010），融资交易制度的开通不仅不会减弱我国个人投资者的投机偏好，反而由于其有助于增强个人投资者的杠杆交易的能力（Moore，1966；Hsieh and Miller，1990），甚至会加剧投资者的过度交易行为（廖理等，2018）。因此，以散户为主的融资交易活动可能在投机型股票上表现得更活跃。

[①] 2016 年上海证券交易所的报告指出，"散户在我国股市交易额中所占的比例高达 85%"。

　　为了检验融资交易者是否更偏好投机型股票,本章综合从传统指标(市值、市盈率、换手率等)、股票的彩票型特征、散户化程度(散户持股比例、散户规模)这 3 个方面综合度量标的股票的投机性特征,运用统计检验、回归分析等方法进行实证研究。我们发现标的股票的市值越小、市盈率越高、换手率越高、具有彩票型特征、散户持股比例越高、散户规模越大,其融资交易更活跃。这说明投机型标的股票具有更活跃的融资交易,意味着我国的融资交易者具有明显的投机偏好。我们的稳健性检验也支持上述结论。

3.2　研究设计

3.2.1　数据来源

　　为了检验融资交易者是否更偏好于融资买入投机性较强的标的股票,我们以我国 2010 年 3 月 31 日推出融资融券制度以来的全部标的作为研究对象,利用融资交易数据、个股交易数据以及财务报表计算相应变量,并进行回归分析。2010 年 3 月 31 日融资交易制度开通以后,上海证券交易所和深圳证券交易所又分别于 2011 年 12 月 5 日、2013 年 1 月 31 日、2013 年 9 月 16 日、2014 年 9 月 22 日进行了几次主要的融资融券标的扩容。① 考虑到新进融资融券标的尚未被融资交易者充分认知,对新进标的的融资交易仍需要经历一个从陌生到熟悉的过程,新进标的初期的融资交易并不具有代表性,因此本章在选取研究期间时剔除了新进标的一年以内的交易数据。最终我们的样本研究期间为 2011 年 4 月—2017 年 6 月。②

　　本部分的融资融券标的调整数据来源于上海证券交易所、深圳证券交易所的定期和不定期公告。此外,我们还从国泰安 CSMAR 数据库提取了:①个股收盘价、成交量、成交金额、流通市值等交易数据;②股东人数、持股比例、市盈率等财务数据;③个股的融资交易数据。

3.2.2　融资交易的衡量

　　融资融券交易制度推出后,上海证券交易所、深圳证券交易所在每个交易日收盘后都会公布当天所有融资交易标的的融资买入金额、融资偿还金额和融资余

---

① 虽然 2019 年 8 月 19 日的扩容规模是最大的,但鉴于本研究完成的时间早于此次扩容,故本次扩容数据并未放入其中,有待于未来进一步研究。本书其他章节数据也均不包括 2019 年的数据。特此说明。
② 值得说明的是,即使我们不剔除第 1 年的融资交易样本数据,我们的研究结论依然显著成立。

额等与融资交易活动有关的数据。[①]　其中,融资买入金额等于该交易日杠杆交易者主动向券商借入资金、买入标的股票的金额之和,能比较直接衡量该个股融资交易的活跃程度,也更适用于讨论融资交易者融资买入股票的交易动机、偏好。同时,融资买入行为直接增加了股票的需求,对股价产生直接的影响,因此使用融资买入金额指标也更有助于讨论融资交易行为对股价的可能影响。

融资偿还金额等于该交易日融资交易者偿还其前期借入资金的数额。融资交易者可能直接以现金偿还融资,也可能通过卖出前期融资买入的标的股票的方式来偿还融资。然而,不同方式偿还融资的动机及其对股价的影响可能并不相同:融资交易者以现金偿还融资可能仅仅为了降低利息成本,且直接以现金偿还融资并不会增加标的股票的供给,也难以对股价产生直接影响;融资交易者卖出股票偿还融资的做法则很可能与交易者的交易偏好或与其拥有的信息有关,且卖出股票偿还融资的做法会增加股票供给,也很可能对股价产生直接影响。但是,现有的融资偿还金额数据无法区分这两种方式偿还融资各自的金额,因此我们认为融资偿还金额难以有效衡量融资交易行为,也不适用于讨论融资交易的标的特征以及融资交易的影响。

此外,融资余额是一个存量指标,与融资偿还金额有关(当日融资余额＝上一个交易日融资余额＋融资买入金额－融资偿还金额)。由于融资偿还金额可能包含了与融资交易者交易偏好、策略等无关的信息,与融资偿还金额相关的融资余额指标也难以有效衡量融资交易行为。

因此,与前人关于融券交易指标的衡量方法类似(Diether et al.,2009;Boehmer and Wu,2013),我们重点以融资买入金额作为衡量融资交易活动的指标。此外,由于不同个股的成交活跃程度存在较大差异,可能直接对融资买入金额产生较大影响,因此我们将个股当日融资买入金额除以当日成交金额做规格化处理后作为该个股当日融资交易活动指标(用 *Margin* 表示)。

3.2.3　投机型股票的衡量

1. 传统指标

传统文献研究表明投机型股票具有小市值、高流动性、高市盈率等特征,且个人投资者明显偏好于持有具备这些特征的个股(Barber and Odean,2000;Ng and

---

[①]　例如,上交所每日融资交易明细信息:http://www.sse.com.cn/market/othersdata/margin/detail/;深交所每日融资融券明细信息可登录以下网址查阅:http://www.szse.cn/disclosure/margin/margin/index.html。

Wu,2006;徐浩峰,2009;Barber and Odean,2013)。因此,我们也使用这 3 类指标作为衡量标的股票投机性特征的基本指标。具体而言,我们使用上一年年末个股的流通市值(除以 10 亿)的自然对数衡量个股的规模(用 $lnCap$ 表示),$lnCap$ 越小意味着股票的投机性越强;用个股 $t-5$ 月至 $t-1$ 月的月平均换手率(用 $Turnover_{t-5,t-1}$ 表示)作为衡量个股投机性特征的第 2 个指标,$Turnover_{t-5,t-1}$ 越大说明该个股的投机性越强;将个股上一年年末收盘价除以同期每股净利润得到市盈率指标(P/E),个股的 P/E 越高意味着投机性特征越强。

2. 个股的博彩型特征

博彩偏好是个人投资者典型的投机偏好之一。Kumar(2009)认为个人投资者的博彩偏好与其对小市值、高流动性、高市盈率股票的偏好并不完全相同。基于彩票的"购买成本低""高风险""有极低概率获得巨大回报"的特征,Kumar(2009)提出用低股价、高特质性波动、高特质性偏度这 3 个特征来衡量彩票型股票。Bali et al.(2011)则提出用个股上一个月的最大收益率(Max)来衡量股票的彩票型特征。然而郑振龙和孙清泉(2013)认为使用单一指标(例如,Bali et al.,2011)可能无法正确识别彩票型股票,而个人投资者不可能使用复杂的公式来计算特质性波动、特质性偏度等指标,因此他们认为 Kumar(2009)的指标也具有较强的局限性。此外,郑振龙和孙清泉(2013)还提出使用低股价、高 Max、高换手率作为识别我国股票彩票型特征的 3 个指标。

本书研究分别参考上述 3 种方法构建衡量股票彩票型特征的指标($Lottery$)并用于实证检验,得到比较一致的研究结论。考虑到郑振龙和孙清泉(2013)的指标更符合我国股市个人投资者的行为特征且易于计算,我们重点介绍该指标的计算过程并展示使用该指标的实证结果。

具体而言,对于第 t 月,我们将全市场所有股票分别按照 $t-1$ 月的收盘价(用 $Price_{t-1}$ 表示)、$t-1$ 月的最高收益率(用 Max_{t-1} 表示)、$t-5$ 月至 $t-1$ 月的月平均换手率(用 $Turnover_{t-5,t-1}$ 表示)从低到高分为 3 组。如果个股 i 同时属于 $Price_{t-1}$ 最低组、Max_{t-1} 最高组、$Turnover_{t-5,t-1}$ 最高组,则将该个股定义为彩票型股票($Lottery_t=1$),否则定义为非彩票型股票($Lottery_t=0$)。

3. 股东结构视角:散户化程度

个人投资者是股票市场非理性行为最主要的实施者(罗进辉等,2017),具有更强的投机偏好(Barberis and Huang,2008;徐浩峰,2009;徐小君,2010;Barber and Odean,2013)。散户化程度越严重的股票(个人投资者持股越多、交易越多)可能受到投资者投机性、非理性交易行为的影响越大,从而表现出更强的投机性特征(Han and Kumar,2013)。我们分别使用散户投资者的持股比例、散户规模来衡量个股的散户化程度,这两个指标越大说明个股散户化程度越严重、投机性越强。

(1)散户持股比例。一般而言,散户投资者持股比例越高的个股,其散户化程度也越严重,因此我们以散户投资者持股比例作为散户化程度的第1个指标(用 $IndiRatio$ 表示)。具体而言,我们从上市公司季报数据中提取前十大股东中自然人股东持股比例(用 $NatureRatio$ 表示),并从机构持股数据中计算机构投资者[①]持股比例(用 $InstiRatio$ 表示),则散户投资者的持股比例可用下式计算得到

$$IndiRatio = 1 - NatureRatio - InstiRatio \qquad (3-1)$$

(2)散户规模。一般而言,个人投资者人数越多的个股,散户化程度也越严重。但是考虑到投资者人数与个股的市值显著正相关,以个人投资者绝对的人数无法比较不同市值个股的散户化程度,因此我们将个人投资者数量除以市值以控制由于个股市值差异所导致的个人投资者数量的差异。与罗进辉等(2017)直接使用股东总人数作为散户规模的做法不同,我们从上市公司季报数据中提取前十大股东中自然人股东数量,并从机构持股数据中统计持股机构数量,然后将该公司全部股东人数减去前十大股东中的自然人股东数量以及机构投资者数量,得到个人投资者人数指标(用 $RawIndiNum$ 表示)。进一步讲,我们将个人投资者人数的自然对数除以公司流通市值的自然对数,得到经市值调整的散户规模指标(用 $IndiNum$ 表示)

$$IndiNum = \ln RawIndiNum / \ln Cap \qquad (3-2)$$

3.2.4　模型设定

根据前述分析,我国股市的个人投资者具有较强的投机偏好且很可能是融资交易的主体,因此具有投机性特征的标的股票可能具有更活跃的融资交易。为了检验这一可能,我们以融资交易活跃程度指标为被解释变量,以 3.2.3 的变量来分别度量标的股票的投机性特征并作为关键解释变量,构建如下回归模型

$$Margin_{i,t} = \beta_0 + \beta_1 Spec_{i,t} + \beta_2 Margin_{i,t-1} + \beta_3 Raw_{i,t} + \varepsilon_{i,t} \qquad (3-3)$$

在模型式(3-3)中,被解释变量 $Margin_{i,t}$ 是个股 i 在第 t 月的融资交易活跃

[①] 机构投资者包括基金公司、境外专业投资机构(QFII)、证券公司、保险公司、社保基金、信托公司、财务公司及其他法人主体。本著述其他章节中所涉及的机构投资者内涵均此。

程度指标,用该月所有交易日的融资买入金额除以当天成交金额后求平均得到;①关键解释变量 $Spec_{i,t}$ 代表该个股在 t 月的投机性特征指标,在具体回归分析过程中,我们分别使用上一年末流通市值的对数(lnCap)、上一年度财务报表计算的市盈率(P/E)、前 5 个月换手率($Turnover_{t-5,t-1}$)、博彩特征(Lottery)、上一季度散户持股比例(InstiRatio)、上一季度散户规模(IndiNum)等指标度量个股的投机性特征。考虑到投资者的融资交易很可能受到当期收益率的影响,我们在模型(3-3)中加入了个股 i 在 t 月的收益率($Raw_{i,t}$)作为控制变量。此外,由于融资交易活跃程度具有较强的自相关性,即融资交易的惯性,我们也加入了滞后一期的融资交易活跃程度指标($Margin_{i,t-1}$)作为控制变量。该模型中,如果使用 lnCap 作为投机型股票指标时,系数 β_1 显著小于 0;使用其他投机型股票指标时,系数 β_1 显著大于 0。这说明投机性越强的标的股票具有越活跃的融资交易,意味着融资交易者具有明显投机偏好。

3.3　描述性统计与分组比较分析

3.3.1　描述性统计

剔除了数据不全的股票数据之后,我们获取了 2011 年 4 月—2017 年 6 月的共计 25 835 个数据样本。② 表 3-1 的面板 A 给出了所有变量的描述性统计情况。Margin 的均值为 0.1927,说明所选取的样本中个股日融资买入金额平均占据了当天成交金额的 19.27%。IndiRatio 的均值为 0.4292,说明融资标的股票的散户持股比例仍比较高。③ Lottery 的均值为 0.0916,说明融资交易标的的彩票型特征较弱。④

此外,我们研究期间内的 P/E 均值为 73.95,且有 10% 左右的样本中 P/E 小于 0。为了保证 P/E 指标与投机性特征的单调递增关系,我们对 P/E 指标进行分组修正得到修正后的 P/E 指标(AdjP/E):对于每一个交易月,将 P/E 大

---

① 融资交易者可能直接以现金偿还融资或卖出股票偿还融资。其中,卖出股票偿还融资很可能受到投机偏好的驱动,但是现金偿还融资可能仅仅是为了降低利息支出。然而,现有融资偿还额数据无法区分融资偿还的方式,因此我们仅以融资买入交易作为讨论的重点。同样,由于融资余额与融资偿还活动有关,我们也不考虑融资余额指标。同理,在 4.2.1 的模型设定、4.3.1 的研究设计、5.2.3 的模型设定及 6.3.4 的实证分析模型中均存在此问题,下文不再一一说明。
② CSMAR 财务报表中部分股票的季报不完整,例如缺少机构持股数据等,导致数据部分缺失。
③ 美国股市中散户持股比例小于 5%(http://stock.hexun.com/2016-01-31/182107788.html)。
④ 郑振龙和孙清泉(2013)发现 1997 至 2011 年期间彩票型股票占全市场股票数量的 14.15%。

于 0 的股票按照从小到大平均分为 9 组($AdjP/E$ 分别取 $1,2,3,\cdots,9$),并将 P/E 小于 0 的股票视为第 10 组($AdjP/E=10$)。修正后得到的 $AdjP/E$ 能更线性、单调地衡量个股的投机性特征。

此外,表 3-1 的面板 B 还计算了衡量个股投机性特征的各变量之间的皮尔逊相关系数。从表中可以看出,$lnCap$ 与其他指标(P/E、$Turnover_{t-5,t-1}$、$Lottery$、$IndiRatio$、$IndiNum$)的相关系数均显著为负,而其他指标之间的相关系数均显著为正,这与我们关于指标度量的含义一致:$lnCap$ 越大意味着个股的投机性特征越弱,而 P/E、$Turnover_{t-5,t-1}$、$Lottery$、$IndiRatio$、$IndiNum$ 越大意味着个股的投机性特征越强。因此,我们选取的变量能够从不同的角度分别衡量个股的投机性特征,有助于更全面地讨论标的股票投机性特征与融资交易活动的关系。

表 3-1　变量描述性统计与皮尔逊相关系数

面板 A:变量描述性统计

变量名称	样本容量	均值	标准差	最小值	中位数	最大值
$Margin$	25 835	0.1927	0.0574	0.0000	0.1951	0.4293
$lnCap$	25 835	2.9457	1.0554	0.3210	2.8372	7.5146
P/E	25 835	73.95	440.10	$-22\,983.38$	28.78	12 269.76
$Turnover_{t-5,t-1}$	25 835	0.3584	0.3170	0.0014	0.2585	3.6819
$Lottery$	25 835	0.0916	0.2885	0.0000	0.0000	1.0000
$IndiNum$	25 835	4.3775	1.7985	1.7742	3.9693	31.5149
$IndiRatio$	25 835	0.4292	0.1721	0.0145	0.4258	0.9868
Raw	25 835	0.0164	0.1422	-0.5163	0.0069	2.0164

面板 B:股票投机性特征指标的皮尔逊相关系数

	$IndiNum$	$IndiRatio$	$lnCap$	$AdjP/E$	$Turnover_{t-5,t-1}$
$IndiRatio$	0.168***				
$lnCap$	-0.804***	-0.191***			
$AdjP/E$	0.203***	0.022***	-0.161***		
$Turnover_{t-5,t-1}$	0.297***	0.113***	-0.350***	0.137***	
$Lottery$	0.023***	0.050***	-0.089***	0.005	0.284***

注:*、**、*** 分别表示在 0.10、0.05、0.01 的显著性水平下显著。

3.3.2　分组均值差异的显著性检验

在每个交易月,我们根据不同的投机性指标将标的股票分成 3 组,并对指标最低分组、最高分组的融资交易活动指标进行 T 检验,以更直观地比较投机型股票、非投机型股票(投资型股票)的融资交易活动的差异。表 3 - 2 的面板 A 汇报了分别按照 $lnCap$、$AdjP/E$、$Turnover_{t-5,t-1}$、$Lottery$、$IndiRatio$、$IndiNum$ 分组后的融资交易活动指标($Margin$)的均值 T 检验结果。可以看出,$lnCap$ 最高分组的 $Margin$ 均值(0.1678)显著低于 $lnCap$ 最低分组的 $Margin$ 均值(0.2057),且 $AdjP/E$、$Turnover_{t-5,t-1}$、$Lottery$、$IndiRatio$、$IndiNum$ 最高分组的 $Margin$ 均值显著高于对应最低分组的 $Margin$ 均值,说明投机性更强的标的股票的 $Margin$ 均值显著高于投机性更弱的标的股票的 $Margin$ 均值。这在一定程度上表明,投机型标的股票的融资交易更活跃。

表 3 - 2　投机性指标分组的融资交易均值差异检验

	$lnCap$	$AdjP/E$	$Turnover_{t-5,t-1}$	$Lottery$	$IndiNum$	$IndiRatio$
面板 A:融资交易活跃程度($Margin$)均值的 T 检验						
Low	0.2057	0.1759	0.1666	0.1840	0.1683	0.1776
Middle	0.1858	0.1889	0.1892	NA	0.1878	0.1796
High	0.1678	0.1946	0.2034	0.2094	0.2045	0.2065
High−Low	−0.0379***	0.0187***	0.0367***	0.0253***	0.0362***	0.0290***
面板 B:异常融资交易($ResMargin$)均值的 T 检验						
Low	0.0029	−0.0018	−0.0028	−0.0002	−0.0029	−0.0017
Middle	−0.0001	0.0006	0.0003	NA	0.0001	−0.0008
High	−0.0027	0.0013	0.0025	0.0021	0.0029	0.0029
High−Low	−0.0057***	0.0031***	0.0053***	0.0023***	0.0058***	0.0046***

注:表中 Low、Middle、High 分别代表按照分组变量从小到大排序后的 3 个分组;*、**、*** 分别表示在 0.10、0.05、0.01 的显著性水平下显著。

此外,考虑到融资交易活动($Margin$)存在显著的自相关性,即表现出较强惯性,表 3 - 2 的面板 A 的结果可能是由于 $Margin$ 的自相关性导致的,因此我们以 $Margin$ 为被解释变量、以滞后一期 $Margin$ 为解释变量进行回归,并以该模型的残差项作为异常融资交易指标($ResMargin$)。表 3 - 2 的面板 B 给出了按各投机性指标分组后的异常融资交易指标($ResMargin$)的均值 T 检验结果。可以看出，$\ln Cap$ 最低分组的 $ResMargin$ 均值显著高于 $\ln Cap$ 最高分组，且 $AdjP/E$、$Turnover_{t-5,t-1}$、$Lottery$、$IndiRatio$、$IndiNum$ 最高分组的 $ResMargin$ 均值显著高于对应最低分组的 $ResMargin$ 均值，说明投机型股票的异常融资交易活动也更活跃。

3.4　回归结果与分析

表 3-2 的分组均值检验结果比较直观地展示融资交易在投机型股票、投资型股票分组的差异，但是考虑到融资交易可能会受到其他因素的影响，上述结论可能并不具有较大说服力。本部分利用月度频率的面板数据并控制月度效应和个体效应后对模型（3-3）进行参数估计，以期为检验融资交易的标的股票特征提供更有力证据。参考 Thompson（2011）的做法，我们使用个体和时间聚类稳健标准误以控制同一个体、时间层面可能存在的扰动相关。

表 3-3 报告了控制月度时间效应和个体效应后股票投机特征变量对融资交易活跃程度指标的回归结果。$Intercept$ 表示常数项。列（1）～（3）分别给出以 $\ln Cap$、$AdjP/E$、$Turnover_{t-5,t-1}$ 作为唯一关键解释变量的参数估计结果。可以看出，$\ln Cap$ 前的回归系数显著为负，说明市值越大的标的股票，其融资交易越不活跃；$AdjP/E$、$Turnover_{t-5,t-1}$ 前的回归系数显著为正，说明高市盈率（或负市盈率）、高换手率的标的股票的融资交易更活跃。

表 3-3 的列（4）展示了以股票博彩型特征变量（$Lottery$）作为关键解释变量的双固定面板回归结果。可以看出，$Lottery$ 的回归系数为 0.0021 且在 1% 的显著性水平下显著，说明融资交易者更偏好买入彩票型股票。

表 3-3 的列（5）～（6）报告了以 $IndiRatio$、$IndiNum$ 这两个股票散户化程度指标作为关键解释变量的参数估计结果。可以看出，$IndiRatio$、$IndiNum$ 的回归系数显著为正，说明散户持股比例越高、散户规模越大的标的股票具有越活跃的融资交易活动。

因此，本部分运用面板回归模型的实证结果也表明，流通市值越小、市盈率越高、换手率越高、散户持股比例越高、散户规模越大、具有彩票型特征的股票的融资交易活动越活跃。因此，综合多个角度衡量股票的投机性特征，我们发现融资交易者更偏好于投机型股票而非投资型股票，这在一定程度上说明我国股市的融资交易者很可能以个人投资者为主。

表 3 - 3　固定效应面板回归结果

	(1)	(2)	(3)	(4)	(5)	(6)
$\ln Cap$	-0.0038^{***}					
	(-14.56)					
$AdjP/E$		0.0020^{***}				
		(8.37)				
$Turnover_{t-5,t-1}$			0.0086^{***}			
			(8.63)			
$Lottery$				0.0021^{***}		
				(3.82)		
$IndiRatio$					0.0161^{***}	
					(16.39)	
$IndiNum$						0.0020^{***}
						(18.54)
$Margin_{t-1}$	0.7875^{***}	0.8139^{***}	0.8069^{***}	0.8188^{***}	0.7965^{***}	0.7905^{***}
	(118.18)	(130.16)	(125.60)	(131.41)	(206.14)	(201.77)
Raw_t	-0.0170^{***}	-0.0157^{***}	-0.0154^{***}	-0.0163^{***}	-0.0145^{***}	-0.0155^{***}
	(-8.60)	(-7.88)	(-7.77)	(-8.18)	(-9.24)	(-9.87)
$Intercept$	0.0248^{***}	0.0039^{**}	0.0066^{***}	0.0072^{***}	0.0020	0.0022
	(12.30)	(2.22)	(4.06)	(4.42)	(0.49)	(0.52)
月度效应	Control	Control	Control	Control	Control	Control
个体效应	Control	Control	Control	Control	Control	Control
N	24 560	24 560	24 560	24 560	24 560	24 560
$Adj R^2$	0.820	0.817	0.818	0.816	0.799	0.800

注:表中括号内表示系数对应的 t 值;*、**、*** 分别表示在 0.10、0.05、0.01 的显著性水平下显著。

3.5　稳健性检验

3.5.1　Fama-MacBeth 回归

为了检验上述结论的稳健性,我们参考 Fama and MacBeth(1973)的做法,每个月对模型(3-3)进行 OLS 参数估计,并对估计得到的系数时间序列求平均。表 3-4 报告了 Fama-MacBeth 回归的参数估计结果,该表每一列的变量设置与表 3-3 对应列的变量相同。可以看出,各主要关键解释变量的回归系数均显著,其中,$\ln Cap$ 的回归系数显著为负,$AdjP/E$、$Turnover_{t-5,t-1}$、$Lottery$、$IndiRatio$、$IndiNum$ 的回归系数显著为正。这也进一步说明,具有小市值、高市盈率、高换手率、彩票型特征、高散户持股比例、散户规模大等特征的标的股票的融资交易更活跃。因此,运用 Fama-MacBeth 回归的结果也表明,投机型标的股票具有更活跃的融资交易活动,意味着我国的融资交易者更偏好于杠杆买入投机型的标的股票。

表 3 - 4　Fama-MacBeth 回归结果

	(1)	(2)	(3)	(4)	(5)	(6)
$\ln Cap$	−0.0033***					
	(−8.72)					
$AdjP/E$		0.0013***				
		(3.40)				
$Turnover_{t-5,t-1}$			0.0154***			
			(4.76)			
$Lottery$				0.0025***		
				(2.67)		
$IndiRatio$					0.0138***	
					(8.28)	
$IndiNum$						0.0034***
						(6.52)
$Margin_{t-1}$	0.7946***	0.8241***	0.8132***	0.8271***	0.8105***	0.7893***
	(83.73)	(83.80)	(81.05)	(79.10)	(61.89)	(64.22)

（续表）

	（1）	（2）	（3）	（4）	（5）	（6）
Raw_t	-0.0274^{***}	-0.0286^{***}	-0.0273^{***}	-0.0272^{***}	-0.0250^{***}	-0.0252^{***}
	(-6.88)	(-6.94)	(-6.66)	(-6.96)	(-5.23)	(-5.72)
$Intercept$	0.0450^{***}	0.0273^{***}	0.0286^{***}	0.0292^{***}	0.0284^{***}	0.0245^{***}
	(15.77)	(12.80)	(13.68)	(14.18)	(10.99)	(8.02)
N	24 560	24 560	24 560	24 560	24 560	24 560
F 值	1930.46	1941.59	1763.30	1661.49	1024.63	1143.81

注：表中括号内表示系数对应的 t 值；$*$、$**$、$***$ 分别表示在 0.10、0.05、0.01 的显著性水平下显著。

3.5.2　剔除 2015 年股市异常后的回归结果

我国股市在 2015 年经历了一轮暴涨暴跌，上证指数从 2014 年年底的 3234 点在不到 6 个月的时间内上涨至 5178 点，涨幅高达 60%。随后，上证指数从 2015 年 6 月 12 日最高点开始暴跌，在不到 20 个交易日的时间里跌幅高达 34.86%。在这个过程中，中国人民银行、证监会及交易所均出台多种措施对股市进行干预。例如，在股市暴涨期间（2015 年 1—2015 年 6 月中旬），监管机构出台多个文件要求清理场外配资；在股市暴跌期间（2015 年 6 月下旬—2015 年 7 月），监管部门出台包括限制股指开仓、调整融资担保品折算率等举措以期稳定市场。

考虑到该时期股市异常以及监管层多项措施可能对我们上述研究结论产生干扰，我们剔除了 2015 年 1 月—12 月的研究样本，并重新进行回归分析。表 3-5、表 3-6 分别报告了剔除 2015 年股市异常期间后的固定效应面板回归结果、Fama-MacBeth 回归结果。

从表 3-5、表 3-6 中可以看出，$lnCap$ 的回归系数显著为负，而 $AdjP/E$、$Turnover_{t-5,t-1}$ 的回归系数显著为正，说明市值越小、市盈率越高、换手率越高的标的股票具有越活跃的融资交易；$Lottery$ 的回归系数显著为正，说明彩票型股票的融资交易更活跃；$IndiRatio$、$IndiNum$ 的回归系数显著为正，说明散户持股比例越高、散户规模越大的个股具有越活跃的融资交易。因此，剔除了 2015 年的股市异常期间后，我们的研究结论依然显著成立——融资交易在具有投机性特征的标的股票上表现得更活跃，也进一步说明我国的融资交易者更偏好投机型股票。

表 3 - 5　剔除 2015 年股市异常后的固定效应面板回归结果

	(1)	(2)	(3)	(4)	(5)	(6)
$\ln Cap$	−0.0042***					
	(−15.15)					
$AdjP/E$		0.0024***				
		(9.65)				
$Turnover_{t-5,t-1}$			0.0107***			
			(10.51)			
$Lottery$				0.0022***		
				(3.55)		
$IndiRatio$					0.0171***	
					(15.10)	
$IndiNum$						0.0023***
						(18.92)
$Margin_{t-1}$	0.7910***	0.8193***	0.8107***	0.8263***	0.8091***	0.7986***
	(114.64)	(127.05)	(124.53)	(129.59)	(186.63)	(180.76)
Raw_t	−0.0176***	−0.0165***	−0.0159***	−0.0178***	−0.0142***	−0.0152***
	(−7.11)	(−6.59)	(−6.46)	(−7.10)	(−6.95)	(−7.48)
$Intercept$	0.0264***	0.0029*	0.0061***	0.0069***	0.0013	0.0009
	(12.89)	(1.67)	(3.84)	(4.26)	(0.31)	(0.21)
月度效应	Control	Control	Control	Control	Control	Control
个体效应	Control	Control	Control	Control	Control	Control
N	18 680	18 680	18 680	18 680	18 680	18 680
$Adj R^2$	0.828	0.825	0.826	0.824	0.814	0.815

注:表中括号内表示系数对应的 t 值;*、**、*** 分别表示在 0.10、0.05、0.01 的显著性水平下显著。

表 3 - 6　剔除 2015 年股市异常后的 Fama-MacBeth 回归结果

	(1)	(2)	(3)	(4)	(5)	(6)
$\ln Cap$	-0.0035^{***}					
	(-8.15)					
$AdjP/E$		0.0014^{***}				
		(3.62)				
$Turnover_{t-5,t-1}$			0.0173^{***}			
			(4.71)			
$Lottery$				0.0027^{**}		
				(2.60)		
$IndiRatio$					0.0141^{***}	
					(7.60)	
$IndiNum$						0.0037^{***}
						(6.19)
$Margin_{t-1}$	0.8003^{***}	0.8318^{***}	0.8198^{***}	0.8353^{***}	0.8245^{***}	0.7993^{***}
	(77.86)	(79.91)	(76.01)	(75.03)	(58.20)	(58.63)
Raw_t	-0.0282^{***}	-0.0299^{***}	-0.0282^{***}	-0.0283^{***}	-0.0258^{***}	-0.0260^{***}
	(-6.22)	(-6.38)	(-6.06)	(-6.35)	(-4.56)	(-5.03)
$Intercept$	0.0430^{***}	0.0243^{***}	0.0259^{***}	0.0264^{***}	0.0242^{***}	0.0197^{***}
	(13.88)	(11.96)	(12.69)	(13.20)	(9.79)	(6.57)
N	18 680	18 680	18 680	18 680	18 680	18 680
F 值	1821.48	1822.00	1681.83	1591.98	964.01	1043.83

注：表中括号内表示系数对应的 t 值；$*$、$**$、$***$ 分别表示在 0.10、0.05、0.01 的显著性水平下显著。

3.5.3　基于主成分分析的结果

传统指标（市值、市盈率、换手率）、彩票型特征、股票散户化程度从不同方面衡量了股票的投机性特征。但是，考虑到这些变量之间存在较强的共线性（表 3-1 的面板 B）且各个指标可能还代表了其他含义，上述以单个投机性特征指标作为关键解释变量的结果可能包含了其他因素的影响。本部分拟通过对股票投机性指标进行主成分分析,提取这些指标的共同部分构建更能反映股票投机性特征的综合指标,以更好地检验标的股票投机性特征与融资交易活动的关系。

主成分分析方法(principal component analysis, PCA)经常被用于提取多个变量之间的共同部分并用于数据降维。因此,我们也利用 PCA 方法对股票投机性特征指标进行分析,提取更能反映股票投机性特征的综合指标。我们在 Stata 计量软件中对 $lnCap$、$AdjP/E$、$Turnover_{t-5,t-1}$、$Lottery$、$IndiRatio$、$IndiNum$ 进行主成分分析,其中第一主成分(用 $Spec_{PC1}$ 表示)的方差贡献比例达到36.42%,且与 $lnCap$ 显著负相关、与其他变量显著正相关(如表 3 - 7 所示),说明该主成分能较好地综合各指标的共同因素,可以作为正向度量股票投机性特征的综合指标。

表 3 - 7　第一主成分与股票投机性特征变量之间的皮尔逊相关系数

	$Spec_{PC1}$	$lnCap$	$AdjP/E$	$Turnover_{t-5,t-1}$	$Lottery$	$IndiRatio$
$lnCap$	-0.884^{***}					
$AdjP/E$	0.344^{***}	-0.161^{***}				
$Turnover_{t-5,t-1}$	0.604^{***}	-0.350^{***}	0.137^{***}			
$Lottery$	0.241^{***}	-0.093^{***}	0.002	0.270^{***}		
$IndiRatio$	0.339^{***}	-0.191^{***}	0.022^{***}	0.113^{***}	0.056^{***}	
$IndiNum$	0.864^{***}	-0.804^{***}	0.203^{***}	0.297^{***}	0.025^{***}	0.168^{***}

注:*、**、*** 分别表示在 0.10、0.05、0.01 的显著性水平下显著。

进一步分析,我们以 $Spec_{PC1}$ 作为关键解释变量对融资交易活跃程度指标($Margin$)进行回归分析,并将回归结果展示在表 3 - 8 中。其中,列(1)~(2)分别报告了全样本期间下的面板回归、Fama-MacBeth 回归结果;列(3)~(4)分别给出了剔除 2015 年股市异常期间后的面板回归、Fama-MacBeth 回归结果。从表 3 - 8 可以看出,各列中 $Spec_{PC1}$ 的回归系数均显著为正,说明标的股票的投机性越强(即 $Spec_{PC1}$ 越大),其融资交易越活跃。因此,通过主成分分析提取衡量股票投机性特征的综合指标的分析结果也表明,投机型股票具有显著更活跃的融资交易活动。

表 3 - 8　股票投机性特征综合变量与融资交易的回归结果

| | 全样本回归 | | 剔除 2015 年后的回归结果 | |
| | (1) | (2) | (3) | (4) |
	面板回归	Fama-MacBeth	面板回归	Fama-MacBeth
$Spec_{PC1}$	0.0025 ***	0.0028 ***	0.0030 ***	0.0031 ***
	(21.07)	(6.98)	(21.32)	(6.79)
$Margin_{t-1}$	0.7882 ***	0.7938 ***	0.7892 ***	0.7999 ***
	(197.47)	(61.80)	(173.88)	(54.49)
Raw_t	−0.0146 ***	−0.0247 ***	−0.0138 ***	−0.0254 ***
	(−9.35)	(−5.58)	(−6.73)	(−4.86)
$Intercept$	0.0127 ***	0.0380 ***	0.0136 ***	0.0357 ***
	(3.05)	(14.34)	(3.25)	(12.40)
月度效应	Control	Control	Control	Control
个体效应	Control	Control	Control	Control
N	24 560	24 560	18 680	18 680
$AdjR^2$	0.805	NA	0.817	NA
F 值	1630.82	1093.14	1606.11	978.63

注：表中括号内表示系数对应的 t 值；*、**、*** 分别表示在 0.10、0.05、0.01 的显著性水平下显著。

3.6　本章小结

我国的个人投资者面临更高的融资约束却具有明显的博彩偏好，因此个人投资者可能是融资交易的主体。本章讨论了我国融资交易的标的特征对融资交易活动的影响，以检验我国融资交易者的交易偏好。

我们综合从传统指标（市值、市盈率、换手率）、股票的彩票型特征、散户化程度（散户持股比例、散户规模）3 个角度度量了标的股票的投机性特征，并运用单因素方差分析及控制时间效应、个体效应的面板回归模型进行实证检验。结果表明，标的股票的市值越小、市盈率越高、换手率越高、具有彩票型特征、散户持股比例越高、散户规模越大，其融资交易越活跃。这意味着投机型标的股票具有更活跃的融资交易,我国的融资交易者具有明显的投机偏好。

此外,我们还综合从 Fama-MacBeth 回归、剔除 2015 年股市异常期间、主成分分析等方面进行稳健性检验,结果也表明融资交易在投机型股票上表现得更为活跃,说明我国融资交易者倾向于杠杆买入投机型股票。

第4章 融资交易策略：信息交易还是噪声交易[①]

4.1 引言

诸多文献讨论了杠杆融资交易对市场稳定性、信息效率等方面的影响，但是并没有得到比较一致的结论（De Long et al.，1990；Hardouvelis，1990；Chowdhry and Nanda，1998；Rytchkov，2014；Chen et al.，2016）。例如，Seguin（1990）、Alexander et al.（2004）、Chen et al.（2016）的研究发现允许或放松融资交易有助于促进公司特质性信息融入股价、提高股价稳定性或流动性。相反，Hardouvelis（1990）、Hardouvelis and Peristiani（1992）、Chowdhry and Nanda（1998）、Rytchkov（2014）等的研究却表明融资交易可能加剧股价不稳定、降低了股价的信息效率。我们认为，前人研究结论不一致的一个很重要的原因在于不同的文献使用了不同的间接指标衡量市场质量，缺少对融资交易者本质特征（信息交易还是噪声交易）的更直接的证据。因此，本章拟从融资交易者的交易策略角度出发，探讨融资交易者是采取基于新的公司特质性信息的交易策略，还是采取具有噪声交易特征的交易策略，为进一步研究融资交易的影响提供更直接的客观证据。

De Long et al.（1990）、Morck et al.（2000）、Piotroski and Roulstone（2004）的研究认为，知情交易有助于加速公司特质性信息融入股价、提高股价稳定性，而噪声交易却降低了股价的信息含量、加剧股价的不稳定。因此，通过研究"融资交易者的交易策略"识别融资交易的主体特征（信息交易还是噪声交易），对讨论融资交易的影响具有重要的作用。由于开展融资交易需要支付一定的借款利息，对于理性、成熟的交易者而言，只有他们掌握了关于标的股票的正面的、未公开的信息时（即他们是信息交易者），这些交易者才会通过融资借入资金、买入股票。如果融资交易者采取基于公司的正面特质性信息的交易策略，那么他们融资买入更多

---

① 基于本章主要内容撰写的论文已发表于 *Accounting and Finance*（Lv and Wu，2019）。

的股票应该具有更高的未来收益率,而他们融资买入更少的股票在未来的市场表现应该更差。因此,我们认为融资交易对未来收益率的预测能力能够用于检验融资交易者是否采取了基于信息的交易策略,也为检验融资交易的影响提供了更直接的证据。

基于此,本章利用我国融资交易制度开通以来的交易数据,讨论我国的融资交易者采取的是信息交易策略还是具有噪声交易特征的交易策略。首先,我们以当期融资交易活跃程度指标为关键解释变量、以未来个股收益率作为被解释变量构建回归模型,并利用我国融资交易标的的数据分别在日度、周度、月度频率下进行参数估计。我们发现,融资交易越活跃的股票在未来并不具有显著更高的收益率,意味着融资交易者在开仓融资买入股票时并不拥有新的、正面的特质性信息,即融资交易者并非基于公司正面特质性信息进行交易。因此,融资交易者在融资买入过程中并不拥有公司特质性信息,融资交易者并非采取基于公司特质性信息的交易策略。

我们进一步讨论了融资交易者在融资买入过程中是否采取具有噪声交易特征的交易策略。具体而言,我们检验了融资买入交易活动与个股过去收益率的关系,发现:过去收益率越高的个股,其融资交易越活跃;过去收益率越低的个股,融资交易越不活跃。这意味着融资交易者更倾向于买入在过去上涨的股票,即融资交易者可能采取正反馈交易策略。此外,我们还根据历史价格变化,构建了移动均线交易策略,发现:当短期均线处于中长期均线上方时,融资交易更活跃;当短期均线位于中长期均线下方时,融资交易更不活跃。这意味着融资交易者很可能采取移动均线交易的技术交易策略。由于正反馈交易和移动均线交易策略都是基于历史价格(过去信息)的交易方式,也是噪声交易者常用的交易策略,因此本部分的研究也进一步表明我国的融资交易者采取具有噪声交易特征的交易策略,他们是噪声交易者而非知情交易者。

4.2　融资交易者基于公司特质性信息交易吗

前人的研究采用间接指标讨论融资交易对市场质量的影响,并没有取得比较一致的结论。我们认为,检验融资交易者的交易策略有助于识别融资交易者是知情交易者还是噪声交易者,也为检验融资交易的影响提供更直接的证据。由于我国的融资交易成本较高,知情的融资交易者只有在拥有未公开的公司正面特质性信息时,才会采用融资借入资金的方式买入股票。因此,如果股票市场的融资交易者基于新的公司特质性信息进行融资交易，那么他们融资买入更多应该在未来具有更高的市场回报，即融资买入交易活动应能够正向预测未来收益率（Hirose et al.，2009）。基于此，本部分拟通过检验融资交易活动对未来收益率的预测能力，讨论融资交易者是否采取基于信息的交易策略。

4.2.1　研究设计

1. 数据来源

本部分的研究期间为 2010 年 3 月—2017 年 12 月的交易期间，并将所有的融资交易标的作为研究对象。由于个股被允许进行融资交易后，投资者仍需要一定的时间熟悉和认知该个股的融资交易，这段时间的数据样本并不具有代表性，因此我们研究过程中剔除了个股融资交易第 1 年的数据样本。[①]　融资交易标的的调整信息分别来自上海证券交易所和深圳证券交易所的定期、不定期的融资融券标的调整公告。融资交易数据、无风险收益率、Fama 三因子数据及个股的收盘价、成交量、成交金额等交易数据均来自国泰安的 CSMAR 数据库。同时，我们还从国泰安的 CSMAR 数据库中提取了有关公司资产负债表、利润表等财务数据以计算相应的估值指标。

2. 模型设定

自从 2010 年 3 月融资融券交易制度正式实施以来，上海证券交易所和深圳证券交易所每天公布融资融券标的的融资交易数据，这为我们研究融资交易对未来收益率的预测能力提供了较好的数据基础。参考 Diether et al.（2009）的做法，我们构建如式（4-1）所示的周频率回归模型检验融资交易活动对个股未来收益率的预测能力

$$Ret_{i,t+1} = \beta_0 + \beta_1 Margin_{i,t} + \delta \sum Controls_{i,t} + \varepsilon_{i,t} \qquad (4-1)$$

式中，$Margin_{i,t}$ 表示个股 i 在第 t 周的融资交易活动指标，参考 Boehmer and Wu（2013）的做法，我们用个股 i 在第 t 周的每天融资买入金额除以当天成交金额后求周平均得到融资交易活跃程度指标。被解释变量 $Ret_{i,t+1}$ 为个股 i 在第 $t+1$ 周的收益率。[②]　在该回归模型中，如果 β_1 的系数显著为正，则说明融资交易活动越活跃的股票在未来具有更好的市场表现，意味着融资交易具有正向预测未来收益率的能力，也说明了融资交易者采取基于公司特质性信息的交易策略。

[①]　值得说明的是，即使我们不剔除第 1 年的融资交易样本数据，我们的研究结论依然显著成立。

[②]　为了控制可能存在的 bid-ask 价格跳动的影响，我们以个股 i 在 $t+2$ 期的收益率作为被解释变量（用 $Ret_{i,t+2}$ 表示），我们的回归结果依然稳健。

3. 被解释变量计算

在具体实证研究过程中,我们分别使用两种类型的收益率作为被解释变量——"实际收益率"和"经调整后的超额收益率"。其中,个股 i 在第 t 周的实际收益率(用 $Raw_{i,t}$ 表示)用第 t 周的收盘价以及第 $t-1$ 周的收盘价的对数差分计算得到,即 $Raw_{i,t}=\ln P_t-\ln P_{t-1}$,其中 P_t、P_{t-1} 分别表示第 t 周、第 $t-1$ 周的收盘价。此外,我们还分别根据 CAPM 模型和 Fama-French 三因子模型(Fama and French,1993)计算了该周的超额收益率,分别用 $CAPM_{i,t}$ 和 $FF3_{i,t}$ 表示。具体而言,对于该个股,利用前 72 周的个股收益率、市场收益率、HML 因子、SMB 因子序列,并以一年期国债收益率对应的周收益率作为无风险收益率,对以下两个模型分别进行参数估计

$$R_{i,k}-Rf_k=\alpha_i+\beta_i(Rm_k-Rf_k)+\varepsilon_k \tag{4-2}$$

$$R_{i,k}-Rf_k=\alpha_i+\beta_{1,i}(Rm_k-Rf_k)+\beta_{2,i}\cdot SMB_k+\beta_{3,i}\cdot HML_k+\varepsilon_k \tag{4-3}$$

式中,$R_{i,k}$ 表示个股 i 在第 k 周的实际收益率,Rf_k、Rm_k、SMB_k、HML_k 分别表示第 k 周的无风险收益率、市值加权市场收益率、市值因子和账面市值比因子。

得到模型的待估计参数后,分别计算第 t 周个股 i 基于 CAPM 模型、Fama-French 三因子模型的预期收益率(分别用 $ER\_CAPM_{i,t}$、$ER\_FF3_{i,t}$ 表示)

$$ER\_CAPM_{i,t}=Rf_t+\alpha_i+\beta_i(Rm_t-Rf_t) \tag{4-4}$$

$$ER\_FF3_{i,t}=Rf_t+\alpha_i+\beta_{1,i}(Rm_t-Rf_t)+\beta_{2,i}\cdot SMB_t+\beta_{3,i}\cdot HML_t \tag{4-5}$$

最后,分别计算个股 i 在第 t 周经 CAPM 模型、Fama-French 三因子模型调整的超额收益率

$$CAPM_{i,t}=Raw_{i,t}-ER\_CAPM_{i,t} \tag{4-6}$$

$$FF3_{i,t}=Raw_{i,t}-ER\_FF3_{i,t} \tag{4-7}$$

4. 控制变量选取

为了控制可能对个股收益率产生影响的其他因素的干扰,参考 Diether et al.(2009)、Chang et al.(2014)等的研究,我们在模型式(4-1)中加入了以下控制变量:个股 i 从第 $t-5$ 周到第 $t-1$ 周的累计收益率,用 $Ret_{t-5,t-1}$ 表示;个股 i 从第 $t-5$ 周到第 $t-1$ 周的平均周换手率,用 $Turnover_{t-5,t-1}$ 表示;个股在第 t 周的收益率,用 Raw 表示;个股 i 在第 t 周的波动率(VOL),用每天最高价减去最低价除以两者平均价后求周平均得到;个股 i 的账面市值比(B/M),用该股票上一年年报中的资产总额除以上一年年末的总市值表示;个股 i 的市值大小($\ln Cap$),用

该股票在上一年年末总市值除以 10 亿后求自然对数后得到。

表 4 - 1　部分关键变量定义

变量类型	变量名称	变量含义
	Raw	实际收益率
被解释变量	$CAPM$	CAPM 模型调整的超额收益率
	$FF3$	Fama-French 三因子模型调整的超额收益率
关键解释变量	$Margin$	融资交易活跃程度指标
	$Ret_{t-5,t-1}$	前 5 周累计收益率
	$Turnover_{t-5,t-1}$	前 5 周平均换手率
控制变量	B/M	账面市值比
	VOL	周波动率
	$\ln Cap$	总市值(除以 10 亿)的自然对数

4.2.2　回归结果与分析

1. 描述性统计

表 4 - 2 给出了所有变量的描述性统计。从表中可以看出,$Margin$ 的均值为 0.1813,说明在整个研究期间,融资买入金额大约占到当天成交金额的 18.13%,融资交易比较活跃。$Margin$ 的标准差为 0.0676,意味着融资交易活跃程度在时间和截面上存在较大波动,这为我们运用回归分析方法讨论融资交易活动对未来收益率的预测能力提供了可能。此外,衡量收益率的指标 Raw、$CAPM$、$FF3$ 的均值分别为 0.0043、−0.0001、−0.0019,且表现出较大的波动。

表 4 - 2　融资交易、收益率与其他控制变量的描述性统计

变量名称	样本容量	均值	标准差	最小值	中位数	最大值
$Margin$	93 206	0.1813	0.0676	0.0000	0.1849	0.5890
Raw	93 206	0.0043	0.0716	−0.3913	0.0029	0.6113
$CAPM$	93 206	−0.0001	0.0629	−0.3920	−0.0036	0.6236
$FF3$	93 206	−0.0019	0.0614	−1.2068	−0.0051	0.7800
$Ret_{t-5,t-1}$	93 206	0.0241	0.1623	−0.9474	0.0187	1.7475

（续表）

变量名称	样本容量	均值	标准差	最小值	中位数	最大值
$Turnover_{t-5,t-1}$	93 206	0.0900	0.0878	0.0000	0.0612	1.2462
B/M	93 206	0.6263	0.2721	0.0295	0.6261	1.4303
VOL	93 206	0.0105	0.0057	0.0000	0.0090	0.0501
$\ln Cap$	93 206	2.9707	1.1158	0.3210	2.8527	7.5146

2. 使用周度数据的回归结果分析

为了讨论融资交易能否预测未来收益率并检验融资交易者是否采取基于公司特质性信息的交易策略，我们首先以周频率数据为样本、运用控制了个体效应和时间效应的面板回归模型对模型式(4-1)进行参数估计。同时，为了降低异常值的干扰，我们对所有的变量做 1% 的缩尾处理。[①] 最后，我们参考 Thompson (2011)的做法，使用个体和时间聚类稳健标准误以控制同一个体、时间层面可能存在的扰动相关。

表 4-3 的列(1)～(3)分别给出了以 $Raw_{i,t+1}$、$CAPM_{i,t+1}$、$FF3_{i,t+1}$ 作为被解释变量的双固定面板回归结果。可以看出，$Margin_{i,t}$ 的回归系数均不显著，意味着在控制了其他因素影响的情况下，融资交易越活跃的个股并不具有显著更高的未来收益率或超额收益率。这说明融资交易并不能预测未来收益率，也说明了融资交易者在融资买入个股过程中并不具备更多的正面公司特质性信息。因此，基于周频率的回归结果表明，融资交易者并非基于新的正面公司特质性信息而融资开仓买入股票。

此外，我们还运用 Fama-MacBeth 回归方法进一步检验融资交易对未来收益率的预测能力。表 4-3 的列(4)～(6)分别给出了以 $Raw_{i,t+1}$、$CAPM_{i,t+1}$、$FF3_{i,t+1}$ 作为被解释变量的 Fama-MacBeth 回归结果。与列(1)～(3)的回归结果基本一致，变量 $Margin_{i,t}$ 的系数均不显著，进一步说明融资交易并不能预测未来收益率，意味着融资交易者并非采取基于公司特质性信息的交易策略。

因此，综合双固定面板回归和 Fama-MacBeth 回归结果来看，融资买入越活跃的股票并不具有显著更高的实际收益率或超额收益率，说明我国的融资交易者在融资开仓买入股票时并不具备个股正面的特质性信息。这表明我国的融资交易者并非基于公司特质性信息而融资买入标的股票。

---

① 我们也对变量做 5% 的缩尾处理，本部分的研究结论依然成立。

表 4-3　使用周数据的回归结果

	双固定面板回归			Fama-MacBeth 回归		
	(1)	(2)	(3)	(4)	(5)	(6)
	$Raw_{i,t+1}$	$CAPM_{i,t+1}$	$FF3_{i,t+1}$	$Raw_{i,t+1}$	$CAPM_{i,t+1}$	$FF3_{i,t+1}$
$Margin_{i,t}$	0.0021	−0.0017	0.0016	−0.0071	−0.0121	−0.0046
	(0.27)	(−0.23)	(0.21)	(−0.90)	(−1.54)	(−0.57)
$Ret_{t-5,t-1}$	−0.0363***	−0.0288***	−0.0355***	0.0038	0.0017	0.0046
	(−13.46)	(−8.87)	(−13.31)	(0.69)	(0.31)	(0.85)
$Turnover_{t-5,t-1}$	−0.0395***	−0.0487***	−0.0388***	0.0111	0.0054	0.0119
	(−7.62)	(−8.60)	(−7.66)	(0.73)	(0.36)	(0.72)
$Raw_{i,t}$	−0.0377***	−0.0483***	−0.0372***	−0.0236**	−0.0281**	−0.0215*
	(−5.11)	(−6.76)	(−5.12)	(−1.98)	(−2.44)	(−1.79)
$B/M_{i,t}$	0.0238***	0.0158***	0.0218***	0.0026	0.0026	0.0024
	(7.76)	(5.37)	(7.23)	(1.41)	(1.46)	(1.32)
$VOL_{i,t}$	−0.0369	−0.3168**	0.0484	−0.1710	−0.2411	−0.1396
	(−0.28)	(−2.42)	(0.38)	(−1.00)	(−1.40)	(−0.78)
$lnCap_{i,t}$	−0.0132***	−0.0153***	−0.0137***	−0.0006	−0.0000	−0.0004
	(−14.71)	(−15.74)	(−15.27)	(−1.04)	(−0.09)	(−0.81)
$Intercept$	0.0485***	0.0610***	0.0384***	0.0020	0.0015	0.0023
	(6.63)	(7.82)	(5.33)	(0.56)	(0.44)	(0.60)
周效应	Control	Control	Control	NA	NA	NA
个体效应	Control	Control	Control	NA	NA	NA
N	93 206	93 206	93 206	93 206	93 206	93 206
$Adj\ R^2$	0.287	0.260	0.458	NA	NA	NA

注:表中括号内表示系数对应的 t 值;*、**、*** 分别表示在 0.10、0.05、0.01 的显著性水平下显著。

3. 使用日度数据、月度数据的回归结果

使用周数据层面的研究忽略了融资交易者在更短或更长时期采取信息交易策略的可能,因此我们进一步使用日度数据、月度数据对模型式(4-1)进行参数估计,并对结果做进一步讨论。

表 4 - 4 报告了使用日度数据的参数估计结果。其中列(1)~(3)分别给出了以 $Raw_{i,t+1}$、$CAPM_{i,t+1}$、$FF3_{i,t+1}$ 作为被解释变量的双固定面板回归的参数估计结果,而列(4)~(6)则分别展示了以 $Raw_{i,t+1}$、$CAPM_{i,t+1}$、$FF3_{i,t+1}$ 作为被解释变量的 Fama-MacBeth 回归结果。从表 4 - 4 中可以看出,$Margin_{i,t}$ 在所有列中的回归系数均显著为负,说明融资交易越活跃的个股其未来收益率越低,这可能是由于融资交易导致当日股价高估、下一个交易日股价的"均值回复"效应导致的。因此,基于日数据的回归结果说明融资交易不能正向预测未来收益率,进一步表明融资交易者融资开仓买入时并不具有正面的公司特质性信息,意味着融资交易者并非基于公司特质性信息而融资买入标的股票。

表 4 - 4   使用日度数据的回归结果

	双固定面板回归			Fama-MacBeth 回归		
	(1)	(2)	(3)	(4)	(5)	(6)
	$Raw_{i,t+1}$	$CAPM_{i,t+1}$	$FF3_{i,t+1}$	$Raw_{i,t+1}$	$CAPM_{i,t+1}$	$FF3_{i,t+1}$
$Margin_t$	−0.0026***	−0.0027***	−0.0030***	−0.0027***	−0.0029***	−0.0033***
	(−3.51)	(−3.60)	(−4.04)	(−2.69)	(−2.92)	(−3.14)
$Ret_{t-5,t-1}$	−0.0059***	−0.0085***	−0.0073***	−0.0058***	−0.0066***	−0.0058***
	(−5.36)	(−7.63)	(−6.61)	(−2.71)	(−3.16)	(−2.60)
$Turnover_{t-5,t-1}$	−0.0215***	−0.0375***	−0.0222***	0.0167	0.0093	0.0200
	(−5.72)	(−9.92)	(−6.02)	(1.18)	(0.68)	(1.32)
Raw_t	0.0754***	0.0570***	0.0719***	0.0614***	0.0586***	0.0609***
	(27.29)	(20.72)	(26.11)	(11.00)	(10.54)	(10.53)
B/M_t	0.0054***	0.0026***	0.0044***	0.0006*	0.0005	0.0005
	(10.40)	(5.27)	(8.67)	(1.71)	(1.49)	(1.64)
VOL_t	−0.2367***	−0.2387***	−0.2232***	−0.1969***	−0.2030***	−0.1894***
	(−18.02)	(−18.48)	(−16.77)	(−8.73)	(−9.16)	(−7.94)
$\ln Cap_t$	−0.0023***	−0.0029***	−0.0028***	−0.0003***	−0.0001*	−0.0003***
	(−12.96)	(−15.52)	(−15.64)	(−3.20)	(−1.95)	(−2.93)
$Intercept$	0.0070***	0.0105***	0.0225***	0.0020***	0.0016***	0.0022***
	(2.86)	(4.11)	(8.60)	(3.71)	(3.50)	(3.34)
周效应	Control	Control	Control	NA	NA	NA
个体效应	Control	Control	Control	NA	NA	NA
N	514 743	514 743	514 743	514 743	514 743	514 743
$Adj\ R^2$	0.103	0.060	0.498	NA	NA	NA

注:表中括号内表示系数对应的 t 值;*、**、*** 分别表示在 0.10、0.05、0.01 的显著性水平下显著。

我们使用月度数据对模型式（4－1）进行参数估计，回归结果如表 4－5 所示。表 4－5 中，列（1）～（3）分别给出了以 $Raw_{i,t+1}$、$CAPM_{i,t+1}$、$FF3_{i,t+1}$ 作为被解释变量的双固定面板回归的参数估计结果，而列（4）～（6）则分别展示了以 $Raw_{i,t+1}$、$CAPM_{i,t+1}$、$FF3_{i,t+1}$ 作为被解释变量的 Fama-MacBeth 回归结果。与使用周频率样本的回归结果（见表 4－3）基本一致，$Margin_{i,t}$ 在表 4－5 的所有列的回归系数均不显著，说明当月融资买入更活跃的股票并不具备更高的未来收益率，融资交易并不能正向预测未来收益率，这意味着在月度频率下的融资交易也不具有信息交易特征。

表 4－5　使用月度数据的回归结果

	双固定面板回归			Fama-MacBeth 回归		
	(1)	(2)	(3)	(4)	(5)	(6)
	$Raw_{i,t+1}$	$CAPM_{i,t+1}$	$FF3_{i,t+1}$	$Raw_{i,t+1}$	$CAPM_{i,t+1}$	$FF3_{i,t+1}$
$Margin_t$	-0.0157	-0.0235	0.0277	0.0045	-0.0138	0.0173
	(-0.47)	(-0.67)	(0.88)	(0.09)	(-0.31)	(0.37)
$Ret_{t-5,t-1}$	-0.0880^{***}	-0.0742^{***}	-0.0657^{***}	0.0149	0.0083	0.0212^{**}
	(-12.21)	(-9.74)	(-12.38)	(1.54)	(0.77)	(2.09)
$Turnover_{t-5,t-1}$	-0.0283^{***}	-0.0263^{***}	-0.0304^{***}	-0.0119	-0.0176	-0.0079
	(-4.61)	(-3.91)	(-5.69)	(-0.81)	(-1.14)	(-0.48)
Raw_t	-0.1883^{***}	-0.1811^{***}	-0.1448^{***}	-0.0241	-0.0308	0.0144
	(-15.96)	(-13.92)	(-14.61)	(-0.89)	(-1.09)	(0.51)
B/M_t	0.0877^{***}	0.0147	0.0737^{***}	0.0052	0.0050	0.0013
	(7.15)	(1.13)	(6.30)	(0.52)	(0.62)	(0.13)
VOL_t	1.0394^{*}	-0.2110	0.5477	-1.1295	-0.9924	-1.4743
	(1.92)	(-0.36)	(1.14)	(-1.39)	(-1.12)	(-1.66)
$lnCap_t$	-0.0633^{***}	-0.0708^{***}	-0.0681^{***}	-0.0026	-0.0009	-0.0031
	(-16.01)	(-15.02)	(-17.46)	(-1.13)	(-0.43)	(-1.53)
$Intercept$	0.1503^{***}	0.2054^{***}	0.1098^{***}	0.0131	0.0084	0.0187
	(9.46)	(11.07)	(7.01)	(0.89)	(0.61)	(1.30)
周效应	Control	Control	Control	NA	NA	NA
个体效应	Control	Control	Control	NA	NA	NA
N	24 428	24 428	24 428	24 428	24 428	24 428
$Adj\ R^2$	0.136	0.069	0.486	NA	NA	NA

注：表中括号内表示系数对应的 t 值；*、**、*** 分别表示在 0.10、0.05、0.01 的显著性水平下显著。

综上,日数据、周数据、月数据的回归结果均显示,融资交易越活跃的个股并不具备显著更高的未来实际收益率或超额收益率,说明融资交易活动并不具有正向预测未来收益率的能力。因此,我国的融资交易者在融资开仓买入股票时并不拥有个股层面新的、正面的信息,这意味着我国的融资交易者并非采取基于公司特质性信息的交易策略。

4.2.3　稳健性检验

考虑到 2015 年的股市异常以及该期间监管层政策可能对回归结果产生干扰,我们剔除了 2015 年的数据样本,并重新对模型式(4-1)进行参数估计。表 4-6 报告了剔除 2015 年这一异常数据期间后的双固定面板回归结果,其中:列(1)～(3)分别展示了以 $Raw_{i,t+1}$、$CAPM_{i,t+1}$、$FF3_{i,t+1}$ 作为被解释变量的日度数据参数估计结果;列(4)～(6)分别给出了以 $Raw_{i,t+1}$、$CAPM_{i,t+1}$、$FF3_{i,t+1}$ 作为被解释变量的周度数据参数估计结果;列(7)～(9)分别报告了以 $Raw_{i,t+1}$、$CAPM_{i,t+1}$、$FF3_{i,t+1}$ 作为被解释变量的月度数据参数估计结果。

从表 4-6 可以看出,$Margin_{i,t}$ 在列(1)～(3)的回归系数依然显著为负,这与表 4-4 的回归结果一致,说明在日频率下,融资交易越活跃的股票,其未来收益率越低。$Margin_{i,t}$ 在列(4)～(6)、列(7)～(9)中均不显著,这与表 4-3、表 4-5 的结果也基本一致,说明在周频率、月频率下,更多的融资交易并不能带来更高的未来回报,即融资交易并不能正向预测未来收益率。

因此,在剔除了 2015 年股市异常的数据样本之后,我们的回归结果依然稳健。综合日频率、周频率、月频率的回归结果来看,融资交易活动并不具备正面预测未来收益率的能力,说明融资交易者在融资开仓时并不拥有关于个股的正面信息。这些证据再一次表明,我国的融资交易者不是拥有公司特质性信息的知情交易者,并非采取基于公司特质性信息的交易策略。

4.2.4　实证结论

本部分的研究计算了代表融资交易活动的指标,并利用回归分析的方法,检验了日频率、周频率、月频率下的融资交易活动对未来收益率的预测能力。回归结果显示,融资买入交易在周度、月度数据频率下与未来收益率并不显著相关,在日度数据频率下甚至与未来收益率显著负相关,意味着融资交易者融资开仓买入时并不拥有正面的公司特质性信息。因此,本部分的研究表明融资交易者在融资买入决策时并不拥有公司特质性信息,并非采取基于公司特质性信息的交易策略。

表 4 - 6　融资买入对未来收益率的预测能力(剔除 2015 年之后)

| | 日度数据 | | | 周度数据 | | | 月度数据 | | |
	(1) $Raw_{i,t+1}$	(2) $CAPM_{i,t+1}$	(3) $FF3_{i,t+1}$	(4) $Raw_{i,t+1}$	(5) $CAPM_{i,t+1}$	(6) $FF3_{i,t+1}$	(7) $Raw_{i,t+1}$	(8) $CAPM_{i,t+1}$	(9) $FF3_{i,t+1}$
$Margin_t$	-0.0024***	-0.0029***	-0.0022***	0.0042	0.0025	0.0043	0.0266	-0.0146	0.0466
	(-3.87)	(-4.80)	(-3.55)	(0.73)	(0.44)	(0.72)	(0.80)	(-0.40)	(1.39)
$Ret_{t-5,t-1}$	-0.0100***	-0.0105***	-0.0110***	-0.0207***	-0.0289***	-0.0167***	-0.0728***	-0.0677***	-0.0672***
	(-8.63)	(-9.23)	(-9.48)	(-6.66)	(-9.19)	(-5.46)	(-11.11)	(-9.88)	(-10.75)
$Turnover_{t-5,t-1}$	-0.0170***	-0.0254***	-0.0153***	-0.0446***	-0.0417***	-0.0435***	-0.0187**	-0.0315***	-0.0150*
	(-3.61)	(-5.85)	(-3.19)	(-7.24)	(-6.79)	(-7.18)	(-2.24)	(-3.23)	(-1.87)
Raw_t	0.0386***	0.0276***	0.0369***	-0.0577***	-0.0509***	-0.0517***	-0.1443***	-0.1609***	-0.1259***
	(13.18)	(9.02)	(12.51)	(-9.09)	(-8.01)	(-8.13)	(-11.02)	(-11.42)	(-9.46)
B/M_t	0.0009*	0.0007	0.0007	0.0026	0.0057*	0.0029	0.0309**	0.0077	0.0380***
	(1.83)	(1.49)	(1.47)	(0.86)	(1.87)	(0.97)	(2.31)	(0.56)	(2.98)
VOL_t	-0.1163***	-0.1460***	-0.1004***	0.2878***	0.0279	0.3520***	-0.2177	-0.9504	0.0146
	(-8.22)	(-10.50)	(-7.17)	(2.69)	(0.26)	(3.23)	(-0.38)	(-1.50)	(0.03)
$lnCap_t$	-0.0032***	-0.0030***	-0.0034***	-0.0168***	-0.0160***	-0.0170***	-0.0681***	-0.0613***	-0.0674***
	(-16.19)	(-16.63)	(-18.74)	(-16.36)	(-15.97)	(-16.99)	(-14.75)	(-12.72)	(-15.52)
$Intercept$	0.0096***	0.0107***	0.0241***	0.0652***	0.0653***	0.0531***	0.1947***	0.2003***	0.1230***
	(3.88)	(4.18)	(9.22)	(8.37)	(8.13)	(6.95)	(10.36)	(9.95)	(6.74)

（续表）

	日度数据			周度数据			月度数据		
	(1) $Raw_{i,t+1}$	(2) $CAPM_{i,t+1}$	(3) $FF3_{i,t+1}$	(4) $Raw_{i,t+1}$	(5) $CAPM_{i,t+1}$	(6) $FF3_{i,t+1}$	(7) $Raw_{i,t+1}$	(8) $CAPM_{i,t+1}$	(9) $FF3_{i,t+1}$
周效应	Control	Control	Control	Control	Control	Control	Control	Control	Control
个体效应	Control	Control	Control	Control	Control	Control	Control	Control	Control
N	368 694	368 694	368 694	63 055	63 055	63 055	16 656	16 656	16 656
$Adj\ R^2$	0.061	0.034	0.428	0.402	0.400	0.401	0.150	0.065	0.329

注：表中括号内表示系数对应的 t 值；*、**、*** 分别表示在 $0.10, 0.05, 0.01$ 的显著性水平下显著。

4.3　融资交易者的交易策略具有噪声交易特征吗

上述的研究表明，融资交易者在融资开仓买入时并不拥有公司层面的特质性信息，融资交易也无法预测未来收益率。但是，自从我国 2010 年 3 月 31 日融资融券交易制度实施以来，沪深两市融资交易非常活跃，例如：2010 年年底融资余额仅 120 亿元，而这一数据在 2017 年年底达到 10 000 亿元，甚至 2015 年 6 月的沪深两市融资余额超过了 20 000 亿元。既然融资交易不能预测未来收益率，融资交易者也不拥有关于公司的特质性信息，那么融资交易者是依据什么进行融资交易的？融资交易者采取什么样的交易策略？融资交易者的交易策略具有噪声交易的特征吗？

个人投资者是我国证券市场的交易主体，例如 2017 年上海证券交易所的报告指出，"散户在我国股市交易额中所占的比例高达 82.01%"。长期以来，个人投资者更习惯于先买入后卖出并以此获利，因此个人投资者更有可能参与融资交易而避免从事不擅长、风险较高的融券交易（Chang et al.，2014）。此外，相比机构投资者而言，我国股市的个人投资者存在较高的融资障碍，当个人投资者判断未来股价要上涨的时候，较难从其他的渠道获得资金。与日本股票市场的融资交易类似（Hirose et al.，2009），融资融券交易制度开通以后，个人投资者更有可能成为融资交易的主体。然而，大部分的个人投资者是缺乏经验、非理性的投机者，缺少获取信息的能力且存在较强的行为偏差（Barber and Odean，2001；Ang et al.，2006）。因此，以个人投资者为主体的我国融资交易者很可能采取一些与未来股价信息无关的交易策略，例如正反馈交易策略或移动均线、相对强度等技术交易策略。

鉴于此，本部分以股票市场的噪声交易者最常用的正反馈交易策略（positive-feedback strategies）和移动均线交易策略（moving average rules）为例，通过构建面板回归模型，讨论融资交易活动对过去股价的反应，以检验我国的融资交易者是否采取"与股价未来信息无关"的交易策略、是否具有噪声交易者的交易特征。

4.3.1　研究设计

诸多文献表明，正反馈交易策略和移动均线交易策略是经常被股票市场中噪声交易者使用的两种"与未来信息无关"的交易策略（De Long et al.，1990；

Shleifer and Summers,1990;Bange,2009;Taylor,2014)。那么,我国的融资交易者是否也采取了具有噪声交易特征的正反馈交易策略或移动均线交易策略呢? 这是本部分要研究的关键问题。

1. 数据来源

本部分数据来源与4.2.1节一致。特别地,由于国泰安的CSMAR数据库并不提供复权后的收盘价数据,个股的除权除息会影响我们收盘价移动均线的计算。因此我们自行撰写VB.NET代码从雅虎财经官网(https://finance.yahoo.com/quote)抓取经权息调整后的每天收盘价的复权价,并根据该复权价序列计算个股的移动均线交易策略(简称"MA交易策略")指标。同时,我们也根据国泰安CSMAR数据库提供的实际收盘价数据、权息数据,编写VB.NET代码做收盘价复权处理,并计算MA交易策略指标。综合比较这两类数据来源计算的MA交易信号序列,并无发现显著差异,说明我们关于复权价的数据来源比较可信。

2. 融资交易者是否采取正反馈交易策略的检验

正反馈交易策略是指交易者在股价上涨时进一步买入、股价下跌时进一步卖出。因此,如果我国的融资交易者采取正反馈交易策略,那么当过去股价上涨时,融资买入交易应该更加活跃;而当过去股价下跌时,融资买入交易应该更不活跃。为了检验我国的融资交易者是否采取正反馈交易策略,我们利用周数据构建了如下回归模型

$$Margin_{i,t} = \beta_0 + \beta_1 \cdot Ret_{i,t-1} + \delta \cdot \sum Controls + \varepsilon_{i,t} \qquad (4-8)$$

在模型式(4-8)中,被解释变量$Margin_{i,t}$是个股i在第t周的融资交易活跃程度指标,用日融资买入金额除以日成交金额后求周平均得到;解释变量$Ret_{i,t-1}$代表个股i在第$t-1$周的收益率,我们分别使用该周实际收益率($Raw_{i,t-1}$)、经CAPM模型调整的超额收益率($CAPM_{i,t-1}$)、经Fama-French三因子模型调整的超额收益率($FF3_{i,t-1}$)作为解释变量,具体计算方法与上一部分类似;[①]$Controls$代表一系列控制变量,参考Diether等(2009)的研究,我们加入了可能影响当期融资交易活动的因素作为控制变量,包括当期实际收益率($Raw_{i,t}$)、公司规模(将上一年末流通市值除以10亿以后求自然对数计算得到,用$lnCap_{i,t-1}$表示)、前5周换手率的平均值(用$Turnover_{t-5,t-1}$表示)。此外,由于融资交易活跃程度具有一定的惯性,而这一惯性可能会干扰我们的分析结论,因此我们也加入了滞后一期

———————————

① 我们也使用第$t-5$周至第$t-1$周的累计收益率作为关键解释变量,结论依然一致。

的融资交易活动指标($Margin_{i,t-1}$)作为控制变量。[①] 在该模型中,如果 $Ret_{i,t-1}$ 的系数(β_1)显著大于 0,则说明过去上涨更多的股票具有更活跃的融资交易活动,意味着融资交易者采取正反馈交易策略。

3. 融资交易者是否采取移动均线交易策略的检验

除了正反馈交易策略之外,噪声交易者也经常根据历史价格走势采取基于技术分析的交易策略(Taylor,2014)。其中,移动均线交易策略通过分别构建短期的价格移动平均线(简称"短期均线")和长期的价格移动平均线(简称"长期均线"),并根据短期均线、长期均线的相对位置来判断应采取买入(或持股)还是卖出(或空仓)操作。具体而言,当短期均线位于长期均线上方时,很可能意味着短期价格有上涨趋势,此时 MA 交易策略返回一个买入或持股的交易信号;当短期均线位于长期均线下方时,很可能意味着短期价格有进一步下跌的趋势,此时 MA 交易策略返回一个卖出或空仓的交易信号。

为了检验我国融资交易者是否采取 MA 交易策略,我们构建了两个简单的 MA 交易策略。第 1 个策略以 1 周为短期、5 周为长期计算移动平均线,并用 $MA1\_MA5$ 记录该 MA 交易策略的信号。具体而言,当第 t 周收盘价位于前 5 周收盘价的移动平均线上方时,该策略返回买入(或持仓)信号,此时 $MA1\_MA5_t = 1$;相反,当第 t 周收盘价位于前 5 周收盘价的移动平均线下方时,该策略返回卖出(或空仓)信号,此时 $MA1\_MA5_t = 0$。

类似地,我们以 1 周、10 周为时间窗口分别计算短期、长期移动平均线并构建了第 2 个 MA 交易策略(用 $MA1\_MA10$ 捕捉该 MA 交易策略的信号)。具体而言,当第 t 周收盘价位于前 10 周收盘价的移动平均线上方时,该策略返回买入(或持仓)信号,此时 $MA1\_MA10_t = 1$;相反,当第 t 周收盘价位于前 10 周收盘价的移动平均线下方时,该策略返回卖出(或空仓)信号,此时 $MA1\_MA10_t = 0$。

基于此,我们利用周度数据构建如下回归模型,讨论融资交易活动对 MA 交易信号的反应

$$Margin_{i,t} = \beta_0 + \beta_1 \cdot MA_{i,t-1} + \delta \cdot \sum Controls + \varepsilon_{i,t} \qquad (4-9)$$

在模型式(4-9)中,关键解释变量 $MA_{i,t-1}$ 代表个股 i 在第 $t-1$ 周的 MA 交易策略指标,其他变量的定义与计算均与模型式(4-8)类似。在该模型中,如果 $MA_{i,t-1}$ 的系数(β_1)显著为正,则说明当 MA 交易策略返回买入(或持仓)信号时,融资交易更活跃,意味着我国的融资交易者很可能采用基于技术分析的移动均线

---

① 值得说明的是,即使我们不控制滞后一期的融资交易活跃程度指标,我们的回归结果依然是稳健的。

交易策略。

4.3.2　描述性统计与分组比较分析

1. 变量的描述性统计

表 4 - 7 给出了所有变量的描述性统计。该表中各变量的均值、标准差与表 4-2 基本一致。其中 $MA1\_MA5$、$MA1\_MA10$ 的均值分别为 0.5512、0.5517，说明在整个研究期间内，MA 交易策略返回买入（或持仓）的频率大于其返回卖出（或空仓）的频率。

表 4 - 7　融资交易、移动均线交易指标等的描述性统计

变量名称	样本量	均值	标准差	最小值	中位值	最大值
$Margin$	107 789	0.1858	0.0668	0.0000	0.1893	0.5890
Raw	107 789	0.0045	0.0695	−0.4098	0.0027	0.6113
$CAPM$	107 789	0.0006	0.0618	−0.4070	−0.0031	0.6280
$FF3$	107 789	−0.0013	0.0606	−1.2068	−0.0046	0.9259
$MA1\_MA5$	107 789	0.5512	0.4974	0.0000	1.0000	1.0000
$MA1\_MA10$	107 789	0.5517	0.4973	0.0000	1.0000	1.0000
$\ln Cap$	107 789	2.9554	1.0931	0.3210	2.8381	7.5146
$Turnover$	107 789	0.0880	0.0857	0.0002	0.0601	1.2462

2. 分组均值差异的显著性检验

本部分根据过去收益率、MA 交易策略信号进行分组，检验不同分组下的融资交易活动是否存在显著差异。具体而言，对于每一周 t，按照该周收益率或 MA 交易信号进行分组，计算每一分组个股在第 $t+1$ 周的融资交易活动的均值，以此计算得到每一分组融资交易活动的时间序列，最后比较收益率最高分组的融资交易活动均值是否显著高于收益率最低分组的融资交易活动均值以检验融资交易者是否采取正反馈交易策略，同时比较 MA 交易信号等于 1 的分组的融资交易活动均值是否显著高于 MA 交易信号等于 0 的分组的融资交易活动均值以检验融资交易者是否采取 MA 交易策略。

但是，融资交易活动具有较强的惯性，例如日频率、周频率、月频率下的当期融资交易活跃程度（$Margin_{i,t}$）与滞后一期的融资交易活动指标（$Margin_{i,t-1}$）的

相关系数分别为 0.692、0.826、0.864，且在 1% 的显著性水平下显著。因此，直接比较不同分组下融资交易活跃程度的差异无法排除融资交易活动惯性的影响。为了控制融资交易活动惯性的影响，我们对每只个股以当期融资交易活动指标（$Margin_{i,t}$）为被解释变量、以滞后一期的融资交易活动指标（$Margin_{i,t-1}$）为解释变量进行最小二乘法（OLS）回归，该回归模型的残差可以理解为剔除融资交易惯性影响后的"异常融资交易活动"指标（用 $ResMargin_{i,t}$ 表示）。在此基础上，我们又根据过去收益率、MA 交易策略信号分别进行分组，检验不同分组下的"异常融资交易"活动是否存在显著差异。

（1）融资交易者是否采取正反馈交易策略的统计检验。

表 4-8 的面板 A 报告了周频率下按照滞后一期收益率分组的融资交易活动的均值情况，其中：列（1）～（3）分别展示了按滞后一期实际收益率（$Raw_{i,t-1}$）分组下的 t 期融资交易活动指标（$Margin_{i,t}$）、$t-1$ 期的融资交易活动指标（$Margin_{i,t-1}$）、t 期异常融资交易指标（$ResMargin_{i,t}$）的分组均值情况；列（4）～（6）分别给出了按 $CAPM_{i,t-1}$ 分组下的 $Margin_{i,t}$、$Margin_{i,t-1}$、$ResMargin_{i,t}$ 的分组均值情况；列（7）～（9）分别报告了按 $FF3_{i,t-1}$ 分组后的 $Margin_{i,t}$、$Margin_{i,t-1}$、$ResMargin_{i,t}$ 的分组均值情况。

从表 4-8 中面板 A 的列（1）、列（4）、列（7）可以看出，收益率最高分组的 $Margin_t$ 的均值显著高于收益率最低组的 $Margin_t$ 均值，但是随着收益率的增加，$Margin_t$ 却表现出先增加后下降的趋势，即 $Margin$ 并不随着收益率的提高而单调增加。同时，面板 A 的列（2）、列（5）、列（8）中的 $Margin_{t-1}$ 也表现出了与 $Margin_t$ 一致的变化。因此，仅根据列（1）、列（4）、列（7）的均值比较并不足以说明融资交易指标（$Margin_t$）对过去收益率的反应，而有必要将融资交易自身惯性的影响剔除。面板 A 的列（3）、列（6）、列（9）汇报了剔除融资交易惯性后的"异常融资交易"（$ResMargin_t$）变化情况，可以看出 $ResMargin_t$ 随着收益率的增加而单调增加，并且收益率最高分组的 $ResMargin_t$ 均值显著高于收益率最低分组的 $ResMargin_t$ 均值。因此，从周数据的统计分析可以得出初步结论，剔除融资交易自身惯性干扰后，异常融资交易活动与过去收益率正相关——过去收益率越高的个股具有更高的异常融资交易活动，意味着融资交易者很可能采取正反馈交易策略。

此外，我们还在表 4-8 的面板 B 和面板 C 中分别报告了日频率、月频率数据下的分组均值统计。可以看出，$Margin_t$ 和 $Margin_{t-1}$ 的均值并不随着收益率的增加而单调递增；剔除了融资交易自身惯性影响后，异常融资交易活动（$ResMargin_t$）随着过去收益率的增加而单调递增，并且过去收益率最高分组的

表 4-8 按过去收益率分组后的融资交易指标均值

	分组变量:Raw			分组变量:CAPM			分组变量:FF3		
	(1) $Margin_t$	(2) $Margin_{t-1}$	(3) $ResMargin_t$	(4) $Margin_t$	(5) $Margin_{t-1}$	(6) $ResMargin_t$	(7) $Margin_t$	(8) $Margin_{t-1}$	(9) $ResMargin_t$
面板 A: 周度数据									
Low	0.1809	0.1841	−0.0034	0.1816	0.1848	−0.0033	0.1833	0.1861	−0.0027
2	0.1861	0.1889	−0.0023	0.1863	0.1889	−0.0020	0.1869	0.1893	−0.0019
3	0.1881	0.1894	−0.0007	0.1878	0.1888	−0.0005	0.1875	0.1888	−0.0008
4	0.1877	0.1863	0.0014	0.1874	0.1863	0.0011	0.1863	0.1854	0.0008
$High$	0.1862	0.1801	0.0051	0.1860	0.1800	0.0049	0.1850	0.1792	0.0046
$High-Low$	0.0052***	−0.0041***	0.0085***	0.0044***	−0.0048***	0.0082***	0.0018***	−0.0070***	0.0074***
面板 B: 日度数据									
Low	0.1862	0.1874	−0.0009	0.1873	0.1890	−0.0009	0.1881	0.1898	−0.0007
2	0.1890	0.1912	−0.0008	0.1892	0.1914	−0.0008	0.1896	0.1916	−0.0005
3	0.1889	0.1903	−0.0003	0.1883	0.1894	−0.0003	0.1879	0.1893	−0.0006
4	0.1878	0.1869	0.0010	0.1870	0.1859	0.0009	0.1865	0.1854	0.0007
$High$	0.1819	0.1787	0.0010	0.1820	0.1788	0.0011	0.1818	0.1783	0.0011
$High-Low$	−0.0044***	−0.0086***	0.0019***	−0.0052***	−0.0102***	0.0020***	−0.0063***	−0.0115***	0.0018***
面板 C: 月度数据									
Low	0.1837	0.1849	−0.0016	0.1847	0.1862	−0.0016	0.1878	0.1893	−0.0014

（续表）

| | 分组变量:Raw | | | 分组变量:CAPM | | | 分组变量:FF3 | | |
	(1)	(2)	(3)	(4)	(5)	(6)	(7)	(8)	(9)
	$Margin_t$	$Margin_{t-1}$	$ResMargin_t$	$Margin_t$	$Margin_{t-1}$	$ResMargin_t$	$Margin_t$	$Margin_{t-1}$	$ResMargin_t$
2	0.1881	0.1891	−0.0008	0.1886	0.1896	−0.0008	0.1880	0.1896	−0.0014
3	0.1907	0.1905	0.0005	0.1891	0.1893	0.0000	0.1885	0.1885	−0.0001
4	0.1875	0.1871	0.0000	0.1871	0.1863	0.0003	0.1861	0.1849	0.0006
$High$	0.1874	0.1844	0.0019	0.1880	0.1846	0.0022	0.1869	0.1837	0.0022
$High-Low$	0.0037***	−0.0005	0.0035***	0.0033***	−0.0016	0.0038***	−0.0009	−0.0056***	0.0036***

注:*、**、*** 分别表示在 0.10、0.05、0.01 的显著性水平下显著。

$ResMargin_t$ 均值显著高于过去收益率最低分组的 $ResMargin_t$ 均值。因此，基于日度数据、月度数据的统计结果也显示，异常融资交易活动与过去收益率显著正相关，意味着融资交易者很可能采取正反馈交易策略。

（2）融资交易者是否采取移动均线交易策略的统计检验。

表 4-9 的面板 A 给出了周度数据下按照 MA 交易信号分组的融资交易相关指标的均值检验，其中：列（1）～（3）分别展示了按第 1 种 MA 交易策略信号（MA1_MA5）分组的 t 期融资交易活动指标（$Margin_{i,t}$）、$t-1$ 期融资交易活动指标（$Margin_{i,t-1}$）、t 期异常融资交易指标（$ResMargin_{i,t}$）的分组均值情况；列（4）～（6）分别给出了按第 2 种 MA 交易策略信号（MA1_MA10）分组下 $Margin_{i,t}$、$Margin_{i,t-1}$、$ResMargin_{i,t}$ 的分组均值情况。可以看出，$MA=1$ 时 $Margin_{i,t}$、$Margin_{i,t-1}$、$ResMargin_{i,t}$ 的均值均显著高于 $MA=0$ 时的均值，说明当 $t-1$ 周 MA 交易策略返回买入（持仓）信号时的融资交易活动、异常融资交易活动均显著更高，说明我国的融资交易者可能采取 MA 交易策略。

表 4-9 的面板 B 和面板 C 分别给出了日频率、月频率下的分组均值比较结果。面板 B 的结果与面板 A 基本一致，$MA=1$ 时的 $Margin_{i,t}$、$Margin_{i,t-1}$、$ResMargin_{i,t}$ 的均值均显著高于 $MA=0$ 时对应的均值，说明日频率下我国融资交易者很可能采取 MA 交易策略。而从月度数据分组结果（面板 C）来看：$MA=1$ 时 $Margin_{i,t}$、$Margin_{i,t-1}$ 的均值均显著高于 $MA=0$ 时的均值，这与面板 A 和面板 B 的结果基本一致；$MA=1$ 时 $ResMargin_{i,t}$ 的均值却显著低于 $MA=0$ 时的均值，意味着融资交易者在月度频率下并不一定表现出较强的 MA 交易特征。考虑到月度数据频率较低，可能忽略了融资交易者的短线交易特征，因此基于月度数据的分组比较结果仅提供一定的参考。

表 4-9　MA 交易信号分组后的融资交易指标均值

	分组变量：MA1_MA5			分组变量：MA1_MA10		
	(1)	(2)	(3)	(4)	(5)	(6)
	$Margin_t$	$Margin_{t-1}$	$ResMargin_t$	$Margin_t$	$Margin_{t-1}$	$ResMargin_t$
面板 A：周度数据						
$MA=0$	0.1711	0.1708	-0.0025	0.1698	0.1686	-0.0020
$MA=1$	0.1979	0.1979	0.0020	0.1990	0.1997	0.0016
T 检验	0.0268***	0.0270***	0.0046***	0.0291***	0.0311***	0.0036***

(续表)

	分组变量:MA1_MA5			分组变量:MA1_MA10		
	(1)	(2)	(3)	(4)	(5)	(6)
	$Margin_t$	$Margin_{t-1}$	$ResMargin_t$	$Margin_t$	$Margin_{t-1}$	$ResMargin_t$
面板 B:日度数据						
$MA=0$	0.1792	0.1845	-0.0031	0.1760	0.1834	-0.0038
$MA=1$	0.1939	0.1925	0.0027	0.1965	0.1953	0.0033
T 检验	0.0147***	0.0080***	0.0058***	0.0206***	0.0119***	0.0071***
面板 C:月度数据						
$MA=0$	0.1788	0.1827	0.0028	0.1804	0.1831	0.0025
$MA=1$	0.1960	0.1977	-0.0025	0.1950	0.1976	-0.0025
T 检验	0.0172***	0.0150***	$-0.0052***$	0.0146***	0.0145***	$-0.0050***$

注:*、**、*** 分别表示在 0.10、0.05、0.01 的显著性水平下显著。

4.3.3　回归结果与分析

上一部分的分组研究结果表明,剔除融资交易惯性影响后的异常融资交易活动与过去的收益率正相关,且当 MA 交易策略返回买入(或持有)信号时的融资交易、异常融资交易更活跃,意味着我国的融资交易者很可能采取正反馈交易策略或移动均线交易策略。但是,由于影响融资交易活动的因素较多,通过分组检验并不足以充分说明融资交易者可能采用的交易策略。因此,本部分将综合考虑可能影响融资交易活动的因素,利用我国融资融券交易制度开通以来的交易数据对模型式(4-8)和模型式(4-9)进行参数估计,以期为融资交易者可能采取的交易策略提供更有力、更直接的证据。

1. 融资交易者是否采取正反馈交易策略的回归分析

表 4-10 给出了利用周频率数据对模型式(4-8)进行参数估计的回归结果。列(1)~(6)展示了 Fama-MacBeth 回归估计的结果,其中:列(1)~(3)仅控制滞后一周融资交易活动指标($Margin_{t-1}$)且分别以 $Raw_{i,t-1}$、$CAPM_{i,t-1}$、$FF3_{i,t-1}$ 为关建解释变量;列(4)~(6)控制了其他可能影响融资交易活动的变量,且分别以 $Raw_{i,t-1}$、$CAPM_{i,t-1}$、$FF3_{i,t-1}$ 为主要解释变量。列(7)~(12)则报告了控制时间效应和个体效应的面板回归估计效果,其中:列(7)~(9)仅控制滞后一周融资交易活动指标($Margin_{i,t-1}$),且分别以 $Raw_{i,t-1}$、$CAPM_{i,t-1}$、$FF3_{i,t-1}$ 为关键

解释变量;列(10)~(12)控制了其他可能影响融资交易活动的变量,且分别以 $Raw_{i,t-1}$、$CAPM_{i,t-1}$、$FF3_{i,t-1}$ 为主要解释变量。

从表4-10可以看出,$Raw_{i,t-1}$、$CAPM_{i,t-1}$、$FF3_{i,t-1}$ 的回归系数均显著为正,说明上一周实际收益率、超额收益率越高的个股,其下一周的融资交易越活跃。这意味着融资交易者更倾向于融资开仓买入上一周表现更好的股票。因此,基于周频率的回归结果表明,我国的融资交易者很可能参照过去收益率进行融资开仓操作,采取正反馈的交易策略。

为了检验融资交易者在更低频率或更高频率的交易否采取正反馈交易策略,我们又进一步利用日度数据、月度数据对模型式(4-8)进行参数估计。表4-11报告了 Fama-MacBeth 回归的参数估计结果。列(1)~(6)展示了日度数据的参数估计结果,其中:列(1)~(3)仅控制滞后一期融资交易活动指标($Margin_{i,t-1}$);列(4)~(6)控制了其他可能影响融资交易活动的变量。列(7)~(12)则报告了月度数据的参数估计结果,其中:列(7)~(9)仅控制滞后一期融资交易活动指标($Margin_{i,t-1}$);列(10)~(12)控制了其他可能影响融资交易活动的变量。

从表4-11可以看出,$Raw_{i,t-1}$、$CAPM_{i,t-1}$、$FF3_{i,t-1}$ 在列(1)~(6)中的回归系数并不显著,说明日频率下的融资交易活动与过去收益率并不具有显著的相关关系,意味着融资交易者在短期(日频率)并不是一个明显的正反馈交易者;$Raw_{i,t-1}$、$CAPM_{i,t-1}$、$FF3_{i,t-1}$ 在列(7)~(12)中显著为正,说明月度融资交易活动与上一月的收益率显著正相关——上一月收益率越高的个股具有越活跃的未来融资交易活动,这说明我国的融资交易者在月度层面表现出明显的正反馈交易特征。

因此,本部分的研究表明,我国的融资交易者在周频率、月频率层面表现出较强的正反馈交易特征,而在日频率层面并不存在显著的正反馈交易特征。这可能是由于日频率的数据受到更多的噪声干扰,因此我们的日频率数据分析并没有发现显著的正反馈交易策略。

2. 融资交易者是否采取移动均线交易策略的回归分析

表4-12给出了利用周频率数据对模型式(4-9)进行参数估计的回归结果。列(1)~(4)展示了 Fama-MacBeth 回归估计的结果,其中:列(1)~(2)仅控制滞后一周融资交易活动指标($Margin_{i,t-1}$),且分别以 $MA1\_MA5_{i,t-1}$、$MA1\_MA10_{i,t-1}$ 为关键解释变量;列(3)~(4)控制了其他可能影响融资交易活动的变量,且分别以 $MA1\_MA5_{i,t-1}$、$MA1\_MA10_{i,t-1}$ 为主要解释变量。列(5)~(8)则报告了控制时间效应和个体效应的面板回归估计效果,其中:列(5)~(6)仅控制

表 4－10　融资交易与上一周收益率的关系

	Fama-MacBeth 回归						面板回归					
	(1)	(2)	(3)	(4)	(5)	(6)	(7)	(8)	(9)	(10)	(11)	(12)
$Raw_{i,t-1}$	0.0691***			0.0612***			0.0467***			0.0405***		
	(12.53)			(11.58)			(22.11)			(19.42)		
$CAPM_{i,t-1}$		0.0687***			0.0601***			0.0456***			0.0395***	
		(13.07)			(11.84)			(21.89)			(19.17)	
$FF3_{i,t-1}$			0.0641***			0.0568***			0.0246***			0.0258***
			(12.15)			(11.20)			(13.12)			(13.86)
$Margin_{i,t-1}$	0.7109***	0.7108***	0.7114***	0.6674***	0.6674***	0.6674***	0.7223***	0.7223***	0.6593***	0.6873***	0.6872***	0.6132***
	(114.65)	(115.44)	(114.31)	(103.72)	(103.95)	(103.64)	(262.64)	(262.59)	(284.52)	(236.54)	(236.50)	(251.16)
$Raw_{i,t}$				−0.0948***	−0.0947***	−0.0951***				−0.0589***	−0.0588***	0.0494***
				(−15.63)	(−15.58)	(−15.67)				(−27.39)	(−27.30)	(30.21)
$lnCap_{i,t-1}$				−0.0043***	−0.0043***	−0.0043***				−0.0048***	−0.0048***	−0.0155***
				(−19.59)	(−19.54)	(−19.72)				(−39.19)	(−39.18)	(−48.16)
$Turnover_{t-5,t-1}$				0.0416***	0.0414***	0.0423***				0.0115***	0.0117***	−0.0038**
				(5.64)	(5.59)	(5.69)				(7.68)	(7.83)	(−2.15)
$Intercept$	0.0412***	0.0414***	0.0413***	0.0606***	0.0605***	0.0606***	0.0092***	0.0094***	0.0405***	0.0305***	0.0307***	0.0821***
	(31.26)	(31.08)	(30.95)	(34.39)	(34.19)	(34.31)	(4.37)	(4.48)	(82.29)	(13.50)	(13.59)	(83.50)
时间效应	NA	NA	NA	NA	NA	NA	Control	Control	Control	Control	Control	Control
个体效应	NA	NA	NA	NA	NA	NA	Control	Control	Control	Control	Control	Control

（续表）

	Fama-MacBeth 回归								面板回归			
	(1)	(2)	(3)	(4)	(5)	(6)	(7)	(8)	(9)	(10)	(11)	(12)
N	106 227	106 227	106 227	106 227	106 227	106 227	106 227	106 227	106 227	106 227	106 227	106 227
$Adj\ R^2$	NA	NA	NA	NA	NA	NA	0.743	0.743	0.512	0.750	0.750	0.528

注：表中括号内表示系数对应的 t 值；*、**、*** 分别表示在 0.10、0.05、0.01 的显著性水平下显著。

表 4－11　融资交易与上一交易日（月）的收益率的关系

	日度数据						月度数据					
	(1)	(2)	(3)	(4)	(5)	(6)	(7)	(8)	(9)	(10)	(11)	(12)
$Raw_{i,t-1}$	0.0031			−0.0086			0.0152***			0.0160***		
	(0.40)			(−1.16)			(3.65)			(4.17)		
$CAPM_{i,t-1}$		0.0089			−0.0055			0.0160***			0.0162***	
		(1.14)			(−0.73)			(3.98)			(4.48)	
$FF3_{i,t-1}$			0.0011			−0.0060			0.0146***			0.0150***
			(0.14)			(−0.82)			(4.62)			(5.14)
$Margin_{i,t-1}$	0.5209***	0.5214***	0.5225***	0.4771***	0.4771***	0.4771***	0.8282***	0.8290***	0.8308***	0.7905***	0.7907***	0.7910***
	(167.57)	(169.01)	(168.90)	(154.39)	(154.55)	(154.61)	(79.54)	(79.34)	(78.57)	(77.74)	(80.45)	(80.13)
$Raw_{i,t}$				−0.2681***	−0.2674***	−0.2678***				−0.0268***	−0.0265***	−0.0260***
				(−30.72)	(−30.83)	(−30.73)				(−6.50)	(−6.49)	(−6.17)

（续表）

	日度数据						月度数据					
	(1)	(2)	(3)	(4)	(5)	(6)	(7)	(8)	(9)	(10)	(11)	(12)
$lnCap_{i,t-1}$				-0.0071***	-0.0071***	-0.0071***				-0.0030***	-0.0030***	-0.0031***
				(-49.67)	(-50.16)	(-49.80)				(-7.80)	(-7.84)	(-7.82)
$Turnover_{t-5,t-1}$				0.2453***	0.2498***	0.2474***				0.0065**	0.0071***	0.0077***
				(9.02)	(9.15)	(9.07)				(2.35)	(2.70)	(2.93)
$Intercept$	0.0684***	0.0687***	0.0686***	0.0965***	0.0964***	0.0963***	0.0293***	0.0296***	0.0293***	0.0437***	0.0439***	0.0439***
	(81.54)	(83.95)	(83.64)	(88.73)	(89.74)	(89.78)	(13.70)	(14.13)	(13.84)	(14.38)	(14.68)	(14.67)
N	525 784	525 784	525 784	525 784	525 784	525 784	28 746	28 746	28 746	28 746	28 746	28 746
F 值	14305.76	14398.76	14415.84	6674.17	6731.01	6697.47	3163.26	3147.72	3095.87	1423.62	1464.54	1461.19

注：表中括号内表示系数对应的 t 值；*、**、*** 分别表示在 0.10、0.05、0.01 的显著性水平下显著。

后一周融资交易活动指标($Margin_{i,t-1}$),且分别以滞 $MA1\_MA5_{i,t-1}$、$MA1\_$
$MA10_{i,t-1}$为关键解释变量;列(7)~(8)控制了其他可能影响融资交易活动的变
量,且分别以 $MA1\_MA5_{i,t-1}$、$MA1\_MA10_{i,t-1}$为主要解释变量。

从表4-12可以看出,$MA1\_MA5_{i,t-1}$、$MA1\_MA10_{i,t-1}$的回归系数均显著
为正,说明当上一周 MA 交易策略返回买入(或持有)交易信号时,融资交易更活
跃。这意味着融资交易者更倾向于融资开仓买入上一期返回买入(或持有)MA
交易信号的个股。因此,基于周频率的回归结果表明,我国的融资交易者很可能
参照过去 MA 交易信号进行融资开仓操作,采取 MA 交易策略。

此外,我们还进一步利用日数据、月数据对模型式(4-9)进行参数估计。
表4-13报告了 Fama-MacBeth 回归的参数估计结果。列(1)~(4)展示了使用日
度数据的参数估计结果,其中:列(1)~(2)仅控制滞后一期融资交易活动指标
($Margin_{i,t-1}$),且分别以 $MA1\_MA5_{i,t-1}$、$MA1\_MA10_{i,t-1}$为关键解释变量;列
(3)~(4)控制了其他可能影响融资交易活动的变量,且分别以 $MA1\_MA5_{i,t-1}$、
$MA1\_MA10_{i,t-1}$为主要解释变量。列(5)~(8)则报告了月度数据的参数估计结
果,其中:列(5)~(6)仅控制滞后一月融资交易活动指标($Margin_{i,t-1}$),且分别以
$MA1\_MA5_{i,t-1}$、$MA1\_MA10_{i,t-1}$为关键解释变量;列(7)~(8)控制了其他可能
影响融资交易活动的变量,且分别以 $MA1\_MA5_{i,t-1}$、$MA1\_MA10_{i,t-1}$为主要解
释变量。

从表4-13可以看出,$MA1\_MA5_{i,t-1}$、$MA1\_MA10_{i,t-1}$在列(1)~(4)中均
显著为正,说明在日频率上,上一期的 MA 交易策略返回买入(或持有)信号的股
票在未来具有更高的融资交易活动,说明我国的融资交易者很可能采取 MA 交
易策略。但是,$MA1\_MA5_{i,t-1}$、$MA1\_MA10_{i,t-1}$在列(5)~(8)中并不显著,说明
我国的融资交易者在月度交易频率上并不具有明显的 MA 交易特征。

3. 哪一类交易策略更明显?

由于正反馈交易策略、MA 交易策略都是基于过去股价变化,因此代表这两
个交易策略信号的变量之间可能存在较强的相关性。表4-14给出了过去收益
率与 MA 交易策略的皮尔逊相关系数,可以看出收益率变量与 MA 交易信号显
著的正相关。

表 4-12　融资交易与上一周 MA 交易策略信号的关系

	Fama-MacBeth 回归				双固定面板回归			
	(1)	(2)	(3)	(4)	(5)	(6)	(7)	(8)
$MA1\_MA5_{i,t-1}$	0.0036***		0.0029***		0.0046***		0.0043***	
	(7.28)		(5.89)		(16.59)		(15.46)	
$MA1\_MA10_{i,t-1}$		0.0022***		0.0014**		0.0041***		0.0040***
		(3.68)		(2.37)		(13.62)		(12.37)
$Raw_{i,t}$			−0.0967***	−0.0975***			−0.0610***	−0.0610***
			(−15.99)	(−16.31)			(−21.44)	(−21.42)
$lnCap_{i,t-1}$			−0.0043***	−0.0044***			−0.0070***	−0.0069***
			(−19.80)	(−20.13)			(−7.84)	(−7.73)
$Turnover_{i,t-5,t-1}$			0.0436***	0.0413***			−0.0177***	−0.0202***
			(5.74)	(5.40)			(−4.17)	(−4.71)
$Margin_{i,t-1}$	0.7065***	0.7064***	0.6635***	0.6635***	0.5180***	0.5175***	0.5149***	0.5143***
	(113.83)	(115.37)	(101.59)	(103.35)	(82.67)	(82.48)	(83.36)	(83.16)
$Intercept$	0.0403***	0.0413***	0.0599***	0.0610***	0.0239***	0.0242***	0.0457***	0.0458***
	(30.61)	(30.65)	(34.15)	(34.32)	(9.07)	(9.13)	(12.78)	(12.73)
时间效应	NA	NA	NA	NA	Control	Control	Control	Control
个体效应	NA	NA	NA	NA	Control	Control	Control	Control
N	106 227	106 227	106 227	106 227	106 227	106 227	106 227	106 227
R^2	NA	NA	NA	NA	0.620	0.620	0.625	0.625
F 值	6 487.53	6 655.67	3 044.44	3 146.37	2 512.81	2 983.52	1 652.90	2 183.40

注：表中括号内表示系数对应的 t 值；*、**、*** 分别表示在 0.10、0.05、0.01 的显著性水平下显著。

表4-13　融资交易与上一交易日(月)MA交易策略信号的关系

	日度数据				月度数据			
	(1)	(2)	(3)	(4)	(5)	(6)	(7)	(8)
$MA1\_MA5_{i,t-1}$	0.0029***		0.0017***		−0.0002		−0.0005	
	(9.28)		(5.52)		(−0.22)		(−0.65)	
$MA1\_MA10_{i,t-1}$		0.0035***		0.0021***		0.0002		−0.0004
		(10.40)		(6.36)		(0.26)		(−0.45)
$Raw_{i,t}$			−0.2697***	−0.2700***			−0.0271***	−0.0270***
			(−31.12)	(−31.19)			(−6.43)	(−6.43)
$lnCap_{i,t-1}$			−0.0070***	−0.0070***			−0.0030***	−0.0030***
			(−48.68)	(−49.11)			(−7.72)	(−7.93)
$Turnover_{t-5,t-1}$			0.2548***	0.2528***			0.0070**	0.0080***
			(9.14)	(9.29)			(2.63)	(3.03)
$Margin_{i,t-1}$	0.5216***	0.5205***	0.4776***	0.4769***	0.8286***	0.8298***	0.7884***	0.7891***
	(168.89)	(168.06)	(154.95)	(154.08)	(77.19)	(78.23)	(76.23)	(79.77)
$Intercept$	0.0663***	0.0662***	0.0939***	0.0939***	0.0295***	0.0287***	0.0440***	0.0434***
	(80.73)	(80.77)	(86.98)	(87.00)	(13.03)	(12.89)	(13.93)	(13.81)
N	525 784	525 784	525 784	525 784	28 746	28 746	28 746	28 746
F值	14 413.53	14 396.26	6 747.93	6 716.01	2 985.62	3 392.14	1 320.61	1 548.43

注:表中括号内表示系数对应的 t 值;*、**、***分别表示在0.10、0.05、0.01的显著性水平下显著。

表 4 - 14　过去收益率、MA 交易策略信号的皮尔逊相关系数

	日度数据		周度数据		月度数据	
	$MA1\_MA5$	$MA1\_MA10$	$MA1\_MA5$	$MA1\_MA10$	$MA1\_MA5$	$MA1\_MA10$
Raw	0.406 ***	0.325 ***	0.367 ***	0.312 ***	0.389 ***	0.332 ***
$CAPM$	0.286 ***	0.221 ***	0.226 ***	0.185 ***	0.201 ***	0.162 ***
$FF3$	0.264 ***	0.201 ***	0.191 ***	0.157 ***	0.146 ***	0.116 ***

注：*、**、*** 分别表示在 0.10、0.05、0.01 的显著性水平下显著。

为了检验融资交易者更倾向于采取哪一类交易策略，我们在模型式(4－9)的基础上加入了滞后一期的实际收益率作为解释变量，并重新进行 Fama-MacBeth 参数估计，结果展示在表 4－15 中。① 其中，列(1)~(2)、列(3)~(4)、列(5)~(6)分别报告了使用日数据、周数据、月数据的参数估计结果。

从日频率下回归结果来看(表 4－15 的列(1)~(2))，$Raw_{i,t-1}$ 的系数不显著，这与表 4－11 中列(1)和列(4)的结果一致，说明在日频率上融资交易者并不是一个明显的正反馈交易者；$MA1\_MA5_{i,t-1}$、$MA1\_MA10_{i,t-1}$ 的系数显著为正，与表 4－13 的列(3)~(4)结果一致，说明融资交易者在日频率的交易表现出较强的 MA 交易特征。

从周频率的回归结果来看(表 4－15 的列(3)~(4))，$Raw_{i,t-1}$ 的系数显著为正，这与表 4－10 中列 1 和列 4 的结果一致，说明我国融资交易者在周交易层面表现为较强的正反馈特征；$MA1\_MA5_{i,t-1}$ 的系数显著为正、$MA1\_MA10_{i,t-1}$ 的系数不显著，系数显著性弱于表 4－12 的列(3)~(4)对应的系数，说明考虑了正反馈交易策略的影响后，融资交易者在周频率的交易仅表现为有限的 MA 交易特征。

从月频率的回归结果来看(表 4－15 的列(5)~(6))，$Raw_{i,t-1}$ 的系数显著为正，这与表 4－11 中列(7)和列(10)的结果一致，说明融资交易者在月频率的交易表现为较强的正反馈交易特征。$MA1\_MA5_{i,t-1}$、$MA1\_MA10_{i,t-1}$ 的系数显著为负，而表 4－13 的列(7)~(8)中 $MA1\_MA5_{i,t-1}$、$MA1\_MA10_{i,t-1}$ 的系数并不显著，因此表 4－15 列(5)~(6)的 $MA1\_MA5_{i,t-1}$、$MA1\_MA10_{i,t-1}$ 的系数显著为负仅是由于多重共线性引起的。因此，我们可以认为融资交易者的月频率融资交易并不具有明显的 MA 交易的特征。

① 我们也使用 CAPM 模型调整的超额收益率、Fama-French 三因子调整的超额收益率作为收益率变量，回归结果依然稳健。

表 4 - 15　综合考虑正反馈交易、MA 交易策略的结果

	日度数据		周度数据		月度数据	
	(1)	(2)	(3)	(4)	(5)	(6)
$MA1\_MA5_{t-1}$	0.0019***		0.0009*		−0.0019***	
	(5.88)		(1.87)		(−2.86)	
$MA1\_MA10_{t-1}$		0.0023***		−0.0002		−0.0015
		(6.57)		(−0.31)		(−1.64)
Raw_{t-1}	−0.0140	−0.0152	0.0581***	0.0597***	0.0210***	0.0211***
	(−1.75)	(−1.77)	(11.32)	(11.83)	(5.48)	(5.56)
Raw_t	−0.2711***	−0.2711***	−0.0959***	−0.0967***	−0.0277***	−0.0276***
	(−30.84)	(−30.95)	(−15.61)	(−15.86)	(−6.64)	(−6.68)
$\ln Cap_{t-1}$	−0.0070***	−0.0070***	−0.0042***	−0.0042***	−0.0030***	−0.0030***
	(−49.04)	(−49.52)	(−19.55)	(−19.67)	(−7.72)	(−7.82)
$Turnover_{t-5,t-1}$	0.2642***	0.2605***	0.0438***	0.0421***	0.0068**	0.0079***
	(9.37)	(9.44)	(5.73)	(5.57)	(2.40)	(2.80)
$Margin_{t-1}$	0.4757***	0.4754***	0.6655***	0.6658***	0.7889***	0.7891***
	(153.37)	(152.95)	(102.37)	(103.46)	(74.71)	(77.66)
$Intercept$	0.0943***	0.0944***	0.0599***	0.0605***	0.0443***	0.0435***
	(86.47)	(86.39)	(33.88)	(33.63)	(14.10)	(13.76)
N	525 784	525 784	106 227	106 227	28 746	28 746
F 值	5543.86	5543.32	2617.78	2659.71	1133.96	1320.73

注:表中括号内表示系数对应的 t 值;*、**、*** 分别表示在 0.10、0.05、0.01 的显著性水平下显著。

　　因此,通过综合考虑正反馈交易策略和 MA 交易策略,我们发现融资交易者在日频率的融资交易表现出更强的 MA 交易策略特征,在周频率下表现出较强的正反馈交易特征和较弱的 MA 交易特征,而在月频率的融资交易仅表现出较强的正反馈交易特征。

4.3.4　稳健性检验

　　在前述的实证研究中,我们综合使用 Fama-MacBeth 回归和双固定面板回归模型分别在日频率、周频率、月频率层面验证了我国融资交易者可能采取正反馈

交易策略或 MA 交易策略，因此上述的实证检验结论还是比较可靠的。此外，我们还做了如下一系列的稳健性检验。

1. 融资交易者是否采取正反馈交易策略的稳健性检验

(1)基于面板 VAR 的稳健性检验。

由于个股的融资交易活动与收益率可能存在相互作用关系，而模型式(4－8)仅考虑过去收益率对融资交易活动的影响，据此得到的过去收益率对融资交易活动的影响可能不够准确。因此，我们参考 Love and Zicchino(2006)的做法，构建了收益率与融资交易活动的周度面板回归模型。

根据 AIC 准则和 SC 准则，我们选择滞后 4 阶作为最优滞后阶数，并对周度面板回归模型进行参数估计。表 4－16 报告了分别以 $Raw_{i,t}$、$CAPM_{i,t}$、$FF3_{i,t}$ 作为收益率指标与融资交易活动($Margin_{i,t}$)的面板 VAR 回归模型参数估计结果。从表中可以看出，所有滞后期的收益率指标对 $Margin_{i,t}$ 的回归系数显著为正，说明融资交易者倾向于买入过去表现好的股票，意味着融资交易者倾向于采用正反馈交易策略。这与表 4－10 的实证结果一致。

表 4－16　周度面板 VAR 模型参数估计结果

	VAR 模型(1)		VAR 模型(2)		VAR 模型(3)	
	$Margin_{i,t}$	$Raw_{i,t}$	$Margin_{i,t}$	$CAPM_{i,t}$	$Margin_{i,t}$	$FF3_{i,t}$
$Raw_{i,t-1}$	0.0226***	−0.0370***				
	(11.26)	(−6.60)				
$Raw_{i,t-2}$	0.0194***	−0.0356***				
	(10.02)	(−7.44)				
$Raw_{i,t-3}$	0.0086***	−0.0129***				
	(4.42)	(−2.86)				
$Raw_{i,t-4}$	0.0088***	−0.0165***				
	(4.60)	(−3.73)				
$CAPM_{i,t-1}$			0.0221***	−0.0384***		
			(11.14)	(−6.91)		
	$Margin_{i,t}$	$Raw_{i,t}$	$Margin_{i,t}$	$CAPM_{i,t}$	$Margin_{i,t}$	$FF3_{i,t}$
$CAPM_{i,t-2}$			0.0200***	−0.0296***		
			(10.42)	(−6.17)		

（续表）

	VAR 模型（1）		VAR 模型（2）		VAR 模型（3）	
$CAPM_{i,t-3}$			0.0090^{***}	-0.0170^{***}		
			(4.68)	(-3.77)		
$CAPM_{i,t-4}$			0.0093^{***}	-0.0165^{***}		
			(4.91)	(-3.72)		
$FF3_{i,t-1}$					0.0206^{***}	-0.0469^{***}
					(10.20)	(-6.41)
$FF3_{i,t-2}$					0.0182^{***}	-0.0244^{***}
					(9.31)	(-3.67)
$FF3_{i,t-3}$					0.0092^{***}	-0.0034
					(4.73)	(-0.53)
$FF3_{i,t-4}$					0.0097^{***}	-0.0080
					(5.11)	(-1.60)
$Margin_{i,t-1}$	0.4186^{***}	0.0102	0.4182^{***}	0.0089	0.4191^{***}	-0.0166
	(53.17)	(0.91)	(53.18)	(0.79)	(53.34)	(-1.48)
$Margin_{i,t-2}$	0.1685^{***}	0.0041	0.1685^{***}	0.0073	0.1691^{***}	-0.0131
	(26.37)	(0.46)	(26.39)	(0.80)	(26.51)	(-1.43)
$Margin_{i,t-3}$	0.1274^{***}	0.0062	0.1274^{***}	0.0065	0.1287^{***}	-0.0146^{*}
	(21.46)	(0.74)	(21.48)	(0.77)	(21.72)	(-1.72)
$Margin_{i,t-4}$	0.1238^{***}	-0.0018	0.1239^{***}	-0.0020	0.1254^{***}	-0.0162^{*}
	(20.13)	(-0.19)	(20.15)	(-0.22)	(20.45)	(-1.75)

注：表中括号内表示系数对应的 t 值；$*$、$**$、$***$ 分别表示在 0.10、0.05、0.01 的显著性水平下显著。

　　此外，$Margin$ 的滞后项对收益率指标（$Raw_{i,t}$、$CAPM_{i,t}$、$FF3_{i,t}$）的回归系数均不显著，说明过去融资交易越活跃的股票在未来并没有更好的市场表现，融资交易并不能预测未来收益率。这也与表 4-3 的结果一致。

　　因此，基于面板 VAR 的实证结果表明，融资交易者倾向于买入在过去表现更好的标的股票，意味着融资交易者很可能采取正反馈交易策略。① 这与前述的研究结论基本一致。

---

① 我们也构建了日度、月度面板回归模型，结果依然稳健。

(2)剔除 2015 年股市异常期间后的稳健性检验。

2015 年我国股市经历了一轮较大的暴涨暴跌行情,在这个过程中,监管部门出台了诸多措施对市场进行干预。考虑到市场极端行情以及监管部门调控政策也有可能对上述结果产生干扰,我们剔除 2015 年的研究期间,并重新对模型式(4 - 8)进行参数估计,以进一步检验我们研究结论的稳健性。

表 4 - 17 报告了剔除 2015 年这一异常期间之后模型式(4 - 8)的 Fama-MacBeth 参数估计结果。列(1)~(3)分别展示了以 $Raw_{i,t-1}$、$CAPM_{i,t-1}$、$FF3_{i,t-1}$ 为主要解释变量的日频率数据参数估计结果;列(4)~(6)分别给出了以 $Raw_{i,t-1}$、$CAPM_{i,t-1}$、$FF3_{i,t-1}$ 为主要解释变量的周频率数据参数估计结果;列(7)~(9)则分别展示了以 $Raw_{i,t-1}$、$CAPM_{i,t-1}$、$FF3_{i,t-1}$ 为主要解释变量的月频率数据参数估计结果。

从表 4 - 17 可以看出,列(1)~(3)中 $Raw_{i,t-1}$、$CAPM_{i,t-1}$、$FF3_{i,t-1}$ 的系数均不显著,说明融资交易者在日频率的融资买入并没有表现出明显的正反馈交易特征。列(4)~(6)、列(7)~(9)中 $Raw_{i,t-1}$、$CAPM_{i,t-1}$、$FF3_{i,t-1}$ 的系数均显著为正,说明融资交易者更倾向于买入更多过去收益率较高的个股,意味着融资交易者在周、月频率上的融资交易活动具有明显的正反馈交易特征。这些结论与表 4 - 10、表 4 - 11 的结果一致,说明剔除了 2015 年的异常期间后,我们的研究结论依然成立。

2. 融资交易者是否采取移动均线交易策略的稳健性检验

类似地,我们剔除 2015 年的股市异常期间,并对模型式(4 - 9)进行参数估计,以进一步检验研究结论的稳健性。表 4 - 18 报告了剔除 2015 年这一异常期间后模型式(4 - 9)的 Fama-MacBeth 参数估计结果。列(1)~(2)分别展示了以 $MA1\_MA5_{i,t-1}$、$MA1\_MA10_{i,t-1}$ 为主要解释变量的日频率数据参数估计结果;列(3)~(4)分别给出了以 $MA1\_MA5_{i,t-1}$、$MA1\_MA10_{i,t-1}$ 为主要解释变量的周频率数据参数估计结果;列(5)~(6)则分别展示了以 $MA1\_MA5_{i,t-1}$、$MA1\_MA10_{i,t-1}$ 为主要解释变量的月频率数据参数估计结果。

表 4 - 17　融资交易对过去收益率的反应（剔除 2015 年异常期间后）

	日度数据			周度数据			月度数据		
	(1)	(2)	(3)	(4)	(5)	(6)	(7)	(8)	(9)
$Raw_{i,t-1}$	0.0038			0.0705***			0.0202***		
	(0.43)			(11.71)			(4.80)		
$CAPM_{i,t-1}$		0.0069			0.0694***			0.0194***	
		(0.79)			(12.02)			(4.80)	
$FF3_{i,t-1}$			0.0068			0.0668***			0.0182***
			(0.79)			(11.60)			(5.61)
$Margin_{i,t-1}$	0.4667***	0.4667***	0.4667***	0.6605***	0.6605***	0.6606***	0.7990***	0.7986***	0.7991***
	(131.62)	(131.78)	(131.87)	(88.83)	(89.09)	(88.91)	(71.99)	(74.60)	(74.83)
$Raw_{i,t}$	−0.3051***	−0.3044***	−0.3047***	−0.1050***	−0.1049***	−0.1051***	−0.0279***	−0.0279***	−0.0276***
	(−30.85)	(−31.01)	(−30.87)	(−14.96)	(−14.90)	(−14.94)	(−5.75)	(−5.81)	(−5.58)
$lnCap_{i,t-1}$	−0.0074***	−0.0074***	−0.0075***	−0.0044***	−0.0044***	−0.0044***	−0.0030***	−0.0030***	−0.0030***
	(−45.63)	(−45.93)	(−46.17)	(−17.94)	(−17.88)	(−18.04)	(−6.79)	(−6.87)	(−6.88)
$Turnover_{t-5,t-1}$	0.2871***	0.2929***	0.2904***	0.0509***	0.0506***	0.0516***	0.0078***	0.0086***	0.0092***
	(8.79)	(8.93)	(8.86)	(5.76)	(5.71)	(5.80)	(2.40)	(2.79)	(3.01)
$Intercept$	0.0929***	0.0929***	0.0930***	0.0577***	0.0575***	0.0575***	0.0402***	0.0406***	0.0405***
	(75.46)	(76.35)	(76.46)	(29.92)	(29.65)	(29.66)	(12.25)	(12.56)	(12.57)
N	380 541	380 541	380 541	75 800	75 800	75 800	21 219	21 219	21 219
F 值	4872.70	4917.96	4917.12	2323.38	2338.54	2333.79	1362.15	1386.81	1455.09

注：表中括号内表示系数对应的 t 值；*、**、*** 分别表示在 0.10、0.05、0.01 的显著性水平下显著。

表 4 - 18　剔除 2015 年异常期间后融资交易对 MA 信号的回归

	日度数据		周度数据		月度数据	
	(1)	(2)	(3)	(4)	(5)	(6)
$MA1\_MA5_{i,t-1}$	0.0014***		0.0030***		0.0004	
	(4.08)		(5.56)		(0.62)	
$MA1\_MA10_{i,t-1}$		0.0017***		0.0020***		−0.0009
		(4.46)		(3.52)		(−1.26)
$Raw_{i,t}$	−0.3062***	−0.3057***	−0.1071***	−0.1083***	−0.0288***	−0.0286***
	(−31.21)	(−31.16)	(−15.36)	(−15.75)	(−5.83)	(−5.82)
$\ln Cap_{i,t-1}$	−0.0074***	−0.0074***	−0.0045***	−0.0045***	−0.0030***	−0.0030***
	(−45.21)	(−45.62)	(−18.21)	(−18.55)	(−6.82)	(−6.98)
$Turnover_{t-5,t-1}$	0.2995***	0.2983***	0.0533***	0.0506***	0.0084***	0.0095***
	(8.95)	(9.14)	(5.86)	(5.51)	(2.66)	(3.09)
$Margin_{i,t-1}$	0.4674***	0.4667***	0.6562***	0.6564***	0.7964***	0.7976***
	(132.38)	(131.64)	(87.04)	(88.63)	(70.11)	(74.18)
$Intercept$	0.0909***	0.0910***	0.0571***	0.0579***	0.0403***	0.0406***
	(74.13)	(74.11)	(29.42)	(29.62)	(11.91)	(12.20)
N	381 222	381 222	75 800	75 800	21 219	21 219
F 值	4998.63	4962.17	2298.28	2377.74	1231.73	1363.05

注：表中括号内表示系数对应的 t 值；*、**、*** 分别表示在 0.10、0.05、0.01 的显著性水平下显著。

从表 4 - 18 可以看出，$MA1\_MA5_{i,t-1}$、$MA1\_MA10_{i,t-1}$ 的系数在列(1)～(2)、列(3)～(4)中均显著为正，意味着融资交易者在日频率、周频率上更倾向于融资买入上一期返回买入(或持有)MA 交易信号的标的股票。但是列(5)～(6)的 $MA1\_MA5_{i,t-1}$、$MA1\_MA10_{i,t-1}$ 的系数均不显著，说明融资交易者在月频率的融资交易并不具有明显的 MA 交易特征。这些结论与全样本期间的实证结论(表 4 - 12、表 4 - 13)基本一致：我国的融资交易者在较高频率(日频率、周频率)的融资交易表现出较强的 MA 交易特征，而在较低频率(月频率)的融资交易并不具有明显的 MA 交易特征。因此，剔除 2015 年异常期间的影响后，我们的研究结论依然成立。

3. 融资交易者两类交易策略的稳健性检验

我们进一步在模型式(4-9)的基础上加入了滞后一期的实际收益率作为解释变量,并利用剔除 2015 年异常期间后的数据重新进行 Fama-MacBeth 参数估计,结果展示在表 4-19 中。列(1)～(2)分别展示以 $MA1\_MA5_{i,t-1}$、$MA1\_MA10_{i,t-1}$ 为主要解释变量且控制上一期收益率($Raw_{i,t-1}$)后的日频率数据参数估计结果;列(3)～(4)分别给出以 $MA1\_MA5_{i,t-1}$、$MA1\_MA10_{i,t-1}$ 为主要解释变量且控制上一期收益率($Raw_{i,t-1}$)后的周频率数据参数估计结果;列(5)～(6)分别展示以 $MA1\_MA5_{i,t-1}$、$MA1\_MA10_{i,t-1}$ 为主要解释变量且控制上一期收益率($Raw_{i,t-1}$)后的月频率数据参数估计结果。

从表 4-19 可以看出,列(1)～(2)中 $Raw_{i,t-1}$ 的回归系数并不显著,$MA1\_MA5_{i,t-1}$、$MA1\_MA10_{i,t-1}$ 的回归系数显著为正,说明日频率的融资交易不具有明显的正反馈交易特征却具有较强的 MA 交易特征。列(3)～(4)中的 $Raw_{i,t-1}$ 的回归系数显著为正,$MA1\_MA5_{i,t-1}$、$MA1\_MA10_{i,t-1}$ 的回归系数为正但不显著,说明周频率的融资交易具有较强的正反馈交易特征、较弱的 MA 交易特征。列(5)～(6)中的 $Raw_{i,t-1}$ 的回归系数显著为正,说明月频率的融资交易具有较强的正反馈交易特征。值得注意的是,加入 $Raw_{i,t-1}$ 作为控制变量后,列(5)～(6)中 $MA1\_MA5_{i,t-1}$、$MA1\_MA10_{i,t-1}$ 的回归系数显著为负,而表 4-18 的列(5)～(6)中 $MA1\_MA5_{i,t-1}$、$MA1\_MA10_{i,t-1}$ 的回归系数并不显著,说明显著为负的 $MA1\_MA5_{i,t-1}$、$MA1\_MA10_{i,t-1}$ 的回归系数主要归因于 $MA1\_MA5_{i,t-1}$、$MA1\_MA10_{i,t-1}$ 与 $Raw_{i,t-1}$ 之间的多重共线性,尚不足以说明我国的融资交易者表现出"反"MA 交易策略。本部分的回归结果与表 4-15 基本一致。

表 4-19   剔除 2015 年异常期间后的综合回归结果

	日度数据		周度数据		月度数据	
	(1)	(2)	(3)	(4)	(5)	(6)
$MA1\_MA5_{i,t-1}$	0.0013***		0.0008		−0.0014*	
	(3.64)		(1.45)		(−1.94)	
$MA1\_MA10_{i,t-1}$		0.0017***		0.0003		−0.0023***
		(4.29)		(0.55)		(−3.11)
$Raw_{i,t-1}$	0.0001	−0.0022	0.0673***	0.0685***	0.0256***	0.0257***
	(0.01)	(−0.25)	(11.46)	(11.91)	(6.16)	(6.24)

（续表）

	日度数据		周度数据		月度数据	
	(1)	(2)	(3)	(4)	(5)	(6)
$Raw_{i,t}$	−0.3084***	−0.3077***	−0.1062***	−0.1070***	−0.0289***	−0.0288***
	(−30.99)	(−31.00)	(−14.95)	(−15.20)	(−5.88)	(−5.91)
$\ln Cap_{i,t-1}$	−0.0074***	−0.0074***	−0.0044***	−0.0044***	−0.0030***	−0.0030***
	(−45.20)	(−45.62)	(−18.00)	(−18.11)	(−6.74)	(−6.79)
$Turnover_{t-5,t-1}$	0.3100***	0.3070***	0.0536***	0.0515***	0.0081**	0.0095***
	(9.16)	(9.27)	(5.85)	(5.68)	(2.44)	(2.86)
$Margin_{i,t-1}$	0.4653***	0.4651***	0.6585***	0.6591***	0.7975***	0.7981***
	(130.76)	(130.39)	(87.62)	(88.53)	(68.63)	(72.04)
$Intercept$	0.0910***	0.0911***	0.0572***	0.0574***	0.0406***	0.0406***
	(73.69)	(73.52)	(29.42)	(29.19)	(12.03)	(12.00)
N	381 222	381 222	75 800	75 800	21 219	21 219
F 值	4070.80	4055.05	1968.69	1999.06	1071.60	1154.72

注：表中括号内表示系数对应的 t 值；*、**、*** 分别表示在 0.10、0.05、0.01 的显著性水平下显著。

4.3.5 实证结论

本部分运用我国融资融券开通以来的交易数据，实证检验了我国融资交易者可能采取的交易策略。基于日频率、周频率、月频率数据的实证分析表明，我国的融资交易者在日频率上的融资交易表现出较强的 MA 交易特征、不存在明显的正反馈交易特征；在周频率上的融资交易表现出较强的正反馈交易特征、较弱的 MA 交易特征；在月频率上的融资交易表现出较强的正反馈交易特征、不存在明显的 MA 交易特征。

因此，本部分的研究表明，我国的融资交易者很可能采取正反馈交易策略或 MA 交易策略。由于这两类交易策略仅基于过去股价的变化，并不包含关于未来股价的新的信息，并且这两类交易策略在实际运用过程中并不一定带来更高的超额回报（Brock et al.，1992；Allen and Karjalainen，1999；Bajgrowicz and Scaillet，2012；Taylor，2014），因此基于正反馈交易策略或 MA 交易策略的融资交易并不一定能够预测未来的收益率，这为 4.2 小节的研究结论提供了进一步的解释。因此，基于本部分的研究结果表明，我国的融资交易者采取与"未来股价变化信息"无关的交易策略，是噪声交易者而不是知情交易者。

4.4　本章小结

现有关于融资交易对市场质量影响的研究并没有取得比较一致的结论,主要原因之一可能在于他们使用间接指标衡量市场质量,缺少关于融资交易者本身是否拥有信息的直接证据。本章重点从融资交易对未来收益率的预测能力及其对过去收益率的反应这两个层面讨论了我国融资交易者的交易策略,以进一步识别融资交易者的本质(信息交易者还是噪声交易者),为检验融资交易的影响提供更直接的客观证据。

本章首先以当期融资交易活动为解释变量、以滞后期收益率为被解释变量,通过实证检验讨论了我国融资交易者是否采用基于公司特质性信息的交易策略。我们的研究发现,融资买入交易更活跃的股票在未来并不具有显著更好的市场表现,意味着我国的融资交易者在融资开仓买入标的时并不拥有正面的公司特质性信息。因此,本部分的研究表明,我国融资交易者在融资买入时并非采取基于公司特质性信息的交易策略,这意味着我国的融资交易者并不是拥有信息的知情交易者。

基于正反馈交易策略、移动均线交易策略被噪声交易者广泛使用的事实,我们进一步检验了我国融资交易者是否采取这两类具有噪声交易特征的交易策略。我们的实证研究表明,我国融资交易者在日频率的融资交易上表现出较强的移动均线交易特征、不具有明显的正反馈交易特征,在周频率上的融资交易表现出较强的正反馈交易特征、较弱的移动均线交易特征,在月频率上的融资交易具有较强的正反馈交易特征、不具有明显的移动均线交易特征。因此,我国的融资交易者也倾向于采用正反馈、移动均线等具有噪声交易特征的交易策略。由于这两类交易策略并不包含与未来股价有关的信息,我国的融资交易者很可能是不拥有信息的噪声交易者而不是知情交易者。

第5章 融资交易与信息效率：信息含量还是信息速度[①]

5.1 引言

1987年10月的全球性股灾以来,关于融资交易对市场的影响一直是国外金融机构、监管部门以及学术界关注的焦点之一。类似地,2015年我国股市的暴涨暴跌行情也吸引了多方关注。然而,现有文献关于融资交易对股价信息效率影响的研究并没有取得比较一致的结论,甚至不同的文献还得出了相反的结论。例如,部分研究表明,融资交易制度为投资者提供了更多的资金,有利于增加投资者对股票的需求、提高股市的流动性,通过这些渠道,他们认为融资交易提高了股价的信息效率(Seguin,1990;Seguin and Jarrell,1993;Chordia et al.,2001;Alexander et al.,2004;Chen et al.,2016)。然而,另一部分的研究却认为,融资交易制度提高了噪声交易者杠杆交易的能力,增加了股价中的噪声以及"与信息无关"的波动(non-informational volatility)(De Long et al.,1990;Hardouvelis,1990;Hardouvelis and Peristiani,1992;Chowdhry and Nanda,1998;Hardouvelis and Theodossiou,2002;Rytchkov,2014)。此外,在股价下跌过程中,融资交易者可能为了满足保证金比例要求而被迫卖出股票,进一步加剧了股价的下跌(Garbade,1982;Thurner et al.,2012)。因此,这些文献认为融资交易很可能降低了股价的信息效率。

我们认为,关于融资交易对信息效率影响研究文献之所以得出不同甚至相反的结论,原因在于不同的文献使用了不同的指标,而不同的指标很可能代表了信息效率的不同方面。例如,股价与内在价值的偏差(Hardouvelis,1990)、方差比率(Chang et al.,2014)、股价波动的截面偏差(Rytchkov,2014)以及定价错误指

---

① 基于本章撰写的论文已发表于 *Accounting and Finance*(Lv and Wu,2018)和《经济与管理研究》(吕大永、吴文锋,2018)上。

标(Chen et al.,2016)代表了股价的信息含量;而互自相关系数绝对值(Chang et al.,2014)以及成交量(Seguin,1990;Seguin and Jarrell,1993)指标则代表了股价反映信息的速度。

Saffi and Sigurdsson(2011)认为"信息效率可以定义为股价反映所有公开信息的速度和程度"。因此,信息效率可以分解为两个方面——股价信息含量和股价反映信息的速度(简称"价格调整速度")。其中,股价信息含量代表股价反映所有公开信息的程度,股价包含的公开信息越多,其信息含量也越高,意味着信息效率越高;而价格调整速度则从速度层面衡量了股价的信息效率,股价反映信息越快、价格调整速度越快,则股价的信息效率越高。然而,前人有关信息效率的研究实际上仅关注信息效率的某一个方面,例如 Hasbrouck(1991)、Morck et al.(2000)、Chang et al.(2010)仅关注股价信息含量,而 Jennings and Starks(1986)、Brennan et al.(1993)、Chen and Rhee(2010)则只侧重于价格调整速度。

融资交易制度的实施可能对信息效率的不同方面产生不同的影响。一方面,我国的投资者主要以散户为主且面临较高的融资障碍,当个人投资者判断未来股价要上涨的时候,较难从其他的渠道获得资金。因此,与日本股票市场的融资交易类似(Hirose et al.,2009),融资融券交易制度开通以后,个人投资者更有可能成为融资交易的主体。然而,股票市场的投资者并不总是理性、知情的交易者,特别是个人投资者经常被认为是具有高投机偏好、高行为偏差的非理性的噪声交易者(Barber and Odean,2000;Sharif et al.,2014)。更重要的是,De Long et al.(1990)、Morck et al.(2000)、Dow and Han(2017)认为噪声交易者的交易降低了股价的信息含量。因此,来自不够理性、具有投机特征的个人投资者的融资交易很可能加剧股市的噪声,降低股价的信息含量,对股价的信息效率产生不利的影响。另一方面,融资交易制度的开通为投资者提供了更多资金,有利于增加投资者对股票的需求,为市场提供流动性(Seguin and Jarrell,1993;Chordia et al.,2001)。Chordia and Swaminathan(2000)认为"流动性越高的个股对信息的调整速度越快",因此融资交易很可能有助于提高股价对信息的反应速度。上述分析表明,融资交易对信息效率不同方面的影响可能并不一致。

因此,本章的研究把信息效率分为"股价信息含量"和"价格调整速度"两个方面,考察我国融资交易制度的推出对信息效率的不同方面的影响是否存在不一致。具体而言,我们以定价错误(Hasbrouck,1993;Boehmer and Wu,2013;Comerton-Forde et al.,2016)、日内报价中间价收益率自相关系数绝对值(Chordia et al.,2005;Boehmer and Wu,2013)、特质性波动(Ang et al.,2009)作为衡量股价信息含量的指标;同时,以价格延迟(Hou and Moskowitz,2005; Boehmer and Wu,2013)、互自相关系数(Bris et al.,2007;Chang et al.,2014)作为衡量价格调整速度的指标。基于此,运用 DID 回归模型、面板回归模型分别从融资交易制度开通、融资交易活跃程度这两个角度检验融资交易对信息效率不同方面的影响是否存在差异。

基于我国融资融券交易制度的开通事件以及主要的融资融券标的调整事件,本章首先运用 DID 模型检验了个股调入融资交易标的列表对股价信息含量和价格调整速度的影响。我们的研究表明,融资交易开通(扩容)后,被允许融资交易的个股信息含量显著下降,意味着融资交易不利于股价的信息效率;然而,被允许融资交易的个股价格调整速度却显著提高,说明融资交易有利于股价的信息效率。因此,当我们综合考虑了信息效率的不同方面之后,我们发现融资交易制度的推出(或扩容)对标的股价信息含量和价格调整速度的影响并不一致。

由于个股进入融资交易标的列表之后,个股的融资交易活动在时间和截面上均表现出较大的差异,这为我们进一步利用面板数据回归分析方法讨论融资交易活动对股价信息效率的影响提供了可能。我们发现融资交易更活跃的个股具有更高的定价错误、更高的日内报价中间价收益率自相关系数绝对值以及更低的特质性波动,意味着融资交易降低了标的股票的信息含量。相反,融资交易更活跃的个股却具有更低的价格延迟和更低的互自相关系数绝对值,意味着融资交易有助于提高标的股价调整速度。因此,基于面板回归的结论也与 DID 分析的结果类似,融资交易对股价信息效率不同方面的影响并不一致——融资交易降低了标的股价的信息含量却有助于提高股价调整速度。这一结论在控制了内生性、融券交易、异常交易区间等影响后依然显著成立。

本章的贡献有以下几点:

首先,我们的研究发现融资交易降低了标的股价的信息含量却有助于提高标的股价调整速度,这缓解了有关融资交易对定价效率影响的争议。以往有关融资交易对信息效率影响的文献并没有得出比较一致的结论,甚至存在较大争议(Seguin,1990;Alexander et al.,2004;Thurner et al.,2012;Chang et al.,2014)。我们把信息效率指标分解为股价信息含量和价格调整速度,并分别使用多个指标衡量信息效率的这两个方面。我们的研究结论在一定程度上解决了已有文献关于融资交易对信息效率影响的争议,指出争议主要是由于不同的文献使用的指标代表了信息效率的不同方面导致的。

其次,我们的发现补充了有关信息效率方面的研究。前人关于融资交易对信息效率影响的文献并没有区分信息效率的不同方面,导致他们得出了不一致甚至完全相反的结论(Bessembinder et al.,1996;Agnew,2006;Bris et al.,2007;Boehmer and Wu,2013;Chang et al.,2014)。因此,同一个交易制度(或政策)对信息效率不同方面的影响可能是不同的,在讨论某一制度(或政策)对信息效率的影响时,有必要对信息效率进行分解,综合多种指标分别衡量信息效率的不同方面。例如,我们的研究发现融资交易对信息效率的不同方面的影响完全相反——降低了股价信息含量却有助于提高价格调整速度。

最后,我们的研究也具有一定的政策意义。由于个人投资资者是我国股市的交易主体,我国证券市场的股价信息含量远远低于其他国家(Morck et al.,2000),而换手率(流动性)却远远高于其他市场(Amihud et al.,2015)。因而,提高股价信息含量是促进我国股市进一步发展的关键。然而,我们的研究表明,融资交易不利于标的股价的信息含量,因此我们认为监管层应出台相关的措施,适当限制我国股市融资交易,以降低融资交易对股价信息含量的不利影响。

5.2   研究设计

5.2.1   数据来源

2010 年 3 月 31 日我国正式实施融资交易制度以来,融资交易标的先后扩容了 4 次(主要的),标的股票数量从刚开始的 90 只增加到 2014 年年底的 900 只,占同期 A 股交易股票总数的 35% 左右。我们将 2010 年 4 月—2017 年 12 月期间所有上市交易的股票都纳入样本范围,其中实验组为所有融资交易标的,对照组为非融资交易标的股票。由于基金和股票存在诸多差异,且融资交易标的中的基金数量较少,故我们不考虑基金样本。同时,除了 2013 年 1 月 31 日融资标的调整中有较多数量标的被剔除外,其他几次调整被剔除的股票均较少,所以我们也不考虑已被剔除的标的股票。标的调整信息来源于上海证券交易所和深圳证券交易所的相关公告,其他数据来源于 Wind 数据库以及国泰安数据库。此外,我们的高频日内分笔交易数据来源于港澳资讯公司。

5.2.2   信息效率的度量指标

前人的研究中使用多种指标衡量信息效率(Seguin and Jarrell,1993;Morck et al.,2000;Chordia et al.,2005;Boehmer and Wu,2013;Chang et al.,2014;Chen et al.,2016),其中:定价错误、报价中间价收益率自相关系数绝对值、特质性波

动、R^2等指标反映了股价的信息含量;互自相关系数、价格延迟、成交量(或换手率)则在一定程度上捕捉了股价的调整速度。然而,关于哪个指标能够更好地度量股价的信息含量或股价调整速度,前人文献并没有提供直接的证据。因此,本章的研究将文献中用于测度股价信息含量或价格调整速度的多个指标进行综合分析和讨论,以尽可能全面地讨论融资交易对信息效率的影响。

此外,考虑到我国融资融券交易制度推出仅有 8 年左右的时间,如果计算年度频率的指标将会导致本文的研究丧失大量的样本,因此我们参考 Boehmer and Wu(2013)的做法,利用日内分笔成交数据、日收益率数据计算月度定价效率指标。

1. 股价信息含量的衡量指标

现有文献主要采取定价错误、报价中间价收益率自相关系数绝对值、特质性波动、方差比率、R^2等指标反映股价的信息含量。考虑方差比率一般是基于月度数据和周度数据计算的(Lo and MacKinlay,1988;Saffi and Sigurdsson,2011),每年只得到一个方差比率指标,因此使用方差比率将大大减少我们的研究样本,故本文使用过程中暂时不考虑以方差比率作为股价信息含量的指标。此外,现有文献关于 R^2 是否真正度量信息含量,仍存在较大争议(Jin and Myers,2006;Dasgupta et al.,2010)。因此,本研究仅考虑以定价错误、日内报价中间价收益率自相关系数绝对值、特质性波动这 3 个指标来度量股价的信息含量,其中前两个指标使用日内分笔数据计算的高频信息含量指标,而特质性波动则使用日收益率数据计算。

(1) 定价错误指标($PriceErr$)。

定价错误(pricing error)指标经常被用于度量实际股价与随机游走价格的偏差(Hasbrouck,1993;Boehmer and Kelley,2009;Fotak et al.,2014;Chen et al.,2016)。根据 Hasbrouck(1993)的做法,股票的实际价格可以分解为有效价格(m_t)和定价错误(s_t)两个部分。其中,有效价格部分衡量了当前股价对公开信息的反映程度,即报价中包含的信息含量(Boehmer and Kelley,2009);定价错误部分衡量了实际股票价格与随机游走价格(有效价格)的偏差,可以被用于反向度量股价的信息含量。定价错误指标的计算过程如下。

首先,利用每笔成交价格数据中的买一报价($bid_{t,1}$)、卖一报价($ask_{t,1}$)计算当前报价中间价(p_t)

$$p_t = \frac{bid_{t,1} + ask_{t,1}}{2} \tag{5-1}$$

基于报价中间价序列,计算收益率序列(r_t)

$$r_t = \ln p_t - \ln p_{t-1} \tag{5-2}$$

同时,对于每个时刻 t,计算由如下 3 个变量组成的列向量 $x_t = [x_{1t}\ x_{2t}\ x_{3t}]^T$。其中,$x_{1t}$ 代表该时刻的交易方向,如果是买方触发的成交,则 x_{1t} 为 1,如果是卖方触发的成交,则 x_{1t} 取 -1;x_{2t} 表示带符号的成交量,等于 x_{1t} 乘以成交量;x_{3t} 表示带符号的成交量的开方,等于 x_{1t} 乘以成交量的开方。

进一步,可以利用以下的 VAR 模型对收益率 r_t 序列、列向量 x_t 序列进行分解

$$\begin{cases} r_t = a_1 r_{t-1} + a_2 r_{t-2} + \cdots + b_1 x_{t-1} + b_2 x_{t-2} + \cdots + v_{1,t} \\ x_t = c_1 r_{t-1} + c_2 r_{t-2} + \cdots + d_1 x_{t-1} + d_2 x_{t-2} + \cdots + v_{2,t} \end{cases} \tag{5-3}$$

式(5-3)中残差项($v_{1,t}$)表示当前收益率(r_t)无法被其他因素解释的部分,可以理解为定价错误部分。

参考 Boehmer and Wu(2013)的做法,式(5-3)可以转化为包含同期和滞后期残差项表示的 VMA 模型

$$\begin{cases} r_t = a_0^* v_{1,t} + a_1^* v_{1,t-1} + \cdots + b_0^* v_{2,t} + b_1^* v_{2,t-1} + \cdots \\ x_t = c_0^* v_{1,t} + c_1^* v_{1,t-1} + \cdots + d_0^* v_{2,t} + d_1^* v_{2,t-1} + \cdots \end{cases} \tag{5-4}$$

根据 Beveridge and Nelson(1981),价格序列(p_t)中的定价错误部分(s_t)可以表示为

$$s_t = \alpha_0 v_{1,t} + \alpha_1 v_{1,t-1} + \cdots + \beta_0 v_{2,t} + \beta_1 v_{2,t-1} + \cdots \tag{5-5}$$

其中,$\alpha_j = -\sum\limits_{k=j+1}^{+\infty} a_k^*$,$\beta_j = -\sum\limits_{k=j+1}^{+\infty} b_k^*$。据此可以得到股价定价错误的方差

$$\sigma_{(s)}^2 = \sum_{j=0}^{+\infty} [\alpha_j, \beta_j] \cdot \text{cov}(v) \cdot \begin{bmatrix} \alpha_j \\ \beta_j \end{bmatrix} \tag{5-6}$$

由于定价错误的标准差与股价有关,为了便于比较不同价格股票的定价错误,我们将定价错误标准差除以实际价格序列的标准差,得到具有可比性的定价错误指标(用 $PriceErr$ 表示)

$$PriceErr = \frac{\sigma_{(s)}}{\sigma_{(p)}} \tag{5-7}$$

因此,通过上述的计算,把价格序列(p_t)分解为一个随机游走过程(m_t)和定价错误过程(s_t)。如果市场是有效的,也就是如果价格反映了一切信息,那么价格序列应该更接近随机游走过程,此时定价错误($PriceErr$)最小。因此,可以认为定价错误指标衡量了当前股价反映所有公开信息的程度,代表了股价的信息含

量。$PriceErr$ 越高，意味着股价与有效价格的偏离程度越大，股价的信息含量越低。

（2）报价中间价自相关系数绝对值（$|AR|$）。

根据有效市场理论，如果市场是有效的，价格反映了全部的相关信息，那么价格序列应该更偏向于随机游走，也就意味着价格序列的自相关系数绝对值（absolute value of quote midpoint return autocorrelations）应该越小。因此，Boehmer and Kelley（2009）、Boehmer and Wu（2013）等的研究利用日内分笔交易数据计算了报价中间价自相关系数的绝对值作为衡量信息含量的指标（用 $|AR|$ 表示）。参考他们的做法，我们使用日内 15 分钟频率的分笔交易数据计算 $|AR|$ 指标，用 $|AR15|$ 表示。[①] 与 $PriceErr$ 类似，$|AR15|$ 越高，说明股价与随机游走过程的偏离程度越大，意味着股价的信息含量越低。

（3）特质性波动占比（$IVOLR$）。

股价的变化可能由市场层面的因素导致，也可能与公司特有的信息有关。股价的特质性波动衡量了股价变动过程中所无法被市场因素解释的部分，因此也经常被用于衡量个股的特质性信息含量（Morck et al.，2000；Ang et al.，2009；Brockman and Yan，2009；肖浩、孔爱国，2014）。Ang et al.（2009）使用 Fama-French 三因子模型的随机扰动项标准差作为"特质性波动"指标。具体而言，我们利用每只个股第 m 月的日收益率数据和对应的日 Fama-French 三因子数据序列，进行以下回归

$$r_{i,t} - r_{f,t} = \alpha_i + \beta_i R_{m,t} + s_i SMB_t + h_i HML_t + \varepsilon_{i,t} \tag{5-8}$$

式中，$r_{i,t}$ 代表个股 i 在第 t 个交易日的收益率；$r_{f,t}$、$R_{m,t}$、SMB_t、HML_t 分别代表第 t 个交易日的无风险收益率、市场收益率、市值因子和账面市值比因子。该模型残差项的标准差表示个股收益率中无法被市场因子、市值因子、账面市值比因子所解释的部分，可以用来衡量股价的"特质性波动"（用 $IVOL$ 表示）

$$IVOL = STD \cdot \varepsilon_{i,t} = \hat{\delta}_i = \frac{\sum e_{i,t}^2}{N-4} \tag{5-9}$$

虽然部分文献（例如，Brockman and Yan，2009）也直接使用 $IVOL$ 作为公司特质性信息的指标，但是 $IVOL$ 的差异很可能是由于股价波动差异导致的，不同个股的 $IVOL$ 指标可能不具有较强可比性。因此，我们将个股的 $IVOL$ 除以个股

---

① 我们也使用日内 30 分钟的报价中间价计算 $|AR|$ 指标，研究结论依然成立。

收益率的方差做规格化处理,得到个股特质性波动占比指标(用 $IVOLR$ 表示)。[①]
与 $PriceErr$ 和$|AR15|$不同的是,$IVOLR$ 越高,意味着个股股价波动中无法被公
共信息解释的部分越大,公司的特质性信息含量越高。

2. 股价调整速度的衡量指标

现有研究主要采用互自相关系数、价格延迟、成交量(或换手率)等指标衡量
股价调整速度,在一定程度上捕捉了股价的调整速度。考虑到我国股票市场的高
换手率在全球市场中排在前面,而 Morck et al.(2000)却认为我国股价信息效率
在全球市场中排在最后几名,因此我们认为我国证券市场的换手率指标难以有效
代表信息效率或价格调整速度,故我们没有使用换手率指标作为股价调整速度的
代理变量。

(1)价格延迟($Delay1$、$Delay2$)。

Hou and Moskowitz(2005)认为资产价格对市场中信息的调整速度越快意
味着信息效率越高。基于此,他们构建了“价格延迟指标”(用 $Delay$ 表示),利用
资产价格对市场中已有信息的调整速度来衡量价格调整速度。如果股票的价格
不能快速反映市场中所有已经存在的信息,那么股价会在之后的交易日中陆续吸
收这些信息,从而股票价格对市场信息的反映就存在滞后。为了定量计算股价反
映市场信息的滞后程度,可以将当期以及滞后期的市场收益率作为解释变量对个
股收益率进行回归,如果滞后期市场收益率对个股收益率的解释力越强,则说明
股价对市场信息的反映越滞后,股价调整速度就越慢。

根据前文所述,我们仅利用日收益率数据计算个股每个月的价格延迟指标,
具体的计算方法如下。

首先,利用个股每个月的日收益率数据,把个股当日收益率对当日以及滞后
4 个交易日的市场收益率进行回归

$$r_{i,t} = \beta_{i,0} + \beta_{i,1} R_{m,t} + \sum_{n=1}^{4} \delta_{i,-n} R_{m,t-n} + \varepsilon_{i,t} \qquad (5-10)$$

其中,$r_{i,t}$ 表示 t 日股票 i 的收益率;$r_{m,t}$ 表示 t 日的市场收益率;$r_{m,t-k}$ 表示滞后 k
个交易日的市场收益率;$\varepsilon_{i,t}$ 为随机误差项。在该模型中,如果股价快速地反映了
市场公开信息,那么系数 $\beta_{i,1}$ 将显著地不为 0,而所有的 $\delta_{i,-n}$ 都将不显著;相反,如
果股价对市场公开信息的反映存在延迟,那么部分的 $\delta_{i,-n}$ 将显著不为 0。

对模型式(5-10)进行估计,得到该不受约束回归模型的决定系数 R_u^2。然

---

① 当然,我们直接使用 $IVOL$ 指标衡量个股的特质性信息含量,回归结果依然稳健。

后,令所有滞后期的市场收益率的系数为零,对回归方程重新进行估计,得到受约束回归模型的决定系数 R_r^2。基于上述计算,可以得到第 1 个月度价格延迟指标(用 $Delay1$ 表示)

$$Delay1_i = 1 - \frac{R_r^2}{R_u^2} \tag{5-11}$$

与 F 检验相似,这种衡量方法捕捉了单个资产收益率中由滞后市场收益率所解释的比例。$Delay1$ 取值越小,表明资产收益率对过去的市场信息的依赖程度越低,资产吸收市场信息所需的时间越短,股价调整速度越快,股价的信息效率越高。相反,$Delay1$ 越大则意味着股价调整速度越慢,股价的信息效率越低。

此外,为了进一步比较股价对信息反应的滞后性程度,Hou and Moskowitz(2005)还利用模型式(5-10)中解释变量的系数绝对值大小来衡量单个资产收益率对滞后市场收益率的依赖程度,得到第 2 个价格调整速度指标(用 $Delay2$ 表示)

$$Delay2_i = \frac{\sum_{k=1}^{4} |\delta_{i,k}|}{|\beta_i| + \sum_{k=1}^{4} |\delta_{i,k}|} \tag{5-12}$$

从式(5-12)可以看出,$Delay2$ 捕捉了模型式(5-10)中滞后市场收益率的回归系数在所有回归系数中的比重,其取值越小,表明滞后期市场收益率对当期个股收益率的影响越弱,意味着过去的信息的滞后影响越小,意味着股价调整速度越快、信息效率越高。

(2)互自相关系数绝对值($|CR|$)。

Bris et al.(2007)、Saffi and Sigurdsson(2011)使用个股日收益率与滞后一期市场收益率的相关系数的绝对值(简称"互自相关系数")作为衡量股价调整速度的指标。该互自相关系数的计算等同于 Hou and Moskowitz(2005)的回归模型——个股收益率对滞后一期市场收益率的回归系数。因此,该指标也可以作为价格延迟指标的补充,用于衡量股价对信息的调整速度(Saffi and Sigurdsson,2011)。因此,我们也参考 Bris et al.(2007)的做法,引入互自相关系数作为衡量股价调整速度的指标(用 $|CR|$ 表示)。具体而言,$|CR|$ 的计算方法为

$$|CR| = |Corr(r_{i,t}, r_{m,t-1})| \tag{5-13}$$

与价格延迟指标类似,$|CR|$ 越小,说明个股股价对过去市场公开信息的依赖程度越小,股价调整速度越快。相反,$|CR|$ 越大,则说明当前股价受过去市场信息的影响越大,股价调整速度越慢。

5.2.3　模型设计

我国的融资融券交易制度的开通为我们检验融资交易对股市信息效率的影响提供了天然的实验。首先,相比国外证券市场,散户是我国股票市场的交易主体且面临较高的融资约束,融资交易制度开通以后,我国的散户更可能是融资交易的主体。因此,我国的融资交易制度的开通更有利于我们检验融资交易对信息效率的真正影响。其次,我国融资交易于 2010 年 3 月 31 日正式开通以后,又分别于 2011 年 12 月 5 日、2013 年 1 月 31 日、2013 年 9 月 16 日、2014 年 9 月 22 日进行了 4 次较大的融资融券标的扩容,这些事件为我们运用 DID 模型检验融资交易制度开通的影响提供了较好的准自然实验。最后,融资交易制度开通以后,个股的融资交易活动在时间、截面这两个维度均存在较大差异,这也为我们进一步研究融资交易活动对个股信息效率的影响提供了良好的数据基础。因此,我们将综合考虑信息效率的两个方面——信息含量和股价调整速度,运用 DID 模型、面板回归模型分别检验融资交易制度的开通(扩容)、融资交易活动差异对标的股票信息效率的影响。

1. 融资交易制度开通对信息效率的影响

为了检验融资交易制度的推出(和扩容)事件对标的股票信息效率的影响,我们首先利用 DID 模型比较融资交易推出及扩容事件对标的股票、非标的股票的信息效率的影响。我们以融资交易制度推出日以及上述 4 次主要的融资交易标的扩容实施日为 DID 研究的事件日。

参考 Chang et al.(2007)的做法,我们分别以事件日前 250 个交易日、后 250 个交易日作为事件前窗口期和事件后窗口期。[1] 同时,对于每次事件,我们以新调入融资标的的股票作为处理组,并采用倾向得分匹配法(PSM)构建对照组。具体而言,对于每只标的股票,我们选取在同一个交易所上市且具有根据市值、换手率、股价计算的倾向得分最近的个股作为对照股票。[2] 基于此,我们设定如下 DID 回归模型

$$PE_{i,t} = \beta_0 + \beta_1 \cdot POST_t + \beta_2 \cdot LIST_t + \qquad (5-14)$$
$$\gamma_1 \cdot POST_t \times LIST_t + \lambda \cdot \sum Controls_{i,t} + \varepsilon_{i,t}$$

在模型式(5-14)中,被解释变量 $PE_{i,t}$ 代表个股 i 在 t 时期的定价效率指标,在本部分的研究过程中,所有定价效率指标均为事件前(后)窗口期的该指标的均

---

[1]　我们也分别以事件前、后半年分别作为事件前窗口期、事件后窗口期,研究结论依然成立。

[2]　我们也根据市值、换手率、股价、波动率进行倾向得分匹配来选取对照组股票,我们的研究结论依然稳健。

值;解释变量 POST 是时间虚拟变量,允许融资融券交易前该指标取值为 0,事件后则取值为 1;LIST 是组间虚拟变量,非融资融券标的取值为 0,融资融券标的取值为 1;$Controls_{i,t}$ 为一系列的控制变量。在该模型中,如果交乘项 POST × LIST 的系数 γ_1 显著,则说明控制了其他因素之后,融资交易制度的开通(或扩容)对标的股票的信息效率确实存在影响。

为了控制其他因素对回归结果的干扰,真正识别融资交易制度开通(或扩容)对标的信息效率的影响,参考前人的研究,我们加入以下变量作为控制变量。

(1)公司规模(lnCap)。由于大公司和小公司的股价信息效率之间会存在差异(Fama and French,2012),我们加入公司规模以控制其对信息效率的干扰。具体而言,我们以上一年年末的总市值除以 10 亿的自然对数衡量公司规模(用 lnCap 表示)。[1]

(2)股价(lnPrice)。Boehmer and Wu(2013)指出股票价格的高低可能会对股票的信息效率产生影响。借鉴他们的做法,我们也引入了日均股票价格的自然对数(lnPrice)作为控制变量。

(3)换手率(Turnover)。Wurgler and Zhuravskaya(2002)、Chordia et al. (2008)的研究表明,证券的信息效率与其换手率密切相关。换手率较低的证券具有相对更高的交易成本,这会减少拥有利好或利空信息的投资者的交易活动,从而阻碍了相关信息融入股价,降低股票的信息效率。反之,换手率较高的证券一般会具有更高的定价效率。因此,我们在回归分析中把股票的月度换手率(Turnover)作为控制变量加入模型。

(4)机构持股比例(Insti)。Boehmer and Kelley(2009)的研究发现机构投资者的持股行为会对股价的信息效率产生影响。机构投资者由于其研究能力和资金实力,常被认为是"知情交易者",因而机构投资者的买卖行为通常意味着机构投资者的信息交易行为,进而影响股价的信息效率。因此,我们用上一季度机构投资者持股比例(Insti)作为控制变量,用机构投资者所持的股票总数除以该股票总股本衡量。

2. 融资交易活动对信息效率的影响

由于我国的融资交易制度、融券交易制度是一起推出的,利用 DID 模型无法真正识别制度推出对定价效率的影响是来源于融资交易还是融券交易。而目前关于我国融资融券交易的研究也更多的是考虑这两个制度一起推出所带来的影

---

[1]　另外,我们也采用公司总资产的自然对数衡量公司规模,其对结果没有影响。

响,较少有文献专门讨论融资交易对信息效率的可能影响(Chang et al.,2014; Sharif et al.,2014;Chen et al.,2016;Li et al.,2017;Xiong et al.,2017)。考虑到我国融资融券交易制度开通以来,融资交易月末余额均值(约为 5 156 亿元)是融券交易月末余额均值(仅 27.68 亿元)的 180 倍以上,融资交易带来的影响更应被重点关注。因此,本部分重点讨论融资交易活动对标的股票信息效率的影响。

我们首先构建融资交易活动指标度量融资交易的活跃程度,并进一步运用回归分析的方法检验融资交易活跃程度对股价信息含量、价格调整速度的影响是否一致。由于融资交易活动指标、信息含量指标、股价调整速度指标均可以在月度频率下计算得到,我们的回归分析能够为检验融资交易对信息效率的影响提供更有力的证据。

具体而言,参考李志生等(2015)的做法,我们设定回归模型如下

$$PE_{i,t} = \alpha_t + \beta_1 \cdot Margin_{i,t} + \gamma_t \cdot Controls_{i,t} + \varepsilon_{i,t} \qquad (5-15)$$

在模型式(5-15)中,因变量 $PE_{i,t}$ 以及自变量 $Controls_{i,t}$ 的定义及计算与模型式(5-14)类似。此外,该模型的关键解释变量 $Margin_{i,t}$ 代表个股 i 在 t 月的融资交易活动指标。参考 Boehmer and Wu(2013)、李志生等(2015)的做法,对于个股 i 在第 t 个交易月,我们首先将每个交易日的融资买入金额除以当天成交金额得到日融资交易活动指标,并对该指标值求月度平均后得到月度融资交易活动指标(用 $Margin_{i,t}$ 表示)。此外,考虑到当期的信息效率可能会受到滞后信息效率的影响,我们也在模型中加入了滞后一期的被解释变量($PE_{i,t-1}$)作为控制变量。[①] 在该模型中,如果 $Margin_{i,t}$ 的系数显著,则说明融资交易活跃程度对信息效率存在影响。

5.3　融资交易制度开通对信息效率影响的实证结果分析

融资交易制度的开通以及融资标的扩容事件为我们讨论融资交易制度对信息效率的影响提供了良好的准自然实验。本部分以融资交易标的为实验组并利用 PSM 法构建对照组,运用 DID 回归模型检验融资交易制度的推出对标的股票信息效率的影响。

5.3.1　数据描述性统计

在我们 DID 回归分析过程中,剔除中间被调出标的列表的个股及数据不全

---

① 即使我们不控制滞后一期被解释变量的影响,我们的回归结果依然稳健。

的个股之后,得到 5 次融资融券推出或扩容事件共计 840 只融资标的股票,同时根据 PSM 匹配对照组,最终得到 3360 个样本。表 5-1 的面板 A 展示了各变量的描述性统计。可以看出,$PriceErr$、$|AR15|$ 均值均为正且 $IVOLR$ 的均值仅为58.56%,说明我国股市的信息含量仍较低;$Delay1$、$Delay2$、$|CR|$ 的均值也均为正,说明股价也不能快速反映公开信息。

表 5-1 的面板 B 则给出了实验组、对照组股票的各变量在融资交易开通(或扩容)前后的均值 T 检验结果。可以看出,实验组和对照组股票的 $PriceErr$、$|AR15|$ 的均值均显著下降,说明融资交易制度推出(扩容)后,市场信息含量有所提高。此外,实验组股票的 $Delay1$、$Delay2$ 均值显著降低,而对照组股票的$Delay1$、$Delay2$ 均值显著增加,说明融资交易制度开通(扩容)后,标的股票的价格调整速度显著提高而非标的股票的价格调整速度显著降低。当然,由于股价信息效率的影响因素较大,均值 T 检验只能提供初步的参考证据,我们将进一步运用回归分析的方法检验融资交易制度推出(扩容)事件对标的股价信息效率的影响。

此外,我们还在表 5-1 的面板 C 报告了信息效率指标的皮尔逊相关系数平均值。可以看出,$PriceErr$ 与 $|AR15|$ 的相关系数显著为正,而 $IVOLR$ 与$PriceErr$ 的相关系数为负(但不显著)、与 $|AR15|$ 的相关系数显著为负,这与我们关于这 3 个信息含量指标的定义基本一致,$PriceErr$ 与 $|AR15|$ 负向衡量了股价的信息含量,而 $IVOLR$ 则正向衡量了股价的信息含量。因此,$PriceErr$、$|AR15|$、$IVOLR$ 这 3 个指标能够在一定程度上反映股价的信息含量。此外,$Delay1$、$Delay2$、$|CR|$ 的两两相关系数均显著为正(但是均小于 1),意味着这 3个指标也能够在不同方面衡量价格调整速度。

表 5-1　DID 回归的数据描述性统计与比较

面板 A:变量描述性统计

	样本容量	均值	中位数	标准差	最小值	最大值
$PriceErr$	3360	0.0581	0.0504	0.0289	0.0132	0.2398
$|AR15|$	3360	0.1942	0.1937	0.0117	0.1452	0.2363
$IVOLR$	3360	0.5856	0.5890	0.1352	0.2810	0.8802
$Delay1$	3360	0.3682	0.3602	0.1407	0.0649	0.9168
$Delay2$	3360	0.5856	0.5872	0.0907	0.3213	0.9197
$|CR|$	3360	0.1822	0.1762	0.0475	0.0545	0.4116

（续表）

	样本容量	均值	中位数	标准差	最小值	最大值
$\ln Cap$	3360	2.0390	1.9411	0.8408	−0.6835	6.9988
$\ln Price$	3360	2.5320	2.5399	0.7050	0.5032	5.1426
$Turnover$	3360	0.0198	0.0146	0.0176	0.0003	0.2257
$Insti$	3360	0.0862	0.0521	0.1192	0.0000	0.8812

面板 B：事件前后不同分组股票的信息效率指标变化

	标的股票			非标的股票		
	事件前	事件后	T 检验值	事件前	事件后	T 检验值
$PriceErr$	0.0537	0.0475	6.05***	0.0714	0.0599	7.49***
$\|AR15\|$	0.1947	0.1927	3.60***	0.1965	0.1929	6.53***
$IVOLR$	0.5970	0.5645	5.12***	0.5897	0.5914	−0.27
$Delay1$	0.3745	0.3600	2.18**	0.3583	0.3798	−3.25***
$Delay2$	0.5887	0.5815	1.69*	0.5776	0.5944	−3.90***
$\|CR\|$	0.1741	0.1936	−8.96***	0.1705	0.1903	−9.02***
$\ln Cap$	1.9905	2.2762	−6.65***	1.7769	1.9667	−5.39***
$\ln Price$	2.5355	2.5561	−0.62	2.4686	2.4428	0.78
$Turnover$	0.0224	0.0242	0.36	0.0136	0.0167	−5.31***
$Insti$	0.0875	0.0790	1.65*	0.0932	0.0890	0.69

面板 C：股价信息效率指标的皮尔逊相关系数

	$PriceErr$	$\|AR15\|$	$IVOLR$	$Delay1$	$Delay2$
$\|AR15\|$	0.361***				
$IVOLR$	−0.031	−0.143***			
$Delay1$	−0.077***	−0.249***	0.856***		
$Delay2$	−0.100***	−0.275***	0.836***	0.965***	
$\|CR\|$	−0.196***	−0.166***	0.100***	0.267***	0.284***

注：*、**、*** 分别表示在 0.10、0.05、0.01 的显著性水平下显著。

5.3.2　回归结果分析

基于上述数据样本，我们运用普通最小二乘法对模型式（5－14）进行参数估

计。为了降低异常值的干扰,我们对所有变量分别作上下 1% 和 99% 的缩尾处理。① 同时,为了控制每次事件的时间差异可能对个股信息效率的影响,我们还在模型中增加了代表每次事件的虚拟变量以控制可能存在的时间效应。表 5 - 2 展示了最小二乘法参数估计的结果,其中列(1)～(3)分别报告了信息含量指标 $PriceErr$、$|AR15|$、$IVOLR$ 作为被解释变量的回归结果,而列(4)～(6)则分别报告了价格调整速度指标 $Delay1$、$Delay2$、$|CR|$ 作为被解释变量的回归结果。

表 5 - 2　基于 PSM 的 DID 回归结果

	股价信息含量			股价调整速度		
	(1)	(2)	(3)	(4)	(5)	(6)
	$PriceErr$	$|AR15|$	$IVOLR$	$Delay1$	$Delay2$	$|CR|$
$POST$	−0.0056***	−0.0028***	0.0076	0.0223***	0.0165***	0.0153***
	(−5.00)	(−5.46)	(1.33)	(4.07)	(4.65)	(7.74)
$LIST$	−0.0081***	−0.0002	0.0104*	0.0121**	0.0072**	−0.0033*
	(−7.75)	(−0.38)	(1.79)	(2.20)	(2.06)	(−1.70)
$POST \times LIST$	0.0045***	0.0015**	−0.0368***	−0.0359***	−0.0238***	−0.0000
	(3.42)	(2.13)	(−4.62)	(−4.76)	(−4.99)	(−0.01)
$\ln Price$	−0.0155***	−0.0053***	0.0627***	0.0793***	0.0522***	0.0051***
	(−22.73)	(−18.36)	(20.15)	(25.49)	(27.44)	(4.72)
$\ln Cap$	−0.0106***	−0.0010***	−0.0155***	−0.0133***	−0.0064***	0.0111***
	(−17.14)	(−3.16)	(−4.59)	(−4.17)	(−3.13)	(9.63)
$Turnover$	−0.6728***	−0.1118***	−0.4784***	0.0756	0.1243	0.4235***
	(−17.38)	(−8.31)	(−3.18)	(0.54)	(1.42)	(6.85)
$Insti$	0.0079*	0.0006	−0.0075	−0.0347**	−0.0171	0.0045
	(1.81)	(0.42)	(−0.42)	(−2.21)	(−1.62)	(0.80)
$Intercept$	0.1416***	0.2100***	0.4973***	0.2382***	0.4926***	0.1614***
	(60.76)	(217.13)	(43.84)	(21.48)	(72.39)	(41.78)
时间效应	Control	Control	Control	Control	Control	Control
N	3360	3360	3360	3360	3360	3360
$Adj R^2$	0.527	0.205	0.236	0.350	0.372	0.237

注:表中括号内表示系数对应的 t 值;*、**、*** 分别表示在 0.10、0.05、0.01 的显著性水平下显著。

————————

① 此外,我们对变量分别作上下 5% 和 95% 的缩尾处理,结论依然成立。

如表 5-2 所示,虚拟变量 $POST$ 在列(1)~(2)中的回归系数显著为负、在列(3)中的回归系数为正(但不显著),说明融资交易制度开通(或扩容)后市场的定价错误以及日内报价中间价收益率自相关系数绝对值显著下降,这意味着融资交易制度开通(或扩容)后整个市场的信息含量显著提升。此外,虚拟变量 $POST$ 在列(4)~(6)中的回归系数均显著为正,说明融资交易制度开通(或扩容)后全市场股票的价格延迟、互自相关系数均显著增加,意味着融资交易制度开通(或扩容)后市场整体的股价调整速度显著下降。

虚拟变量 $LIST$ 在列(1)中的回归系数显著为负,在列(2)的系数为负(但不显著)、在列(3)中的系数显著为正,说明融资标的本身具有显著更低的定价错误、显著更高的特质性波动,在一定程度上意味着融资标的具有更高的信息含量。此外,虚拟变量 $LIST$ 在列(4)~(5)中的回归系数均显著为正,说明融资交易的标的股票具有更高的价格延迟,意味着标的股价调整速度相对较慢。

更重要的是,DID 回归模型的交乘项($POST \times LIST$)在列(1)~(2)中的回归系数显著为正、在列(3)中的回归系数显著为负,说明融资交易制度的开通和扩容对标的股价的信息含量产生了净影响——显著提高标的股价的定价错误、日内报价中间价收益率自相关系数绝对值,却降低了标的股价的特质性波动,这意味着融资交易制度的开通(或扩容)降低了标的股价的信息含量。此外,交乘项($POST \times LIST$)在列(4)~(5)的回归系数均显著为负,说明融资交易制度的开通对标的股价调整速度产生了净影响——显著降低了股价对公开信息的反映延迟,意味着融资交易制度的开通(或扩容)显著提高了价格调整速度。

因此,本部分把信息效率分解为股价信息含量和价格调整速度这两个方面,实证研究发现融资交易制度的开通(或扩容)对股价信息效率不同方面的影响并不一致:融资交易制度的开通(或扩容)降低了标的股价的信息含量,这不利于股价的信息效率;但是融资交易制度的开通(或扩容)却显著提高了股价调整速度,这有利于股价的信息效率。因此,相比前人的研究而言,我们综合考虑了信息效率的两个方面——信息含量和股价调整速度,更全面地讨论了融资交易制度对信息效率的影响。更重要的是,我们的发现解决了前人关于融资交易制度对信息效率影响的争议。我们的研究表明,前人研究结论不一致的主要原因在于他们使用的指标代表了信息效率的不同方面,而融资交易对信息效率不同方面的影响是不同的。

5.3.3　稳健性检验

上述的研究表明,融资交易制度的开通(或扩容)对信息效率不同方面的影响是不一致的——融资交易制度的开通(或扩容)降低了标的股价的信息含量却提高了标的股价的价格调整速度。但是,由于我国的融资标的的选取并非随机而是需要满足特定的要求,基于上述 PSM 法构建的对照组也很难选取与标的股票完全一致的对照组,导致研究结论可能受到样本选择偏差的影响。[①] 因此,本部分拟通过使用其他方法选取对照组、分次 PSM 回归分析等从多个方面检验上述结论的稳健性。此外,我们还进一步以股价同步性指标、高频价格延迟指标分别作为信息含量、股价调整速度的补充指标,检验结论的稳健性。

1. 以全部非标的股票为对照组的 DID 回归结果

我国融资交易标的的选取并非随机,因此 PSM 法构建对照组可能存在偏差。作为稳健性检验,对于每次融资交易开通(或扩容)事件,我们以被调入融资交易标的列表的个股作为实验组、以所有非融资交易标的的为对照组,重新进行 DID 回归分析。表 5-3 展示了使用全市场所有非融资交易标的的股票作为对照组的 DID 模型的参数估计结果,其中列(1)~(3)分别报告了信息含量指标 $PriceErr$、$|AR15|$、$IVOLR$ 作为被解释变量的回归结果,而列(4)~(6)则分别报告了价格调整速度指标 $Delay1$、$Delay2$、$|CR|$ 作为被解释变量的回归结果。

如表 5-3 所示,DID 回归模型的交乘项($POST \times LIST$)在列(2)的回归系数显著为正、在列(3)的回归系数显著为负,说明融资交易制度的开通(或扩容)显著提高了标的股票的日内报价中间价收益率自相关系数、显著降低了标的股票的特质性波动,意味着融资交易制度的推出降低了标的股价的信息含量。然而,$POST \times LIST$ 在列(4)~(5)的回归系数显著为负,说明融资交易制度开通(或扩容)显著降低了标的股票的价格延迟,意味着融资交易制度的推出有助于提高标的股票的价格调整速度。

因此,以全市场非标的股票为对照组的 DID 回归结果也表明,我国融资交易制度的推出(或扩容)对标的股价信息效率的不同方面的影响并不一致——降低了标的股价信息含量却提高了标的股价调整速度。因此,我们的 DID 研究具有一定的稳健性。

[①]　按照证监会的规定,股票必须满足特定的要求才能够考虑纳入融资融券交易标的的范围。例如,流通股数要达到 1 亿股以上(或流通市值超过 5 亿元),且在过去的 3 个月里个股的日均换手率不低于市场换手率的 15%(或日均成交金额大于 5000 万元)。

表 5 - 3　基于全部股票的 DID 回归结果

	股价信息含量			股价调整速度		
	(1)	(2)	(3)	(4)	(5)	(6)
	$PriceErr$	$\lvert AR15\rvert$	$IVOLR$	$Delay1$	$Delay2$	$\lvert CR\rvert$
$POST$	-0.0001	-0.0027^{***}	-0.0013	0.0289^{***}	0.0196^{***}	0.0099^{***}
	(-0.19)	(-16.12)	(-0.71)	(16.34)	(17.96)	(14.62)
$LIST$	-0.0027^{***}	-0.0000	0.0061	0.0047	0.0040	-0.0071^{***}
	(-3.24)	(-0.02)	(1.31)	(1.08)	(1.49)	(-4.64)
$POST \times LIST$	0.0002	0.0019^{***}	-0.0305^{***}	-0.0367^{***}	-0.0240^{***}	0.0023
	(0.17)	(3.61)	(-4.92)	(-6.44)	(-6.69)	(1.11)
$\ln Price$	-0.0120^{***}	-0.0048^{***}	0.0363^{***}	0.0536^{***}	0.0363^{***}	0.0086^{***}
	(-31.52)	(-31.27)	(23.15)	(33.86)	(38.26)	(14.40)
$\ln Cap$	-0.0214^{***}	-0.0017^{***}	-0.0036^{***}	-0.0086^{***}	-0.0060^{***}	0.0071^{***}
	(-63.35)	(-13.70)	(-2.72)	(-6.88)	(-7.72)	(14.45)
$Turnover$	-0.5586^{***}	-0.0915^{***}	0.3010^{***}	0.4532^{***}	0.2527^{***}	0.1763^{***}
	(-39.73)	(-15.70)	(6.13)	(8.71)	(8.47)	(7.30)
$Insti$	0.0052^{**}	-0.0014	0.0514^{***}	0.0342^{***}	0.0271^{***}	-0.0029
	(2.11)	(-1.59)	(4.83)	(3.41)	(4.19)	(-0.83)
$Intercept$	0.1442^{***}	0.2092^{***}	0.4924^{***}	0.2775^{***}	0.5238^{***}	0.1672^{***}
	(138.71)	(492.70)	(103.84)	(59.91)	(188.57)	(100.25)
时间效应	Control	Control	Control	Control	Control	Control
N	20 615	20 615	20 615	20 615	20 615	20 615
$Adj R^2$	0.514	0.208	0.081	0.213	0.229	0.170

注:表中括号内表示系数对应的 t 值;*、**、*** 分别表示在 0.10、0.05、0.01 的显著性水平下显著。

2. 使用距离百分比匹配法构建对照组的 DID 回归结果

我们也参考 Beber and Pagano(2013)、Boehmer et al.(2013)的做法,使用距离百分比匹配法(percentage distance matching method,PDM)构建对照组并重新进行 DID 参数估计。具体而言,对于每只标的股票,我们选取与之在同一个交易所上市的非标的股票,并根据市值、股价、换手率计算其他非标的股票与该标的股票的距离($Distance$),最后选取与该标的股票距离最小的非标的股作为对照组。其中,$Distance$ 的计算方法如下

$$Distance_{i,j} = \sqrt{\left(\frac{MV_j - MV_i}{MV_i}\right)^2 + \left(\frac{P_j - P_i}{P_i}\right)^2 + \left(\frac{TO_j - TO_i}{TO_i}\right)^2} \quad (5-16)$$

式中,i、j 分别代表第 i 只标的股票、第 j 只非标的股票;MV、P、TO 分别代表事件日前 3 个月的平均流通市值、平均股价和平均换手率。

　　基于 PDM 方法构建对照组后,我们重新对模型式(5-14)进行参数估计,结果展示在表 5-4 中。其中,列(1)～(3)分别报告了信息含量指标 $PriceErr$、$|AR15|$、$IVOLR$ 作为被解释变量的回归结果,而列(4)～(6)则分别报告了价格调整速度指标 $Delay1$、$Delay2$、$|CR|$ 作为被解释变量的回归结果。

表 5-4　基于 PDM 的 DID 回归结果

	股价信息含量			股价调整速度		
	(1)	(2)	(3)	(4)	(5)	(6)
	$PriceErr$	$|AR15|$	$IVOLR$	$Delay1$	$Delay2$	$|CR|$
$POST$	-0.0050***	-0.0021***	0.0012	0.0227***	0.0177***	0.0194***
	(-4.16)	(-4.20)	(0.21)	(4.12)	(5.07)	(9.58)
$LIST$	-0.0098***	-0.0001	0.0122**	0.0065	0.0030	-0.0068***
	(-8.51)	(-0.10)	(2.01)	(1.09)	(0.82)	(-3.23)
$POST \times LIST$	0.0047***	0.0008	-0.0293***	-0.0362***	-0.0254***	-0.0048*
	(3.38)	(1.20)	(-3.71)	(-4.83)	(-5.40)	(-1.71)
$\ln Price$	-0.0150***	-0.0054***	0.0598***	0.0750***	0.0491***	0.0050***
	(-20.65)	(-18.23)	(18.49)	(23.31)	(25.00)	(4.59)
$\ln Cap$	-0.0130***	-0.0010***	-0.0182***	-0.0115***	-0.0042*	0.0134***
	(-18.98)	(-3.02)	(-5.04)	(-3.39)	(-1.93)	(10.75)
$Turnover$	-0.7443***	-0.1188***	-0.6222***	0.0104	0.1065	0.4305***
	(-18.63)	(-8.79)	(-4.17)	(0.07)	(1.23)	(7.41)
$Insti$	0.0050	0.0000	0.0106	-0.0020	0.0056	0.0110*
	(1.24)	(0.03)	(0.52)	(-0.11)	(0.47)	(1.71)
$Intercept$	0.1457***	0.2106***	0.5076***	0.2550***	0.5027***	0.1562***
	(63.13)	(236.45)	(46.85)	(25.24)	(81.82)	(44.43)
时间效应	Control	Control	Control	Control	Control	Control
N	3360	3360	3360	3360	3360	3360
$Adj R^2$	0.559	0.215	0.229	0.352	0.379	0.259

注:表中括号内表示系数对应的 t 值;*、**、*** 分别表示在 0.10、0.05、0.01 的显著性水平下显著。

如表 5-4 所示,DID 回归模型交乘项($POST \times LIST$)在列(1)的回归系数显著为正、在列(3)的回归系数显著为负,说明融资交易制度开通(或扩容)显著增加了标的股票的定价错误、显著降低了标的股价的特质性波动,意味着融资交易制度的推出降低了股价的信息含量。而交乘项($POST \times LIST$)在列(4)~(6)的回归系数均显著为负,说明融资交易制度开通(或扩容)显著降低了标的股票的价格延迟、互自相关系数,意味着融资交易制度的推出显著提高了标的股票的价格调整速度。因此,基于 PDM 的回归结果也说明,融资交易制度的推出对信息效率不同方面的影响并不一致——降低了标的股价信息含量却提高了股价调整速度。

3. 基于分次 DID 回归分析的稳健性检验

考虑到融资交易标的本身选择的非随机性(即样本选择偏差)可能带来的影响,我们分别对单次融资交易开通(或扩容)事件进行 DID 回归分析。表 5-5 的面板 A~E 分别报告了融资交易开通事件(2010 年 3 月 31 日)以及 4 次主要的融资融券扩容事件(2011 年 12 月 5 日、2013 年 1 月 31 日、2013 年 9 月 16 日、2014 年 9 月 22 日)的 DID 回归结果。列(1)~(3)分别报告了信息含量指标 $PriceErr$、$|AR15|$、$IVOLR$ 作为被解释变量的回归结果,而列(4)~(6)则分别报告了价格调整速度指标 $Delay1$、$Delay2$、$|CR|$ 作为被解释变量的回归结果。

在表 5-5 的面板 A 和面板 B 中,交乘项($POST \times LIST$)的回归系数在大部分回归模型中并不显著,说明融资交易开通事件以及第 1 次扩容事件并没有对标的股票的信息效率产生显著的影响。但是,在面板 C~E 中,大部分的交乘项($POST \times LIST$)回归系数显著且与表 5-2 的系数符号基本一致,说明后 3 次融资标的扩容事件对标的信息效率的影响与我们前文的发现比较一致——融资交易制度的推出降低了标的股价信息含量却有助于提高标的股价调整速度。

根据证监会关于融资交易标的的选取标准,融资交易制度开通事件以及第 1 次融资标的的扩容事件所选择的标的股票是市场中市值最大、流动性最强的 279 只个股,这些股票的市值总和占据了全市场总市值的 65%。因此,这两次事件的标的仅代表了超级大盘股,融资交易对这些股票的影响也不具有代表性。相反,后 3 次融资标的的扩容事件中,新调入融资标的的股票的市值、换手率均比较接近同期市场个股市值、换手率的平均值,且后 3 次扩容的标的股票数量也远大于前 2 次事件(占据了市场大约 25% 的数量)。因此,我们认为后 3 次扩容事件更具有代表性,基于后 3 次扩容事件的研究具有更强的说服力。

表 5 - 5　基于 PSM 的分次 DID 回归结果

	股价信息含量			股价调整速度		
	(1)	(2)	(3)	(4)	(5)	(6)
	$PriceErr$	$\vert AR15 \vert$	$IVOLR$	$Delay1$	$Delay2$	$\vert CR \vert$
面板 A:融资交易开通事件(2010 年 3 月 31 日)的 DID 回归结果						
$POST \times LIST$	−0.0062	−0.0013	−0.0000	−0.0021	0.0053	0.0175
	(−1.39)	(−0.56)	(−0.05)	(−0.08)	(0.32)	(1.41)
面板 B:融资交易第 1 次标的调整事件(2011 年 12 月 5 日)的 DID 回归结果						
$POST \times LIST$	−0.0129	−0.0013	−0.0060	−0.0158	−0.0130	0.0158
	(−0.93)	(−0.79)	(−0.35)	(−0.94)	(−1.14)	(2.70)
面板 C:融资交易第 2 次标的调整事件(2013 年 1 月 31 日)的 DID 回归结果						
$POST \times LIST$	0.0035	−0.0004	−0.0803***	−0.0621***	−0.0420***	−0.0025
	(1.16)	(−0.29)	(−5.96)	(−4.40)	(−4.85)	(−0.50)
面板 D:融资交易第 3 次标的调整事件(2013 年 9 月 16 日)的 DID 回归结果						
$POST \times LIST$	0.0025	0.0029**	−0.0337**	−0.0631***	−0.0406***	−0.0055
	(0.86)	(1.97)	(−2.30)	(−4.18)	(−4.51)	(−1.06)
面板 E:融资交易第 4 次标的调整事件(2014 年 9 月 22 日)的 DID 回归结果						
$POST \times LIST$	0.0049*	0.0027*	−0.0173	−0.0439***	−0.0255***	−0.0249***
	(1.94)	(1.75)	(−1.18)	(−2.87)	(−2.85)	(−4.25)

注:由于篇幅限制,我们仅给出交乘项($POST \times LIST$)的系数估计结果;表中括号内表示系数对应的 t 值;*、**、*** 分别表示在 0.10、0.05、0.01 的显著性水平下显著。

因此,本部分基于分次 DID 回归分析的结论也表明,融资交易制度的推出降低了标的股价的信息含量却有助于提高股价调整速度,意味着我们的结论在考虑了标的股票选取偏差的情况下依然稳健。

4. 使用其他信息效率指标

作为稳健性检验,我们也增加了其他补充指标衡量信息效率后的 DID 回归结果。前人的研究经常使用股价同步性"反向"衡量股价特质性信息含量(Roll, 1988;Durnev et al.,2003;Bris et al.,2007)。例如 Roll(1988)发现股票回报率仅有较小的部分能由市场和行业回报解释,市场模型回归得到的 R^2 仅有 20%～30%,这意味股票价格中还有很大部分是公司特质性信息,并且个股变动与市场变动的同步性越低(即 R^2 越小),股价中包含的公司特有信息就越多。因此,我们也参考 Roll(1988)、Durnev et al.(2003)的做法,以加入行业流通市值加权平均收益率的市场模型的回归 R^2 作为度量股价信息含量的补充指标。此外,我们还参考 Durnev et al.(2003)的做法,利用 R^2 指标构建了股价同步性指标($SYNCH$)

$$SYNCH_{i,t} = \ln\left(\frac{R^2}{1-R^2}\right) \qquad (5-17)$$

$SYNCH$ 与 R^2 类似,指标值越大说明个股股价与市场、行业层面信息的同步性越强,意味着个股自身的特质性信息含量越低。

同时,由于我们前文关于股价调整速度指标($Delay1$、$Delay2$、$|CR|$)均为基于日度数据计算的低频价格调整速度指标,而股价信息含量指标中 $PriceErr$、$|AR15|$ 是基于日度分笔数据计算的高频定价效率指标。因此,我们上述研究结论可能是由于数据频率不一致导致的。为了检验结论的稳健性,我们分别用日内 1 分钟、5 分钟高频数据计算价格延迟指标(分别用 $IntraDelay1$、$IntraDelay5$ 表示)作为日内高频价格调整速度指标的补充变量。

基于上述的补充变量设定,我们重新对模型式(5-14)进行参数估计并将该 DID 模型的参数估计结果展示在表 5-6 中。列(1)~(2)分别报告了信息含量补充指标 R^2、$SYNCH$ 作为被解释变量的回归结果,而列(3)~(4)则分别报告了价格调整速度补充指标 $IntraDelay1$、$IntraDelay5$ 作为被解释变量的回归结果。

如表 5-6 所示,列(1)~(2)中 DID 回归模型的交乘项($POST \times LIST$)系数显著为正,说明融资交易制度开通(或扩容)提高了标的股价的 R^2 及其与市场、行业信息的同步性,意味着融资交易的推出降低了股价的特质性信息含量。此外,列(3)~(4)中 DID 回归模型的交乘项($POST \times LIST$)系数显著为负,说明融资交易制度开通(或扩容)降低了标的股票日内价格延迟,意味着融资交易的推出提高了标的股票的日内价格调整速度。因此,使用股价信息含量、股价调整速度的补充指标的 DID 回归分析也表明,我国融资交易制度的推出对信息效率不同方面的影响并不一致——降低标的股价的信息含量却有助于提高标的股价调整速度。

表 5-6　使用其他定价效率指标的 DID 回归结果

	股价信息含量		股价调整速度	
	(1)	(2)	(3)	(4)
	R^2	SYNCH	IntraDelay1	IntraDelay5
POST	−0.0102**	−0.0507**	0.0141***	0.0176***
	(−2.22)	(−2.24)	(3.29)	(3.67)
LIST	−0.0106**	−0.0488**	−0.0147***	−0.0176***
	(−2.23)	(−2.02)	(−3.43)	(−3.67)
POST×LIST	0.0249***	0.1226***	−0.0171***	−0.0207***
	(3.93)	(3.81)	(−2.96)	(−3.25)
lnPrice	−0.0503***	−0.2430***	0.0367***	0.0264***
	(−19.99)	(−18.99)	(15.21)	(9.33)
lnCap	0.0334***	0.1668***	−0.0164***	−0.0258***
	(13.08)	(12.68)	(−6.22)	(−8.60)
Turnover	0.2465*	1.2980**	−1.1041***	−1.8075***
	(1.83)	(2.01)	(−7.15)	(−9.42)
Insti	0.0065	0.0360	0.0110	0.0163
	(0.49)	(0.55)	(0.78)	(1.08)
Intercept	0.6143***	0.5295***	0.5367***	0.5527***
	(67.08)	(11.61)	(64.16)	(57.66)
时间效应	Control	Control	Control	Control
N	3360	3360	3360	3360
Adj R²	0.307	0.295	0.365	0.416

注:表中括号内表示系数对应的 t 值;*、**、*** 分别表示在 0.10、0.05、0.01 的显著性水平下显著。

5.3.4　实证结论

本部分的研究基于融资交易制度开通以及之后的 4 次主要标的扩容事件讨论了融资交易制度推出对标的股价信息效率的影响。具体而言,我们以每次事件新增融资标的为实验组,并通过多种方法选取非融资标的为对照组,利用控制时间效应的普通最小二乘方法对 DID 回归模型进行参数估计。我们的研究结论表明,融资交易制度的推出对信息效率不同方面的影响并不一致——降低了股价的信息含量却有助于提高股价调整速度。我们的研究结论在使用其他匹配方法、分次 DID 回归分析、其他补充指标的情况下依然成立。

5.4　融资交易活动对信息效率影响的实证结果分析

由于我国融资交易制度、融券交易制度是一起推出的,上述的 DID 回归结果无法识别融资融券交易制度对信息效率的影响是来自融资交易制度还是融券交易制度。因此,本部分将利用融资交易的数据,进一步检验融资交易活动对信息效率不同方面影响可能存在的差异。

我国融资交易制度开通以来,上海证券交易所、深圳证券交易所在每个交易日结束以后公开了融资交易的统计数据,这为我们进一步研究融资交易活动对信息效率的影响提供了可能。更重要的是,个股的融资交易活动在截面和时间两个维度均表现出较大的波动,这有助于我们通过回归分析的方法更有力地讨论融资交易对信息效率的影响。

参考 Boehmer and Wu(2013)、李志生等(2015)的做法,我们将每个交易日的融资买入金额除以当日成交金额得到日融资交易活动指标,对日融资交易活动求平均后得到月融资交易活动指标($Margin$)。同时,我们根据定价错误、日内报价中间价收益率自相关系数绝对值的定义计算了每个交易日的 $PriceErr$、$|AR15|$ 指标,并对这两个日频率指标求平均得到月度的 $PriceErr$、$|AR15|$ 指标。此外,$IVOLR$、$Delay1$、$Delay2$、$|CR|$ 变量均利用同一交易月份的日收益率序列计算得到。基于此,我们对模型式(5-15)进行参数估计,通过 $Margin$ 的系数判断融资交易活动对股价信息含量、股价调整速度的影响。

5.4.1　数据描述性统计

基于 2010 年 3 月—2017 年 6 月的研究期间,剔除数据不全的月份,我们总共得到 32 354 个样本数据。① 表 5-7 的面板 A 展示了股价信息含量指标($PriceErr$、$|AR15|$、$IVOLR$)、股价调整速度指标($Delay1$、$Delay2$、$|CR|$)、其他控制变量以及融资交易活动指标($Margin$)的描述性统计。与表 5-1 的面板 A

---

① 考虑到个股被调入融资交易标的后,投资者对该股票的融资交易需要一段时间的认识和熟悉。因此,我们也使用剔除了标的融资交易第 1 年的数据的样本重新进行回归分析,研究结论依然显著成立。

中变量分布比较一致,$PriceErr$、$|AR15|$ 均值均为正且 $IVOLR$ 的均值仅为 52.69%,说明我国股市的信息含量仍较低;$Delay1$、$Delay2$、$|CR|$ 的均值均为正, 说明我国证券市场中股价尚未能快速反映有关的公开信息。此外,$Margin$ 的均 值为 0.1869,意味着融资买入金额大约占到当天成交金额的 18.69%,融资交易比 较活跃。$Margin$ 的标准差为 0.0585,意味着融资交易活动在时间和截面上表现 出较大波动,这使得我们运用回归分析讨论融资交易对信息效率的影响成为 可能。

表 5 - 7　变量描述性统计与定价效率指标的相关系数

面板 A:描述性统计

	样本容量	均值	中位数	标准差	最小值	最大值
$PriceErr$	32 354	0.0442	0.0195	0.0158	0.0403	0.1094
$|AR15|$	32 354	0.1934	0.0330	0.1189	0.1926	0.2767
$IVOLR$	32 354	0.5269	0.5056	0.2644	0.1264	0.9158
$Delay1$	32 354	0.3301	0.2647	0.0139	0.2482	0.9941
$Delay2$	32 354	0.5592	0.1796	0.1960	0.5464	0.9738
$|CR|$	32 354	0.1926	0.1380	0.0029	0.1665	0.5779
$lnCap$	32 354	2.9416	1.0216	0.9747	2.8311	6.2129
$lnPrice$	32 354	2.5089	0.6910	0.9186	2.4924	4.2174
$Turnover$	32 354	0.4164	0.4031	0.0113	0.2764	2.0601
$Insti$	32 354	0.0786	0.1095	0.0000	0.0459	0.6342
$Margin$	32 354	0.1869	0.0585	0.0356	0.1905	0.3178

面板 B:定价效率指标的相关系数

	$PriceErr$	$|AR15|$	$IVOLR$	$Delay1$	$Delay2$
$|AR15|$	0.15***				
$IVOLR$	−0.04***	−0.04***			
$Delay1$	−0.11***	−0.06***	0.75***		
$Delay2$	−0.14***	−0.06***	0.71***	0.90***	
$|CR|$	−0.06***	−0.03***	−0.03***	0.18***	0.19***

注:*、**、*** 分别表示在 0.10、0.05、0.01 的显著性水平下显著。

此外,表 5 - 7 的面板 B 还报告了信息效率指标之间的皮尔逊相关系数。*PriceErr* 与 | *AR*15 | 的皮尔逊相关系数显著为正,而 *IVOLR* 与 *PriceErr*、| *AR*15 | 的相关系数显著为负,这与我们关于这 3 个指标的定义一致,说明这 3 个指标能够在不同的层面度量股价信息含量。而 *Delay*1、*Delay*2、| *CR* | 的两两相关系数均显著为正,说明这 3 个指标也捕捉了股价调整速度的不同方面。这与表 5 -1 的面板 C 的相关系数结果也基本一致。

5.2.4　回归结果分析

根据以上的设定,我们计算了各变量月度指标值并运用控制月度效应和个体效应的面板回归模型对式(5 - 15)进行参数估计。参考 Thompson(2011)的做法,我们使用个体和时间聚类稳健标准误以控制同一个体、时间层面可能存在的扰动相关。表 5 - 8 报告了该面板回归模型参数估计的结果,其中列(1)~(3)分别展示了信息含量指标 *PriceErr*、| *AR*15 |、*IVOLR* 作为被解释变量的回归结果,而列(4)~(6)则分别报告了价格调整速度指标 *Delay*1、*Delay*2、| *CR* | 作为被解释变量的回归结果。

从表 5 - 8 可以看出,*Margin* 对 | *AR*15 | 的回归系数显著为正,对 *IVOLR* 的回归系数显著为负,说明融资交易越活跃的股票,其日内报价中间价自相关系数绝对值越高且特质性波动越小,这意味着融资交易降低了标的股价的信息含量。相反,*Margin* 对 *Delay*1、*Delay*2、| *CR* | 的回归系数均显著为负,说明融资交易越活跃的股票,其价格延迟、互自相关系数绝对值越低,意味着融资交易有助于提高标的股价调整速度。

因此,本部分的实证检验进一步证明了融资交易对股价信息效率不同方面的影响存在不一致:融资交易降低了标的股价的信息含量,这与 Hardouvelis(1990)、Rytchkov(2014)的研究结论一致;但是,融资交易却显著提高了标的股价调整速度,这也证实了 Seguin(1990)、Chang et al.(2014)的发现。因此,本部分的研究在一定程度上缓解了前人关于融资交易对信息效率影响的争议:前人的研究使用的指标仅反映了信息效率的某一个方面,而实际上融资交易对信息效率的不同方面的影响并不相同。

5.4.3　稳健性检验

在稳健性检验部分,我们考虑模型设定偏误、内生性及其他因素的干扰可能给我们回归结果带来的影响,以进一步检验我们的研究结论的可靠性。

表 5 - 8 融资交易活动对信息效率的影响

	股价信息含量			股价调整速度		
	(1)	(2)	(3)	(4)	(5)	(6)
	$PriceErr$	$|AR15|$	$IVOLR$	$Delay1$	$Delay2$	$|CR|$
$Margin$	−0.0024	0.0145**	−0.5567***	−0.4939***	−0.3181***	−0.0862***
	(−0.81)	(2.25)	(−10.03)	(−8.65)	(−8.69)	(−3.28)
$\ln Price$	−0.0090***	−0.0078***	0.0846***	0.0833***	0.0597***	−0.0046
	(−16.61)	(−8.53)	(9.62)	(9.42)	(10.17)	(−1.15)
$\ln Cap$	−0.0009*	0.0028***	−0.0692***	−0.0380***	−0.0325***	0.0092***
	(−1.74)	(3.48)	(−9.29)	(−4.44)	(−5.76)	(2.79)
$Turnover$	−0.0109***	−0.0083***	0.2048***	0.1755***	0.1136***	−0.0017
	(−27.28)	(−10.77)	(30.52)	(24.74)	(25.28)	(−0.50)
$Insti$	0.0080***	0.0118*	0.2589***	0.2701***	0.1746***	−0.0139
	(2.68)	(1.90)	(4.48)	(4.37)	(4.48)	(−0.63)
$Intercept$	0.0580***	0.2174***	0.4157***	0.0924**	0.4045***	0.2317***
	(22.95)	(32.55)	(9.47)	(2.52)	(15.86)	(9.00)
时间效应	Control	Control	Control	Control	Control	Control
个体效应	Control	Control	Control	Control	Control	Control
N	30 864	30 864	30 864	30 864	30 864	30 864
$Adj\ R^2$	0.595	0.081	0.391	0.275	0.302	0.149

注:表中括号内表示系数对应的 t 值;*、**、*** 分别表示在 0.10、0.05、0.01 的显著性水平下显著;为了便于显示,我们并没有报告滞后一期被解释变量的回归系数与 t 值。

1. Fama-MacBeth 回归

本部分运用 Fama-MacBeth 回归进一步检验我们研究结论在个股截面是否依然显著成立。我们首先参考 Fama and MacBeth(1973)的做法,对于每一个交易月,以当月融资交易活动指标和其他控制变量为解释变量、以信息含量指标或股价调整速度指标为被解释变量进行回归参数估计,最后将每个变量每个月的回归系数求平均,得到 Fama-MacBeth 的回归系数。表 5 - 9 报告了 Fama-MacBeth 回归的参数估计结果,其中:列(1)~(3)分别展示了信息含量指标 $PriceErr$、$|AR15|$、$IVOLR$ 作为被解释变量的回归结果;列(4)~(6)则分别报告了价格调

整速度指标 $Delay1$、$Delay2$、$|CR|$ 作为被解释变量的回归结果。

表 5 - 9　融资交易活动对信息效率的影响（Fama-MacBeth 回归）

	股价信息含量			股价调整速度		
	(1)	(2)	(3)	(4)	(5)	(6)
	$PriceErr$	$|AR15|$	$IVOLR$	$Delay1$	$Delay2$	$|CR|$
$Margin$	0.0207***	0.0093	−1.6160***	−1.2898***	−0.9328***	−0.1250*
	(3.51)	(0.50)	(−9.95)	(−5.35)	(−6.20)	(−1.91)
$\ln Price$	−0.0135***	−0.0050***	0.0447***	0.0445***	0.0279***	−0.0022
	(−19.91)	(−11.25)	(10.75)	(8.23)	(7.82)	(−0.62)
$\ln Cap$	−0.0037***	0.0004	−0.0243***	0.0086*	0.0070**	0.0033
	(−9.22)	(0.97)	(−5.58)	(1.74)	(2.13)	(1.23)
$Turnover$	−0.0475***	−0.0180***	0.2241***	0.1839***	0.1438***	0.0109
	(−8.82)	(−3.36)	(7.52)	(7.47)	(6.94)	(0.92)
$Insti$	0.0028***	−0.0044*	−0.0222	−0.0365**	−0.0061	−0.0027
	(4.59)	(−1.87)	(−1.28)	(−2.28)	(−0.50)	(−0.27)
$Intercept$	0.0952***	0.2074***	0.6187***	0.2705***	0.5231***	0.1958***
	(35.12)	(74.84)	(23.46)	(11.74)	(32.75)	(14.06)
N	30 864	30 864	30 864	30 864	30 864	30 864
F 值	117.54	48.17	79.02	36.72	43.94	1.62

注：表中括号内表示系数对应的 t 值；*、**、*** 分别表示在 0.10、0.05、0.01 的显著性水平下显著；为了便于显示，我们并没有报告滞后一期被解释变量的回归系数与 t 值。

从表 5 - 9 可以看出，$Margin$ 对 $PriceErr$ 的回归系数显著为正、对 $|AR15|$ 的回归系数为正但不显著、对 $IVOLR$ 的回归系数显著为负，说明融资交易越活跃的个股其股价的定价错误越大、特质性波动越小，意味着融资交易降低了标的股价的信息含量。此外，$Margin$ 对 $Delay1$、$Delay2$、$|CR|$ 的回归系数均显著为负，说明融资交易越活跃的个股其价格延迟越小、与滞后市场收益率的互自相关系数绝对值也越小，这意味着融资交易有助于提高标的股价调整速度。因此，基于 Fama-MacBeth 的回归分析结果也表明，融资交易对信息效率的不同方面的影响并不一致——融资交易降低股价信息含量却有助于提高价格调整速度。

2. 控制可能存在的内生性的影响

在模型式(5-15)中,我们使用当期融资交易活动指标($Margin_{i,t}$)作为解释变量,可能存在内生性问题。例如,融资交易者可能更偏好融资开仓买入信息含量较低或股价调整速度更快的股票。因此,为了控制可能存在的内生性的影响,我们参考 Boehmer and Wu(2013)的做法,使用滞后一期的融资交易活动指标($Margin_{i,t-1}$)代替当期融资交易活动指标作为关键解释变量,并重新对模型式(5-15)进行参数估计。表 5-10 报告了这一参数估计结果,其中:列(1)~(3)分别展示了信息含量指标 $PriceErr$、$|AR15|$、$IVOLR$ 作为被解释变量的回归结果;列(4)~(6)则分别报告了价格调整速度指标 $Delay1$、$Delay2$、$|CR|$ 作为被解释变量的回归结果。

从表 5-10 可以看出,$Margin_{t-1}$ 对 $PriceErr$ 的回归系数显著为正、对 $|AR15|$ 的回归系数为正但不显著、对 $IVOLR$ 的回归系数显著为负,说明融资交易显著提高了标的股价的定价错误、降低了标的股票的特质性波动,意味着融资交易对标的股价信息含量存在不利影响。此外,$Margin_{t-1}$ 对 $Delay1$、$Delay2$、$|CR|$ 的回归系数均显著为负,说明融资交易显著降低了标的的价格延迟、互自相关系数,意味着融资交易有利于提高标的股价调整速度。因此,即使我们控制了可能存在的内生性问题的影响,我们的研究结论依然显著成立。

表 5-10 融资交易活动对信息效率的影响(控制内生性的影响)

	股价信息含量			股价调整速度		
	(1)	(2)	(3)	(4)	(5)	(6)
	$PriceErr$	$|AR15|$	$IVOLR$	$Delay1$	$Delay2$	$|CR|$
$Margin_{t-1}$	0.0058**	0.0091	−0.3565***	−0.3799***	−0.2615***	−0.0570**
	(2.11)	(1.40)	(−6.90)	(−7.15)	(−7.72)	(−2.18)
$\ln Price$	−0.0090***	−0.0078***	0.0854***	0.0838***	0.0600***	−0.0045
	(−16.62)	(−8.54)	(9.58)	(9.37)	(10.12)	(−1.13)
$\ln Cap$	−0.0008	0.0028***	−0.0668***	−0.0368***	−0.0320***	0.0095***
	(−1.55)	(3.40)	(−8.99)	(−4.31)	(−5.67)	(2.89)
$Turnover$	−0.0109***	−0.0083***	0.2057***	0.1762***	0.1140***	−0.0016
	(−27.24)	(−10.80)	(30.59)	(24.73)	(25.30)	(−0.46)
$Insti$	0.0084***	0.0116*	0.2652***	0.2713***	0.1746***	−0.0132
	(2.84)	(1.88)	(4.51)	(4.33)	(4.44)	(−0.61)

（续表）

	股价信息含量			股价调整速度		
	(1)	(2)	(3)	(4)	(5)	(6)
	$PriceErr$	$|AR15|$	$IVOLR$	$Delay1$	$Delay2$	$|CR|$
$Intercept$	0.0571***	0.2180***	0.3921***	0.0797**	0.3989***	0.2283***
	(22.74)	(32.83)	(8.86)	(2.18)	(15.66)	(8.91)
时间效应	Control	Control	Control	Control	Control	Control
个体效应	Control	Control	Control	Control	Control	Control
N	30 864	30 864	30 864	30 864	30 864	30 864
$Adj\ R^2$	0.595	0.081	0.389	0.274	0.301	0.148

注：表中括号内表示系数对应的 t 值；*、**、*** 分别表示在 0.10、0.05、0.01 的显著性水平下显著；为了便于显示，我们并没有报告滞后一期被解释变量的回归系数与 t 值。

3. 考虑融券交易的影响

我国的融资交易、融券交易制度是一起推出的，被允许融资交易的标的股票也同时被允许进行融券交易。前人大量的研究表明融券交易（卖空交易）对标的股价信息效率存在影响（Diamond and Verrecchia，1987；Hong and Stein，2003；Chang et al.，2007；Bhojraj et al.，2009；Fotak et al.，2014）。考虑到融资交易与融券交易可能存在线性相关关系，因此我们上述的发现可能是由于融券交易导致而非融资交易导致的。为了控制融券交易对标的股价信息效率的影响，我们参考 Boehmer and Wu（2013）的做法，将日融券卖出量除以当日成交量并求平均后得到月融券交易活动指标（$Shorting$），并将这一代表融券交易活动的变量作为新的控制变量加入模型式（5-15）后重新对该模型进行参数估计。

表 5-11 展示了考虑融券交易活动（$Shorting$）影响的模型式（5-15）参数估计结果。该表中，列（1）～（3）分别报告了信息含量指标 $PriceErr$、$|AR15|$、$IVOLR$ 作为被解释变量的回归结果，列（4）～（6）则分别报告了价格调整速度指标 $Delay1$、$Delay2$、$|CR|$ 作为被解释变量的回归结果。

从表 5-11 可以看出，控制了融券交易（$Shorting$）的影响之后，$Margin$ 对 $|AR15|$ 的回归系数显著为正、对 $IVOLR$ 的回归系数显著为负，说明融资交易提高了日内报价中间价收益率自相关系数绝对值、降低了标的股价的特质性波动，意味着融资交易降低了标的股价的信息含量。此外，$Margin$ 对 $Delay1$、$Delay2$、$|CR|$ 的回归系数均显著为负，说明融资交易降低了标的股价延迟和互自

相关系数,意味着融资交易有助于提高标的股价调整速度。因此,即使我们控制了融券交易的影响,我们的研究结论依然成立——融资交易降低了标的股价的信息含量却提高了股价反应速度。

表 5 - 11 融资交易活动对信息效率的影响(控制融券交易的影响)

	股价信息含量			股价调整速度		
	(1)	(2)	(3)	(4)	(5)	(6)
	$PriceErr$	$|AR15|$	$IVOLR$	$Delay1$	$Delay2$	$|CR|$
$Margin$	−0.0036	0.0132**	−0.5796***	−0.5310***	−0.3400***	−0.0942***
	(−1.22)	(2.07)	(−10.48)	(−9.41)	(−9.36)	(−3.60)
$Shorting$	−0.0797***	−0.0850***	−0.5733	−2.2792***	−1.3682***	−0.5161***
	(−6.95)	(−2.82)	(−1.21)	(−10.20)	(−9.55)	(−4.89)
$\ln Price$	−0.0089***	−0.0076***	0.0872***	0.0877***	0.0622***	−0.0038
	(−16.54)	(−8.36)	(10.01)	(10.07)	(10.82)	(−0.95)
$\ln Cap$	−0.0006	0.0032***	−0.0633***	−0.0289***	−0.0270***	0.0113***
	(−1.16)	(3.97)	(−8.60)	(−3.46)	(−4.86)	(3.44)
$Turnover$	−0.0110***	−0.0083***	0.2048***	0.1759***	0.1137***	−0.0017
	(−27.15)	(−10.80)	(30.50)	(25.03)	(25.52)	(−0.50)
$Insti$	0.0074**	0.0111*	0.2471***	0.2525***	0.1639***	−0.0181
	(2.50)	(1.78)	(4.31)	(4.10)	(4.17)	(−0.83)
$Intercept$	0.0568***	0.2157***	0.3867***	0.0474	0.3786***	0.2213***
	(22.37)	(32.11)	(8.67)	(1.26)	(14.71)	(8.60)
时间效应	Control	Control	Control	Control	Control	Control
个体效应	Control	Control	Control	Control	Control	Control
N	30 864	30 864	30 864	30 864	30 864	30 864
$Adj R^2$	0.596	0.081	0.393	0.280	0.305	0.149

注:表中括号内表示系数对应的 t 值;*、**、*** 分别表示在 0.10、0.05、0.01 的显著性水平下显著;为了便于显示,我们并没有报告滞后一期被解释变量的回归系数与 t 值。

此外,$Shorting$ 对 $PriceErr$、$|AR15|$ 的回归系数均显著为负,说明融券交易有助于降低标的股价的定价错误和日内报价中间价收益率自相关系数绝对值,意

味着融券交易有助于提高标的股价的信息含量。同时,*Shorting* 对 *Delay*1、*Delay*2、|*CR*|的回归系数均显著为负,说明融券交易降低了标的股票价格延迟和互自相关系数,意味着融券交易也有助于提高标的股价调整速度。因此,我国的融券交易制度不仅有利于提高股价的信息含量,也有助于提高股价反映信息的速度。这与前人的研究结论基本一致(Christophe et al.,2005;Chang et al.,2007;Frino et al.,2011;Boehmer and Wu,2013)。

4. 剔除 2015 年异常值的干扰

考虑到我国 2015 年股市异常以及该期间监管层出台的政策可能对我们回归结果产生较大的干扰,我们剔除 2015 年这段研究期间,利用子样本期间(包含"2010 年 4 月—2014 年 12 月""2016 年 1 月—2017 年 12 月"这两个子期间)重新对模型式(5 - 15)进行参数估计。表 5 - 12 报告了剔除 2015 年股市异常期间之后的参数估计结果,其中:列(1)~(3)分别展示了信息含量指标 *PriceErr*、|*AR*15|、*IVOLR* 作为被解释变量的回归结果;列(4)~(6)则分别报告了价格调整速度指标 *Delay*1、*Delay*2、|*CR*|作为被解释变量的回归结果。

从表 5 - 12 可以看出,*Margin* 对 *PriceErr*、|*AR*15|的回归系数均显著为正、对 *IVOLR* 的回归系数显著为负,说明融资交易提高了标的股票的定价错误以及日内报价中间价收益率自相关系数绝对值、同时降低了标的股价的特质性波动,意味着融资交易显著降低了标的股价的信息含量。此外,*Margin* 对 *Delay*1、*Delay*2 的回归系数显著为负,说明融资交易显著降低了标的股价的价格延迟,意味着融资交易有助于提高股价调整速度。因此,即使剔除 2015 年市场异常期间,我们的研究结论依然显著成立——融资交易对信息效率不同方面的影响并不一致——降低了标的股价的信息含量却有助于提高标的股价调整速度。

表 5 - 12　融资交易活动对信息效率的影响(剔除 2015 年异常期间)

	股价信息含量			股价调整速度		
	(1)	(2)	(3)	(4)	(5)	(6)
	PriceErr	|*AR*15|	*IVOLR*	*Delay*1	*Delay*2	|*CR*|
Margin	0.0108***	0.0137*	−0.5908***	−0.5401***	−0.3176***	0.0242
	(3.33)	(1.79)	(−9.05)	(−8.18)	(−7.40)	(0.80)
ln*Price*	−0.0009	0.0023**	0.0622***	−0.0213**	−0.0246***	0.0137***
	(−1.33)	(2.38)	(6.02)	(−2.21)	(−3.88)	(3.41)

（续表）

	股价信息含量			股价调整速度		
	（1）	（2）	（3）	（4）	（5）	（6）
	$PriceErr$	$|AR15|$	$IVOLR$	$Delay1$	$Delay2$	$|CR|$
$lnCap$	−0.0152***	−0.0098***	−0.0605***	0.2343***	0.1469***	−0.0064
	（−26.59）	（−9.65）	（−7.51）	（24.86）	（25.63）	（−1.46）
$Turnover$	0.0065*	0.0087	0.2661***	0.2628***	0.1593***	−0.0128
	（1.83）	（1.18）	（28.35）	（3.69）	（3.39）	（−0.50）
$Insti$	0.0108***	0.0137*	0.2541***	−0.5401***	−0.3176***	0.0242
	（3.33）	（1.79）	（3.68）	（−8.18）	（−7.40）	（0.80）
$Intercept$	0.0626***	0.2192***	0.4455***	0.1192***	0.4433***	0.2421***
	（21.89）	（31.29）	（9.53）	（2.91）	（15.61）	（9.12）
时间效应	Control	Control	Control	Control	Control	Control
个体效应	Control	Control	Control	Control	Control	Control
N	23 264	23 264	23 264	23 264	23 264	23 264
$Adj\ R^2$	0.563	0.051	0.359	0.257	0.297	0.159

注：表中括号内表示系数对应的 t 值；*、**、*** 分别表示在 0.10、0.05、0.01 的显著性水平下显著；为了便于显示，我们并没有报告滞后一期被解释变量的回归系数与 t 值。

5. 使用其他的信息效率指标

最后，我们使用与表 5-6 相同的信息效率补充指标作为被解释变量，并重新进行参数估计。具体而言，使用股价同步性指标（R^2、$SYNCH$）作为股价信息含量的补充指标，使用日内 1 分钟、5 分钟数据计算的价格延迟（$IntraDelay1$、$IntraDelay5$）作为股价调整速度的补充指标。

基于上述设定的补充变量，我们重新对模型式（5-15）进行参数估计并将回归结果展示在表 5-13 中。列（1）～（2）分别报告了信息含量补充指标 R^2、$SYNCH$ 作为被解释变量的回归结果，而列（3）～（4）则分别报告了价格调整速度指标 $IntraDelay1$、$IntraDelay5$ 作为被解释变量的回归结果。

从表 5-13 可以看出，$Margin$ 对 R^2、$SYNCH$ 的回归系数均显著为正，说明融资交易显著增加了标的股票的同步性，意味着融资交易降低了标的股价的信息含量。此外，$Margin$ 对 $IntraDelay1$、$IntraDelay5$ 的回归系数均显著为负，说明融资交易显著降低了标的股价的日内价格延迟,意味着融资交易有助于提高标的股价调整速度。因此,使用补充指标的参数估计结果也表明,融资交易对标的股价信息效率不同方面的影响并不一致——降低标的股价的信息含量却有助于提高标的股价的调整速度。

表 5-13　融资交易活动对信息效率的影响(使用其他信息效率指标)

	股价信息含量		股价调整速度	
	(1)	(2)	(3)	(4)
	R^2	SYNCH	IntraDelay1	IntraDelay5
Margin	0.3324***	1.6880***	−0.3086***	−0.3074***
	(8.22)	(8.39)	(−11.68)	(−11.52)
lnPrice	0.0488***	0.2624***	−0.0320***	−0.0287***
	(8.60)	(9.41)	(−9.33)	(−8.81)
lnCap	−0.1241***	−0.6165***	0.0530***	0.0305***
	(−23.52)	(−23.97)	(15.83)	(9.56)
Turnover	−0.2359***	−1.1794***	0.1653***	0.1597***
	(−3.87)	(−3.72)	(5.90)	(6.13)
Insti	0.3324***	1.6880***	−0.3086***	−0.3074***
	(8.22)	(8.39)	(−11.68)	(−11.52)
Intercept	0.6795***	0.9711***	0.2861***	0.2279***
	(19.97)	(5.80)	(17.91)	(14.00)
时间效应	Control	Control	Control	Control
个体效应	Control	Control	Control	Control
N	30 864	30 864	30 864	30 864
Adj R^2	0.329	0.359	0.628	0.636

注:表中括号内表示系数对应的 t 值;*、**、*** 分别表示在 0.10、0.05、0.01 的显著性水平下显著;为了便于显示,我们并没有报告滞后一期被解释变量的回归系数与 t 值。

5.4.4　实证结论

本部分以月度融资交易活动指标为主要解释变量、以信息效率指标为被解释变量,运用面板回归分析方法讨论了融资交易活动对标的股价的信息效率的影响。与 DID 回归结果一致,我们的研究发现,融资交易对信息效率不同方面的影响并不一致——融资交易显著降低了标的股价的信息含量却有助于提高标的股价调整速度。

考虑到我国融资交易、融券交易制度是一起推出的,使用 DID 方法无法识别制度推出的影响是由于融资交易导致还是融券交易导致的,而本部分以融资交易活动指标为关键解释变量的面板回归分析,能够更好地识别并讨论融资交易对标的股价信息效率不同方面影响的不一致性,从而更有力地解决了前人研究关于融资交易对信息效率影响的争议:前人争议存在的主要原因在于他们的研究使用了不同的指标,这些不同指标仅代表了信息效率的一个方面,而融资交易对信息效率不同方面的影响并不相同。

5.5　本章小结

全球多个国家金融市场都允许投资者进行个股的融资交易,而且融资交易额也占据了市场成交金额的很大一部分比重。但是,现有文献关于融资交易对股价信息效率的影响仍存在较大争议。本章将股价的信息效率分解为股价信息含量和价格调整速度,发现融资交易对信息效率不同方面的影响并不一致。

我们首先利用 DID 模型讨论融资交易制度的开通(或扩容)事件对标的股价信息效率的影响。结果表明,融资交易制度推出以后,标的股票的定价错误、日内报价中间价相关系数绝对值显著变大,且特质性波动显著降低,这意味着融资交易制度的推出降低了标的股价的信息含量。此外,融资交易制度推出以后,标的股票的价格延迟显著降低,说明融资交易制度的推出提高了标的股票的价格调整速度。因此,DID 分析的结果表明,融资交易制度的推出对信息效率不同方面的影响并不一致——降低了股价的信息含量却有助于提高股价调整速度。

进一步地,我们以信息效率指标为被解释变量、以融资交易活动为关键解释变量进行面板回归分析,检验融资交易活动对标的信息效率不同方面的影响是否不一致。实证结果表明,融资交易越活跃的个股具有越高的定价错误、日内报价中间价收益率相关系数绝对值以及越小的特质性波动,这意味着融资交易降低了标的股价的信息含量;此外,融资交易越活跃的个股具有越低的价格延迟,说明融资交易有助于提高标的股价调整速度。因此,基于面板回归的结果也表明,融资交易对信息效率不同方面的影响并不一致——融资交易活动不利于标的股价的信息含量却有助于提高标的股价调整速度。

本部分的研究贡献在于,针对前人关于融资交易对信息效率影响的争议,我们将信息效率分解为股价信息含量和价格调整速度,发现融资交易对信息效率不同方面的影响并不一致,这在一定程度上解决了现有文献存在的争议。此外,我们的发现在一定程度上补充了现有文献关于信息效率方面的研究,我们的研究表明融资交易对股价信息含量、价格调整速度的影响并不相同,这意味着同一个交易制度(或政策)对信息效率的不同方面的影响可能并不相同,因此需要分别讨论其对股价信息含量、股价调整速度的影响。最后,我们的研究也为我国监管层出台有关政策提供一定的参考。我们发现融资交易降低了标的股价的信息含量,考虑到我国股市流动性比较充裕,我们认为应出台有关政策适当限制融资交易,以提高我国股市的信息含量。

第6章 融资交易及其波动对标的股价崩盘风险的影响[①]

6.1 引言

2015 年我国股市爆发了一次罕见的"疯牛快熊"行情,上证指数在不足半年的时间内涨幅高达 56%。在这过程中,监管当局出于对"杠杆牛市"的担忧,多次提出调查和清理场外配资,最终在 2015 年 6 月底引发股市暴跌,上证指数在两个月不到的时间内暴跌 44%。特别是在此期间,A 股市场在 3 个月不到的时间里经历了 16 次千股跌停潮。对这一轮股灾原因的争议较多,其中杠杆融资交易机制以及证监会清理场外配资一直被认为是本轮暴跌的导火索。特别地,监管层清理场外配资的措施加剧了杠杆交易的波动,这可能进一步加剧股价崩盘,因此与前人关于融资融券交易制度的研究不同,本部分重点讨论杠杆融资交易对标的股价崩盘风险的影响。

另外,自 2010 年 3 月 31 日融资融券制度开设至 2015 年年底,上证指数有 19 个交易日涨跌幅超过 5%,而同期道琼斯工业平均指数仅有 1 个交易日涨跌幅超过 5%(这一数据在过去 44 年里仅有 28 次)。其中杠杆交易制度经常被视为我国股市不稳定的"元凶",但是不管是从理论研究还是从实证研究来看,融资融券交易制度的创设对我国股票市场崩盘的影响仍存在一定的争议,更罕有文献关注融资交易、融券交易各自对股价崩盘的影响。本章拟通过对融资交易活动的面板回归分析,重点讨论杠杆融资交易机制对标的股价崩盘风险的影响,这不仅有助于进一步认清本轮"疯牛快熊"中杠杆融资交易机制的作用,也有助于更好地识别场外配资的利弊,以促进我国证券市场未来融资交易的进一步发展。

关于融资交易对股价崩盘的影响,目前这方面的研究较少且未得出一致结

---

① 基于本章主要内容撰写的论文已发表于 *Pacific-Basin Finance Journal*(Lv and Wu,2019),部分前期研究已发表于《系统管理学报》(吕大永、吴文锋,2019)上。

论。部分研究发现融资交易可以提高成交量、降低波动性进而起到稳定市场的作用（例如，Seguin，1990；Seguin and Jarrell，1993；Coen-Pirani，2005），而其他研究却得出了相反的结论（例如，Chowdhry and Nanda，1998；Thurner et al.，2012）。我国在 2010 年推出融资融券交易制度后，一些学者也研究了这一制度对股价稳定性的影响（例如，许红伟、陈欣，2012；Chang et al.，2014；李志生等，2015）。然而，我国的融资交易和融券交易制度是同时推出的，针对我国市场的现有研究将融资融券作为一个整体讨论无法理清融资交易、融券交易在其中的不同作用，目前还较少有文献同时综合考虑融资交易、融券交易的不同影响，且相关研究结论也并不一致。例如，部分研究发现融资交易有助于提高市场流动性、降低股价波动（Hauser and Huber，2012；陈海强、范云菲，2015），而其他学者却发现融资交易加剧了股市的波动性和股价崩盘风险（吴国平、谷慎，2015；褚剑、方军雄，2016）。

　　从现有的文献来看，当融资交易制度和融券交易制度一起推出的时候，融资交易、融券交易各自对标的股价崩盘风险的影响如何，这方面的实证研究较少，即使在理论上杠杆融资交易到底是提高还是降低股价崩盘风险也没有定论。更重要的是，在我国同时推出融资、融券交易制度后，融资交易月末余额均值（约为 5156 亿元）是融券交易月末余额均值（仅 27.68 亿元）的 180 倍以上，因此融资交易对市场稳定性的影响更不应被忽略。另外，从市场运行的现实看，2015 年 6 月开始的股票市场的暴跌也是证监会清理"场外融资交易"诱发的。因此，研究杠杆融资交易对标的股价崩盘风险的影响，不仅在理论上而且在实务上都具有重要的意义。

　　在相关理论分析的基础上，本章提出融资交易制度可能影响未来股价崩盘风险的 3 个机制："流动性提供"机制、"资产抛售"机制、"套利风险"机制。在此基础上，利用中国股市融资交易活动的数据，检验融资交易对未来股价崩盘风险的影响及其可能的机制。2010 年 3 月 31 日，中国正式推出融资交易制度，允许符合条件的个股开展融资交易，这为我们研究融资交易对股价崩盘风险的影响提供了理想的准自然实验。此外，每日收盘后，上海证券交易所和深圳证券交易所均公布当天所有融资交易标的的融资买入金额和融资余额（即未偿还额）的数据，也为我们检验融资交易活动对未来股价崩盘风险的影响提供了良好的数据支持。

　　本章首先计算了多个融资交易活动的衡量指标并检验融资交易对未来崩盘风险的影响。参考 Chang et al.（2014）的做法，我们使用每天融资买入金额除以当日成交金额后求月度平均以衡量融资买入交易，实证结果表明融资买入交易越高的股票并不具有越小的未来股价崩盘风险，不支持"流动性提供"机制。同时，参考 Callen and Fang(2015)的做法,我们使用月末融资余额除以市值代表融资交易者的未来卖出压力,结果表明,融资余额更高的股票也不具有更高的崩盘风险,这也不支持"资产抛售"机制。进一步地,我们使用当日融资买入金额除以当日成交金额的月度标准差衡量融资买入波动,我们发现融资交易波动更高的股票具有更大的未来股价崩盘风险,这为"套利风险"机制提供了证据。在控制异常值干扰和融券交易影响之后,我们的结果依然稳健,甚至使用更长时间计算股价崩盘风险,其结果也依然成立。

在上述研究基础上,我们进一步探索了融资交易波动对未来股价崩盘风险影响的可能解释。首先,我们基于相对价值方法计算了多个行业调整的估值指标,研究融资交易波动对股价高估的影响。结果表明,融资买入波动更高的股票有更高的行业调整的托宾 Q 比率、市销率和更低的行业调整的账面市值比,这意味着具有高融资交易波动的股票更易被高估。此外,我们计算了多个信息含量指标,并检验了融资交易波动与信息含量之间的关系。回归结果表明,融资交易波动与定价错误、报价中间价收益率自相关系数绝对值和方差比率正相关,意味着融资交易波动降低了股票价格的信息含量。这些结论表明,融资交易波动加剧了股价高估,不利于负面信息融入股价,进而导致更高的未来股价崩盘风险,这也与"套利风险"机制的假设基本一致。

本章的贡献有以下几点:首先,我们的研究弥补了现有文献关于融资交易讨论的不足。前人的研究(Hardouvelis,1990;Seguin and Jarrell,1993;Alexander et al.,2004;Thurner et al.,2012;Chang et al.,2014;Lv and Wu,2018)主要讨论了融资交易对流动性、波动性或定价效率的影响,鲜有学者研究融资交易对未来股价崩盘风险的影响。我们的研究表明融资交易波动加剧股价高估、降低股价信息含量,进而增加未来崩盘风险,拓展了关于融资交易影响方面的文献研究。

其次,我们从微观市场结构的角度补充了股价崩盘风险的相关研究。我们研究发现融资交易波动在一定程度上反映了套利交易风险,更高的融资交易波动可能导致更高的未来股价崩盘风险。大部分关于股价崩盘风险的研究主要聚焦于公司高管的负面信息隐藏行为(Hutton et al.,2009;Kim et al.,2011;An and Zhang,2013;Callen and Fang,2013;Andreou et al.,2016;Kim and Zhang,2016),鲜有学者从微观市场结构的视角讨论崩盘风险。本章的研究从交易活动(尤其是融资交易波动)的角度对崩盘风险进行分析,发现更高的融资交易波动增加了未来崩盘风险。

最后,我们关于融资交易的研究也具有政策意义。2015 年我国股灾期间,监管部门出台了一系列政策试图降低总融资余额、稳定股票市场。然而,本章的实证结果表明,融资交易波动(而不是融资买入交易或融资余额)是导致未来股价崩盘的更主要原因。本章研究结论的重要启示在于,政策制定者应更加关注融资交易波动以提高股票市场稳定性。

6.2　相关理论分析

关于股价崩盘风险的相关研究吸引了监管层、学术界以及金融从业人员越来越多的关注。大部分研究认为,负面信息的隐藏和累积是股价崩盘的主要原因(Chen et al.,2001;Jin and Myers,2006;Hutton et al.,2009;Kim and Zhang,2016;Chang et al.,2017;Hu and Wang,2018)。De Long et al.(1990)、Shleifer and Summers(1990)发现,由于异质信念、卖空限制或其他因素(如高交易成本、噪声交易者风险)的存在,理性的知情套利交易者可能难以充分、完全地对高估的股票进行套利交易。在这种情况下,负面信息将难以通过套利交易活动充分融入股价,可能导致股价的持续高估。一旦未来股价下跌,积累的负面信息集中释放,极有可能引起股价崩盘(Chen et al.,2001;Hong and Stein,2003)。[①]

1987年美国股票市场崩盘后,融资交易被视为是引发市场过度波动、破坏市场稳定性的"元凶"。[②] 例如,美国政府声称"长期以来融资交易的杠杆作用直接影响着投机交易"。类似地,许多专家学者也将中国2015年股灾归因于融资交易(Charles and Sophia,2015;John,2015;Lardy,2015;Bian et al.,2018)。然而,鲜有实证研究检验融资交易制度对未来股价崩盘风险影响的可能机制。

我们认为,融资交易制度可能通过3个机制影响标的股票的未来崩盘风险。首先,允许融资交易有助于为市场参与者注入更多资金、提振市场流动性,进而可能有助于降低未来股价崩盘风险(简称为"流动性提供"机制)。具体而言,融资交易制度的实施将有助于为市场参与者提供新的融资途径,增加市场参与者买入股票的能力,也有助于增加流动性,进而降低知情套利交易者的套利交易成本

[①] 其他一系列的近期研究表明高管负面信息隐藏行为导致未来股价崩盘(Jin and Myers,2006;Hutton et al.,2009;Kim et al.,2011;Callen and Fang,2015;Kim and Zhang,2016)。出于短期报酬、任期以及其他的考虑,高管有更大的动机隐藏负面信息(Kothari et al.,2009),导致负面信息积累。这些积累的负面信息的集中释放很可能造成股价崩盘。

[②] 基于1987年股市崩盘的事件,大量学者研究了融资交易对股价波动的影响,但是相关研究并没有取得比较一致的结论(例如,Hardouvelis,1990;Seguin and Jarrell,1993;Hardouvelis and Theodossiou,2002;Thurner et al.,2012)。

(Seguin and Jarrell,1993;Chordia et al.,2001;Alexander et al.,2004)。这将有助于提高对知情套利交易者的吸引力,促进更活跃的套利交易活动,提高股价的信息含量,降低未来崩盘风险。

其次,股价下跌过程中,融资交易者的"资产抛售"行为可能进一步加剧股价下跌,造成股价崩盘(简称为"资产抛售"机制)。由于采用杠杆交易的投资者的风险容忍度更低,他们更可能在市场下跌时进一步卖出之前融资买入的股票,增加个股的卖出压力。同时,股价下跌过程中来自证券公司的追加保证金要求也可能会导致融资交易者在下跌过程中卖出标的资产以降低杠杆率,这将进一步加剧股价下跌(Christie,1982;Thurner et al.,2012)。因此,通过这一机制,融资交易可能引发未来崩盘风险。

最后,融资交易波动可能增加了套利交易者面临的噪声交易风险,抑制套利交易活动,更容易导致股价高估,带来更大的未来股价崩盘风险(简称为"套利风险"机制)。融资交易制度为股市投资者提供借入资金、买入股票的杠杆交易机会,他们往往对利好信息的反应更活跃,对坏消息的反应可能不足。融资交易的波动可能意味着杠杆交易者交易的不确定性,增加套利交易者面临的套利风险,进而降低知情套利交易者对被高估股票套利交易的意愿,导致股价持续高估以及更高的未来股价崩盘风险。例如,当融资交易者拥有正面信息(公开信息或私人信息)时,更高的融资交易波动意味着融资交易订单中的正面信息存在更高的不确定性,因此,增加的套利风险可能降低套利者降低股价与内在价值偏差的动力。相反,如果融资交易者是不拥有信息的噪声交易者,更高的融资交易波动将使得噪声交易更难以预测,也意味着更高的套利交易风险(De Long et al.,1990;Shleifer and Vishny,1997;Doukas et al.,2010)。因此,更大的融资交易波动意味着更高的套利交易风险,不利于套利交易者的套利交易活动,可能导致股价持续偏离内在价值,增加未来崩盘风险。

6.3　研究设计

6.3.1　数据来源

我们将所有在中国股市上市的融资交易标的作为研究对象。2010 年 3 月 31 日融资交易制度开通以后,上海证券交易所、深圳证券交易所又分别于 2011 年 12 月 5 日、2013 年 1 月 31 日、2013 年 9 月 16 日、2014 年 9 月 22 日和 2016 年 12

月 12 日进行 5 次主要的融资标的扩容。在最近数次扩容后,可融资交易标的包括 950 只股票和 51 只 ETF。考虑到 ETF 的特殊性,我们在分析过程中剔除了 51 只 ETF。考虑到融资交易标的是分批扩容的,融资交易者对新进的标的股票的融资交易仍需要一个缓慢熟悉的过程,新进标的初期的融资交易并不具有代表性,可能降低融资交易活动与股价崩盘风险之间的准确性,因此我们在研究过程中剔除了个股进入融资标的的列表后第 1 年的交易数据。①

本章研究的融资融券标的的列表及其调整的相关数据来源于上海证券交易所和深圳证券交易所网站中关于融资融券的公告。融资交易金额、个股交易数据(收盘价、换手率、日收益率、成交金额等)及相关财报数据(例如权益乘数、账面市值比)均来源于国泰安 CSMAR 数据库,并据此计算融资交易活动指标、股价崩盘风险指标等相关变量。最后,我们将所有变量计算或转化为月度频率,得到 24 617 个月度频率的股票样本,样本研究期间为 2011 年 4 月—2017 年 6 月。

6.3.2　融资交易活动的衡量

为检验"流动性提供渠道",我们参考 Chang et al.(2014)和 Chen et al.(2016)的做法,将个股每个交易日的融资买入金额除以当日成交金额后求月平均计算得到个股月融资买入交易活动指标(用 $Margin$ 表示)。② $Margin$ 越大说明投资者借入越多的资金买入股票,市场流动性越好,这可能有助于降低知情套利者的交易成本,提高套利交易活动和股价信息含量,进而起到降低未来股价崩盘风险的作用。为检验"资产抛售渠道",我们参考 Boehmer et al.(2010)和 Callen and Fang(2015)的做法,将每月末的融资余额除以市值作为融资交易活动的另一项衡量指标(用 $MarginDebt$ 表示)。更大的 $MarginDebt$ 意味着融资交易者在未来有更大的卖出压力("资产抛售风险"),很可能加剧未来的股价下跌,造成股价崩盘。最后,为证明"套利交易渠道",我们将日融资买入交易的月标准差作为融资买入波动指标(用 $MarginVol$ 表示)。更大的 $MarginVol$ 意味着更高的交易不确定性(套利风险),不利于套利交易者的套利交易活动,很可能导致股价信息含量下降、未来崩盘风险增加。

---

① 即使我们不剔除第 1 年的融资交易数据,我们的研究结论依然成立。

② 我们未考虑融资偿还活动,这是因为:融资交易者可以通过卖出前期融资买入的标的股票的方式来偿还融资,也可能通过卖出其他股票或使用账户资金来偿还融资。当融资交易者通过卖出前期融资买入的标的股票来偿还融资时,融资偿还活动可能会影响价格发现过程,进而影响未来股价崩盘风险。然而,当融资交易者使用账户资金偿还融资时,融资偿还交易对股价几乎没有影响。但是,目前证券交易所只公布了总融资偿还余额数据,尚未区分通过这两种方式偿还的融资金额。因此,我们也难以利用现有数据检验融资偿还活动对股价崩盘风险的可能影响。

6.3.3　股价崩盘的衡量方法

Hong and Stein(2003)认为存在异质性信念和卖空限制时,股价只能反映乐观投资者的信念,而无法反映拥有负面信息的悲观投资者的信念,导致负面信息累积,而负面信息的一次性释放很可能造成股价崩盘。Hutton et al.(2009)也认为坏消息的累积和瞬间释放很可能加剧股价崩盘风险。借鉴 Hong and Stein(2003)、Hutton et al.(2009)、Kim et al.(2011)、许年行等(2013)的做法,我们使用(1)"经市场调整后的日收益率的负偏度"(NCSKEW)和(2)"股价上升和下降阶段波动性的差异"(DUVOL)作为衡量股价崩盘风险的指标。

前人的研究大多使用周收益率计算年度的股价崩盘风险指标来讨论高管负面信息隐藏行为对崩盘风险的影响(例如,Kim et al.,2011;An and Zhang,2013)。考虑到我们的样本由不足 7 年的数据组成,且 2011—2012 年期间仅包含 90 只股票,使用年度数据将极大降低融资交易活动对股价崩盘风险影响研究的精确性。此外,大量研究(Brunnermeier and Pedersen,2009;Hirose et al.,2009;Chang et al.,2014)认为融资交易是散户投资者占主导的短期投机交易,因此我们更关注短期视角下融资交易活动对未来股价崩盘风险的影响。与 Chen et al.(2001)和 Callen and Fang(2015)在日度频率上讨论极端负面波动的研究类似,我们使用日收益率计算月度 NCSKEW 和 DUVOL,用来检验融资交易活动和日收益率条件偏差的短期关系。[①] 根据指标定义,NCSKEW 和 DUVOL 越大则意味着股价崩盘风险越大,即股价发生崩盘的概率越大。

我们使用个股 i 在 t 月的日收益率序列对模型式(6−1)进行参数估计,在此基础上计算模型的残差序列,并通过适当的线性变换得到个股 i 在 t 月第 d 个交易日的经市场调整后的日收益率($W_{i,d}$)。

$$r_{i,d}=\alpha+\beta_{1,i}r_{m,d-2}+\beta_{2,i}r_{m,d-1}+\beta_{3,i}r_{m,d}+\beta_{4,i}r_{m,d+1}+\beta_{5,i}r_{m,d+2}+\varepsilon_{i,d}$$

$$(6-1)$$

在模型式(6−1)中,$r_{i,d}$ 为个股 i 在 t 月的第 d 个交易日的收益率,$r_{m,d}$ 为第 d 个交易日的全市场流通市值加权收益率。我们在模型式(6−1)中加入了市场收益率的滞后项和超前项以调整股价非同步性影响(Dimson,1979;Kim et al.,2011;许年行等,2013)。利用个股 i 在 t 月的日收益率数据以及相应的市场收益率序列,我们对上述模型进行拟合,并通过模型的残差计算个股 i 在 t 月的第 d 个交易日的"经调整后的收益率"($W_{i,d}$)

---

① 我们也使用每日收益率计算 3 个月和 6 个月的 NCSKEW 和 DUVOL,结果依然稳健。

$$W_{i,d} = \ln(1 + \varepsilon_{i,d}) \tag{6-2}$$

在此基础上,我们分别计算"经市场调整后的日收益率的负偏度"(NCSKEW)和"股价上升和下降阶段波动性的差异"(DUVOL)以衡量个股 i 在 t 月的股价崩盘风险。其中,个股 i 在 t 月的 $NCSKEW_{i,t}$ 的计算方法如下

$$NCSKEW_{i,t} = -\left[n(n-1)^{3/2}\sum_{d=1}^{n}W_{i,d}^{3}\right] / \left[(n-1)(n-2)\left(\sum_{d=1}^{n}W_{i,d}^{2}\right)^{3/2}\right]$$
$$\tag{6-3}$$

第 2 个股价崩盘风险的衡量指标——个股 i 在 t 月的"股价上升和下降阶段波动性的差异"($DUVOL_{i,t}$)的计算过程:根据个股 i 经市场调整后的收益率序列($W_{i,d}$)是否大于月度平均收益,将该序列分为上升样本和下跌样本,并分别计算这两个子样本中股票收益率的标准差,在此基础上使用如下公式计算 $DUVOL_{i,t}$

$$DUVOL_{i,t} = \ln\left\{\left[(n_{up}-1)\sum_{down}W_{i,d}^{2}\right] / \left[(n_{down}-1)\sum_{up}W_{i,d}^{2}\right]\right\} \tag{6-4}$$

式中,n_{up}、n_{down} 分别表示当月的上升样本、下跌样本的样本容量。$DUVOL_{i,t}$ 越大说明股价负偏越严重,股价崩盘风险越大。

6.3.4　实证分析模型

本文前述章节的研究结论表明,个人投资者是我国融资交易的主体且他们倾向于采用正反馈、移动均线等噪声交易策略,更重要的是杠杆融资交易降低了股价的信息含量。由于杠杆融资交易者更倾向于看多股价的未来走势,因此杠杆融资交易活动更有可能减少了股价的负面信息含量,导致关于股价的负面信息无法及时融入股价,这可能进一步加剧股价未来崩盘的风险(Hong and Stein,2003)。基于这个视角,本部分拟以上述的股价崩盘风险指标为被解释变量、以滞后融资交易的相关指标为关键解释变量,构建面板回归模型检验融资交易对标的股价未来崩盘风险的影响及其渠道。

具体而言,我们以个股纳入融资交易标的之后的月度数据为研究样本,以滞后一期融资交易相关指标($MarginTrading_{i,t-1}$)为解释变量、以股价崩盘指标($Crash_{i,t}$)为被解释变量,设定如下月度面板回归模型

$$Crash_{i,t} = \alpha_t + \beta \cdot MarginTrading_{i,t-1} + \gamma_t \cdot Controls_{i,t} + \varepsilon_{i,t} \tag{6-5}$$

在模型式(6-5)中,被解释变量 $Crash_{i,t}$ 代表第 i 只股票在 t 月的股价崩盘指标,在具体回归分析过程中,我们分别用 $ExDown_{i,t}$、$NCSKEW_{i,t}$、$DUVOL_{i,t}$ 来代表 $Crash_{i,t}$;$MarginTrading_{i,t-1}$ 为模型的关键解释变量,表示第 i 只股票第 $t-1$ 月的融资交易的相关指标,我们分别使用 $Margin$、$MarginDebt$、$MarginVol$

作为关键解释变量。若该模型中系数 β 显著为正,则说明融资交易加剧标的股价未来崩盘风险。

此外,参考 Chen et al.(2001)、Hong and Stein(2003)、Hutton et al.(2009)、Kim et al.(2011)、Saffi and Sigurdsson(2011)的做法,我们还在模型式(6-5)中加入了公司规模、去趋势换手率等其他指标作为控制变量($Controls_{i,t}$)。许多文献认为市值、过去收益率和投资者异质性能够帮助预测未来股价崩盘风险(Harvey and Siddique,2000;Chen et al.,2001;Hong and Stein,2003),因此,我们将上年末个股市值除以 10 亿之后的自然对数($\ln Cap_{i,t-1}$)、个股当月收益率($Return_{i,t-1}$)和过去三个月的去趋势换手率($Dturnover_{i,t-1}$)作为控制变量。此外,一些研究(Christie,1982;Bollerslev et al.,2006)将股价的异质性波动率归因于经营或金融杠杆的变化(所谓的传统性"杠杆效应")或资产负债率,因此,我们将上年末总负债与总资产的比率($Lev_{i,t-1}$)作为另一个控制变量。同时,其他一系列研究认为"波动反馈"机制能够解释股市下行(Bekaert and Wu,2015;Wu,2015),参考 Hutton et al.(2009)和 An and Zhang(2013)的做法,我们将上个月的日个股收益率对市值加权市场收益率进行回归,将该回归残差的标准差($SIGMA_{i,t-1}$)作为控制变量以控制潜在的"波动反馈"效应。此外,我们也包含了股票和月度虚拟变量分别用来控制股票固定效应和月度固定效应。最后,为解决股票和时间层面上可能存在的序列自相关问题,我们在模型中对股票和月份使用聚类稳健标准误处理(Thompson,2011)。

6.4　回归结果与分析

6.4.1　变量描述性统计

表 6-1 的面板 A 给出了相关变量的描述性统计。崩盘风险指标 NCSKEW 和 DUVOL 的均值分别为 -0.2736 和 -0.4953,这比 Chen et al.(2001)、Kim et al.(2011)和 Callen and Fang(2015)的研究中报告的数值小。[①] 我们样本中股票的崩盘风险更小是合理的,因为融资交易的标的股票是 A 股市场中市值最大、最具流动性的股票,这些股票的价格信息含量较高、未来崩盘风险较小。同时,Margin、MarginDebt 和 MarginVol 的均值分别为 0.1813、0.0485 和 0.0446,高于 Chang et al.(2014)和 Chen et al.(2016)中的相应指标值。这是因为我们的研

---

① 本部分的崩盘风险指标的均值与许年行等(2013)、褚剑、方军雄(2016)的比较接近。

究样本期间更长,并且在我们的样本期间内融资购买股票更普遍。

表 6 - 1　崩盘风险、融资交易活动与其他控制变量的描述性统计

面板 A:描述性统计

	样本容量	均值	标准差	最小值	中位数	最大值
$NCSKEW$	24 617	-0.2736	0.6573	-2.0571	-0.2494	1.3498
$DUVOL$	24 617	-0.4953	1.1063	-3.1639	-0.4982	2.2057
$Margin$	24 617	0.1813	0.0591	0.0332	0.1859	0.3070
$MarginDebt$	24 617	0.0485	0.0393	0.0000	0.0388	0.3396
$MarginVol$	24 617	0.0446	0.0164	0.0159	0.0419	0.1024
$\ln Cap$	24 617	3.0829	1.0445	1.2436	2.9473	6.4803
$Dturnover$	24 617	-0.0056	0.2606	-2.3030	-0.0086	4.2811
$Return$	24 617	0.0154	0.1216	-0.3663	0.0112	0.3653
$Sigma\times100$	24 617	0.0391	0.0460	0.0003	0.0227	0.5788
Lev	24 617	0.5279	0.2156	0.1233	0.5341	0.9356

面板 B:截面皮尔逊相关系数的时间序列均值

	$NCSKEW_t$	$DUVOL_t$	$Margin_{t-1}$	$MarginDebt_{t-1}$
$DUVOL_t$	0.9418***			
$Margin_{t-1}$	0.0041	0.0013		
$MarginDebt_{t-1}$	0.0062	0.0031	0.5321***	
$MarginVol_{t-1}$	0.0263***	0.0229***	0.2488***	-0.0331

注:表中*、**、*** 分别表示在 0.10、0.05、0.01 的显著性水平下显著。

表 6-1 的面板 B 展示了主要变量的截面皮尔逊相关系数的时间序列均值。$NCSKEW$ 和 $DUVOL$ 的皮尔逊相关系数显著为正,表明这两个变量包含了股价崩盘风险的同质部分,能较好地度量股价的崩盘风险。此外,$MarginDebt$ 和 $MarginVol$ 均与 $Margin$ 正相关(皮尔逊相关系数分别为 0.5321 和 0.2488)。同时,$Margin_{t-1}$ 或 $MarginDebt_{t-1}$ 均与未来股价崩盘风险($NCSKEW_t$ 或 $DUVOL_t$)无关,但 $MarginVol_{t-1}$ 和下个月的崩盘风险($NCSKEW_t$ 或 $DUVOL_t$)显著正相关。值得注意的是,上述相关性只是初步分析,我们将在下文进行更严格的检验来进一步讨论融资交易机制对未来股价崩盘风险的影响及其可能的

机制。

6.4.2　主要回归结果

上海证券交易所和深圳证券交易所每日公布当天所有个股融资交易的相关数据，基于此我们计算了融资交易的相关指标（$Margin$、$MarginDebt$ 和 $MarginVol$）。进一步地，我们利用模型式（6 - 5）将股价崩盘风险指标分别对 $Margin$、$MarginDebt$ 和 $MarginVol$ 进行回归。参考 Thompson（2011）的做法，我们在模型中对个股和月份使用聚类稳健标准误处理以解决在个股和时间上可能存在的序列相关问题。

表 6 - 2 报告了模型式（6 - 5）的参数估计结果。其中，列（1）～（4）给出使用 $NCSKEW_{i,t}$ 作为股价崩盘风险指标时的回归结果，列（5）～（8）展示了使用 $DUVOL_{i,t}$ 作为股价崩盘风险指标时的参数估计结果。考虑到融资交易活动不同指标之间可能存在正相关性（表 6 - 1 的面板 B），我们首先报告了分别使用 $Margin$、$MarginDebt$ 和 $MarginVol$ 作为关键解释变量的面板回归结果。表 6 - 2 中的列（1）和列（5）报告了使用 $Margin_{i,t-1}$ 作为关键解释变量的回归结果。可以看出，列（1）和列（5）中 $Margin_{i,t-1}$ 的系数均不显著，说明更多的融资买入交易活动并不会伴随着更低的未来股价崩盘风险。[1] 这并不支持"流动性提供"机制，因为如果融资交易者能够向知情的套利交易者提供流动性、降低知情套利交易者的交易成本，那么融资交易活动应该有助于加快信息融入股价的过程，起到降低未来股价崩盘风险的作用（Seguin and Jarrell，1993；Alexander et al.，2004）。

表 6 - 2 的列（2）和列（6）给出了使用 $MarginDebt_{i,t-1}$ 作为关键解释变量的参数估计结果。可以看到 $MarginDebt_{i,t-1}$ 的系数在这两列中均不显著，意味着融资余额更大的股票在未来并不具有更高的崩盘风险。[2] 这一结果也并不支持"资产抛售"机制，因为如果市场下行时融资交易者的抛售压力越大（$MarginDebt$ 更高），很可能进一步导致股价下跌、甚至造成股价崩盘（Christie，1982；Thurner et al.，2012）。

表 6 - 2 中，列（3）和列（7）给出了将 $MarginVol_{i,t-1}$ 作为关键解释变量的回归结果。可以看出，$MarginVol_{i,t-1}$ 的系数在 5% 的显著性水平上均显著为正（t 统计量分别为 2.69 和 2.14），意味着融资交易波动更大的股票在未来具有更高的

---

① 未控制其他因素影响的情况下，回归结果依然保持一致。
② 未控制其他因素影响的情况下，回归结果依然保持一致。

表 6 - 2　融资交易对未来股价崩盘风险的影响

	因变量：$NCSKEW_{i,t}$				因变量：$DUVOL_{i,t}$			
	(1)	(2)	(3)	(4)	(5)	(6)	(7)	(8)
$Margin_{i,t-1}$	0.1277			−0.0695	0.0347			−0.2471
	(0.81)			(−0.40)	(0.13)			(−0.83)
$MarginDebt_{i,t-1}$		0.2685		0.3061		0.2775		0.4002
		(0.98)		(1.06)		(0.57)		(0.77)
$MarginVol_{i,t-1}$			0.8861***	0.9359***			1.2083**	1.3790**
			(2.69)	(2.70)			(2.14)	(2.30)
$lnCap_{i,t-1}$	0.0091	0.0050	0.0116	0.0083	0.0300	0.0272	0.0355	0.0294
	(0.50)	(0.27)	(0.64)	(0.46)	(0.97)	(0.88)	(1.16)	(0.95)
$Dturnover_{i,t-1}$	0.0266	0.0269	0.0300	0.0296	0.0338	0.0329	0.0368	0.0383
	(1.22)	(1.23)	(1.39)	(1.35)	(0.92)	(0.89)	(1.00)	(1.03)
$Return_{i,t-1}$	0.4015***	0.4087***	0.3923***	0.3996***	0.6297***	0.6368***	0.6165***	0.6255***
	(6.85)	(6.94)	(6.69)	(6.78)	(6.62)	(6.66)	(6.48)	(6.54)
$BM_{i,t-1}$	0.0092	0.0087	0.0081	0.0074	0.0134	0.0128	0.0117	0.0107
	(1.25)	(1.17)	(1.09)	(0.99)	(1.13)	(1.08)	(0.99)	(0.91)
$Lev_{i,t-1}$	−0.0578	−0.0601	−0.0510	−0.0530	−0.0849	−0.0869	−0.0751	−0.0774
	(−0.60)	(−0.62)	(−0.53)	(−0.55)	(−0.51)	(−0.52)	(−0.45)	(−0.46)
$Sigma_{i,t-1} \times 100$	0.6427***	0.6139***	0.6467***	0.6237***	0.8192***	0.8006***	0.8404***	0.7946***
	(4.89)	(4.68)	(4.95)	(4.70)	(3.61)	(3.52)	(3.71)	(3.47)

（续表）

	因变量：$NCSKEW_{i,t}$				因变量：$DUVOL_{i,t}$			
	(1)	(2)	(3)	(4)	(5)	(6)	(7)	(8)
个人固定效应	Yes	Yes	Yes	Yes	Yes	Yes	Yes	Yes
月度固定效应	Yes	Yes	Yes	Yes	Yes	Yes	Yes	Yes
N	23 423	23 423	23 423	23 423	23 423	23 423	23 423	23 423
$Adj\,R^2$	0.045	0.045	0.045	0.045	0.038	0.038	0.039	0.039

注：表中括号内表示系数对应的 t 值；*、**、*** 分别表示在 0.10、0.05、0.01 的显著性水平下显著。

股价崩盘风险。[①] 这一结果在一定程度上支持我们的"套利风险"机制,由于融资交易波动意味着更高的套利交易风险,降低了知情套利交易者的套利交易活动,导致股价长期偏离基本价值,导致更大的未来股价崩盘风险。

最后,我们将 $Margin$、$MarginDebt$ 和 $MarginVol$ 同时作为解释变量并重新进行参数估计。表 6 - 2 中的列(4)和列(8)给出了分别使用 $NCSKEW_{i,t}$ 和 $DUVOL_{i,t}$ 作为被解释变量的回归结果。可以看到,$Margin_{i,t-1}$ 或 $MarginDebt_{i,t-1}$ 的系数依然不显著,而 $MarginVol_{i,t-1}$ 的系数依然显著为正,与列(1)~(3)和列(5)~(7)的结果一致。

综上,通过使用不同的融资交易活动衡量指标进行回归分析,我们的主要结果表明融资买入交易活动和融资余额均不能很好地解释未来股价崩盘风险的变化,这一结果拒绝了"流动性提供"机制和"资产抛售"机制。[②] 相反,融资买入波动与标的股票未来股价崩盘风险显著正相关,这支持了"套利风险"机制的观点。在控制了一系列可能与未来股价崩盘风险相关的变量后,我们的回归结果依然支持融资买入波动增加未来股价崩盘风险的观点。因此,我们的结论是具有说服力的,为我国股市实施融资交易制度后出现的极端负向收益率波动提供了重要解释。

6.4.3　对主要回归结果的稳健性检验

1. 剔除 2015 年的样本

我国股市于 2015 年经历了暴涨暴跌行情,在这个过程中,监管层为稳定股票市场出台了多项措施。考虑到市场异常以及监管层的措施可能对股价崩盘风险产生影响,导致我们上述的实证结果不准确。因此,我们剔除 2015 年的数据样本并重新对模型式(6 - 5)进行参数估计。

表 6 - 3 的面板 A、面板 B 分别展示了使用 $NCSKEW$、$DUVOL$ 作为崩盘风险衡量指标的回归结果。列(1)~(3)分别使用 $Margin$、$MarginDebt$ 和 $MarginVol$ 作为关键解释变量,而列(4)则将这 3 个指标综合纳入模型作为解释变量。回归结果显示,$Margin_{i,t-1}$ 或 $MarginDebt_{i,t-1}$ 的系数依然不显著,而 $MarginVol_{i,t-1}$ 的系数依然显著为正。这一结果与表 6 - 2 的回归结果基本一致,说明融资波动越大的股票具有更高的未来股价崩盘风险,而融资买入活动、融资

---

① 未控制其他因素影响的情况下,$MarginVol_{i,t-1}$ 的系数依然显著为正。

② 可能有学者认为"流动性提供"机制和"资产抛售"可能在不同市场流动性水平下发挥作用,正如 Kahraman and Tookes(2017)认为开通融资交易有助于提高流动性,但这种影响在危机时期发生逆转。因此,为检验这一可能,我们将在下一部分作进一步讨论。

余额均与未来股价崩盘风险不存在显著的关系。因此,剔除 2015 年个股月度数据后的回归结果也支持我们的结论。

表 6 - 3　剔除 2015 年异常样本后的回归结果

	(1)	(2)	(3)	(4)
面板 A:用 $NCSKEW_{i,t}$ 作为崩盘风险衡量指标				
$Margin_{i,t-1}$	0.1962			-0.0320
	(1.05)			(-0.15)
$MarginDebt_{i,t-1}$		0.3108		0.3248
		(0.74)		(0.72)
$MarginVol_{i,t-1}$			1.0418***	1.0621**
			(2.69)	(2.54)
控制变量	Yes	Yes	Yes	Yes
个人固定效应	Yes	Yes	Yes	Yes
月度固定效应	Yes	Yes	Yes	Yes
N	17 656	17 656	17 656	17 656
$Adj\ R^2$	0.044	0.044	0.044	0.044
面板 B:用 $DUVOL_{i,t}$ 作为崩盘风险衡量指标				
$Margin_{i,t-1}$	0.0671			-0.2657
	(0.21)			(-0.74)
$MarginDebt_{i,t-1}$		0.2357		0.4009
		(0.32)		(0.50)
$MarginVol_{i,t-1}$			1.4411**	1.6279**
			(2.19)	(2.29)
控制变量	Yes	Yes	Yes	Yes
个人固定效应	Yes	Yes	Yes	Yes
月度固定效应	Yes	Yes	Yes	Yes
N	17 656	17 656	17 656	17 656
$Adj\ R^2$	0.037	0.037	0.038	0.038

注:表中括号内表示系数对应的 t 值;*、**、*** 分别表示在 0.10、0.05、0.01 的显著性水平下显著。

2. 考虑融券交易影响

前人的文献研究表明,卖空机制有助于促进负面信息融入股价,从而降低崩盘风险(Miller,1977;Hong and Stein,2003;Bris et al.,2007;Saffi and Sigurdsson,2011)。然而,也有部分研究发现允许卖空交易可能会提高个股波动性,加剧股价的不稳定(Bhojraj et al.,2009)。甚至 Callen and Fang(2015)的研究还表明,卖空交易者具有发现未来股价崩盘风险较高的股票的能力。由于我国的融资交易制度与融券交易制度是一起推出的,标的股票在被允许融资做多的同时也被允许融券做空,且融资交易活动与融券交易活动可能存在较强的相关性,因此我们的研究结论可能来源于融券交易活动而不是融资交易活动。

为了控制融券交易活动对未来股价崩盘风险的影响,我们将融券交易的相关指标作为控制变量加入我们的回归模型,包括:①月度融券交易活动($Shorting$),参考 Diether et al.(2009)和 Boehmer and Wu(2013)的做法,我们将日融券交易量除以流通股数后求月平均得到该指标;②融券余额($ShortingDebt$),为了便于比较,我们参考 Callen and Fang(2015)的做法,将月末未偿还融券金额除以流通市值后得到 $ShortingDebt$ 指标;③融券交易波动($ShortingVol$),与 $MarginVol$ 相似,我们用每日融券交易活动的月度标准差作为月融券波动指标。

表 6-4 的列(1)~(2)给出了分别使用 $NCSKEW_{i,t}$ 和 $DUVOL_{i,t}$ 作为被解释变量的回归结果。$Margin_{i,t-1}$ 或 $MarginDebt_{i,t-1}$ 的系数均不显著,而 $MarginVol_{i,t-1}$ 的系数显著为正,这与我们主要的回归结果基本一致。进一步地,为减少异常值的影响,我们剔除了 2015 年的个股月度观察值并控制融券交易活动的影响后重新对模型式(6-5)进行参数估计。表 6-4 的列(3)~(4)给出了剔除异常值后的回归结果。$Margin_{i,t-1}$、$MarginDebt_{i,t-1}$ 和 $MarginVol_{i,t-1}$ 的符号和显著性均与表 6-2 的结果一致。因此,在控制融券交易活动影响之后,我们主要的研究结论依然成立。

值得注意的是,$Shorting_{i,t-1}$ 或 $ShortingVol_{i,t-1}$ 的系数均不显著,说明我国的融券交易对标的未来股价崩盘风险并不存在显著影响,意味着融券交易并不能起到稳定市场、降低股价崩盘风险的作用。这可能是由于目前我国融券交易比较不活跃(Li et al.,2016;褚剑、方军雄,2016),导致融券交易难以有效地发挥其对股价稳定性、崩盘风险的影响。① 然而,$ShortingDebt_{i,t-1}$ 的系数在 5% 的显著性

---

① 这是合理的,因为虽然融资交易和融券交易是同时推出的,但是中国股票市场上融券交易远远不及融资交易活跃。例如,$Shorting$ 的均值是 0.0099,而 $Margin$ 的均值是 0.1814。因此,知情融券交易者可能难以完全对高估的股票进行套利,因而也未能降低未来崩盘风险。

水平下显著为正,表明个股的融券余额与未来股价崩盘风险正相关,这与 Callen and Fang(2015)的研究结论一致,主要是由于融券交易者具有识别高管负面信息隐藏行为的能力。

表 6 - 4　控制融券交易后的固定效应面板回归结果

	全样本		剔除 2015 年样本	
	(1)	(2)	(3)	(4)
	$NCSKEW_{i,t}$	$DUVOL_{i,t}$	$NCSKEW_{i,t}$	$DUVOL_{i,t}$
$MarginVol_{i,t-1}$	0.9824***	1.4115**	1.1397***	1.7245**
	(2.81)	(2.35)	(2.74)	(2.45)
$Margin_{i,t-1}$	−0.0738	−0.2551	−0.0113	−0.2304
	(−0.42)	(−0.86)	(−0.05)	(−0.64)
$MarginDebt_{i,t-1}$	0.2778	0.4208	0.1725	0.1984
	(0.90)	(0.78)	(0.37)	(0.24)
$Shorting_{i,t-1}$	−0.2059	−1.1363	1.0280	1.3606
	(−0.25)	(−0.80)	(1.03)	(0.79)
$ShortingDebt_{i,t-1}$	109.1398**	165.4903**	110.2087**	162.8302**
	(2.53)	(2.30)	(2.41)	(2.18)
$ShortingVol_{i,t-1}$	−0.8883	0.5244	−2.3214	−2.3896
	(−0.62)	(0.21)	(−1.40)	(−0.86)
控制变量	Yes	Yes	Yes	Yes
个人固定效应	Yes	Yes	Yes	Yes
月度固定效应	Yes	Yes	Yes	Yes
N	23 423	23 423	17 656	17 656
$Adj\ R^2$	0.045	0.039	0.044	0.038

注:表中括号内表示系数对应的 t 值;*、**、*** 分别表示在 0.10、0.05、0.01 的显著性水平下显著。

3. 对更长期间的股价崩盘风险的影响

考虑到融资交易的主体是短期投机交易者(Brunnermeier and Pedersen,2009;Hirose et al.,2009),我们主要使用月度数据关注融资交易活动和未来崩盘风险之间的短期关系。然而,可能会有学者提出使用日收益率计算月度 *NCSKEW* 或 *DUVOL* 不太准确,从而质疑我们的研究结论。为了避免这一问题,我们参考 Chen et al.(2001)和 Callen and Fang(2015)的做法,进一步使用3个月和6个月的非重叠窗口重新计算崩盘风险指标。同时,为了降低异常值的影响,我们剔除异常值(2015 年的个股月度观察值)后对模型进行重新估计。表 6-5 的列(1)～(2)给出了使用未来 3 个月股价崩盘风险指标 *NCSKEW*$_{i,t}$ 和 *DUVOL*$_{i,t}$ 作为被解释变量的回归结果,列(3)～(4)则展示了使用未来 6 个月股价崩盘风险指标作为被解释变量的参数估计结果。从表 6-5 中看出,*MarginVol*$_{i,t-1}$ 的系数依然显著为正,证明我们的主要结论在更长的估计区间依然稳健,融资交易波动更大的股票在未来具有更高的股价崩盘风险。

表 6-5　对更长期间的股价崩盘风险的影响

	未来 3 个月回归		未来 6 个月回归	
	(1)	(2)	(3)	(4)
	NCSKEW$_{i,t}$	*DUVOL*$_{i,t}$	*NCSKEW*$_{i,t}$	*DUVOL*$_{i,t}$
MarginVol$_{i,t-1}$	2.3448**	1.7182***	4.2870**	2.1797**
	(2.32)	(2.78)	(2.43)	(2.43)
Margin$_{i,t-1}$	−0.6244	−0.5140*	−2.0175**	−1.4791***
	(−1.27)	(−1.71)	(−2.46)	(−3.55)
MarginDebt$_{i,t-1}$	0.0001	0.0002	−0.0006	−0.0001
	(0.12)	(0.65)	(−0.91)	(−0.20)
控制变量	Yes	Yes	Yes	Yes
个人固定效应	Yes	Yes	Yes	Yes
月度固定效应	Yes	Yes	Yes	Yes
N	3 549	3 549	2 585	2 585
Adj R^2	0.124	0.150	0.164	0.218

注:表中括号内表示系数对应的 *t* 值;*、**、*** 分别表示在 0.10、0.05、0.01 的显著性水平下显著。

6.5　融资交易波动对未来股价波动影响的可能解释

在上节中,我们发现融资交易波动更高的股票未来崩盘风险更大。我们认为融资交易波动对未来崩盘风险的影响可能是由于融资交易波动增加了套利交易风险,降低了知情交易者的套利交易活动,进而加剧了股价高估、降低了股价的信息含量,最终导致更高的未来股价崩盘风险。在本节中,我们将使用多种股票错误定价指标来进一步检验更高融资交易波动的股票是否具有更严重的股价高估。同时,使用多种信息含量指标研究了融资交易波动对股价信息含量的影响。

6.5.1　融资买入波动与股价高估

考虑到股票内在价值难以被直接观测,本部分基于公司财务报表和其市场价值数据,利用目前学界和业界都广泛使用的相对价值法计算股票错误定价指标来衡量个股的相对估值情况(Skinner and Sloan,2002;Ali et al.,2003;Doukas et al.,2010;Gao and Zhang,2015)。[1]　与绝对定价法相比,相对价值方法易于计算,被广泛应用于投资者的投资决策过程。此外,通过比较相对价值指标,投资者可以直接将股票分为不同的价值组,例如,"高估""合理"和"低估"。

进一步地,为了更好地比较不同行业个股的估值情况,我们还参考 Doukas et al.(2010)的做法对相对价值指标进行了行业调整,得到经行业调整的相对价值指标。具体来说,为了降低不同估值方法选择的干扰,我们综合使用 3 个传统错误定价指标($ConVal$),包括市销率(PS)、账面市值比(BM)和托宾 Q 比率(TQ)(Larry et al.,1994;Ali et al.,2003;Doukas et al.,2010)。[2]　进一步地,按照以下方法计算了行业调整的相对价值指标($AdjVal$)

$$AdjVal_{i,t} = \ln\left(\frac{ConVal_{i,t}}{IndMedConVal_{j,t}}\right) \qquad (6-6)$$

式中,$ConVal_{i,t}$ 是第 t 个月 i 公司(属于 j 行业)的传统错误定价指标,分别是 $PS_{i,t}$、$BM_{i,t}$ 或 $TQ_{i,t}$;$IndMedConVal_{j,t}$ 是第 t 个月 j 行业相对价值指标

---

[1]　一部分研究(Frankel et al.,1998;Dong et al.,2006;Bonaimé et al.,2014;Aabo et al.,2017)认为 Ohlson (1995)的价值评估法能够计算资产的内在价值,并将剩余收益估值(V/P)作为错误定价指标。然而,真实的股票市场(特别是新兴市场)并不满足 Ohlson(1995)的假设,例如净盈余关系和股利贴现模型的适用性。因此,我们不使用剩余收益估值作为错误定价指标。

[2]　现有文献使用多种错误定价指标。然而,鲜有证据表明市场上存在 1 个能够完全捕捉错误定价的指标。因此,我们在研究中综合使用了 3 个重要的相关指标:市销率(PS)、账面市值比(BM)和托宾 Q 比率(TQ)。

($ConVal$)的行业均值。考虑到我们主要研究的是融资买入波动对股票价值的短期影响,因此我们在月度频率上计算了经行业调整的相对价值指标。例如,我们将 t 月末公司市值除以上年度该公司的总销售额作为股票 i 的市销率($PS_{i,t}$)。[1]进一步地,我们将个股 $PS_{i,t}$ 除以其所属行业所有公司的 PS 的均值得到经行业调整的市销率($AdjPS_{i,t}$)。类似地,我们得到了第 t 月 i 股票经行业调整的账面市值比($AdjBM_{i,t}$)和经行业调整的托宾 Q 比率($AdjTQ_{i,t}$)。经行业均值调整后,上述指标具有更强的截面可比性。最后,我们在同一行业中分别对当月个股的 $AdjPS$、$AdjBM$ 和 $AdjTQ$ 进行标准化处理。[2] 更高的 $AdjPS$ 或 $AdjTQ$ 表示公司股票溢价交易,股价更可能被高估,而更高的 $AdjBM$ 则意味着公司股价可能被低估。

　　得到行业调整的相对价值指标后,我们使用控制个股层面和月份层面的固定效应面板回归模型检验融资交易波动对股票错误定价水平的影响。具体而言,我们分别将经行业调整的错误定价指标(分别为 $AdjPS$、$AdjBM$ 和 $AdjTQ$)对融资交易波动指标($MarginVol_{i,t}$)进行回归。参考 Doukas et al.(2010)的做法,我们还加入了多个可能影响股票估值水平的因素:机构持股比例($Insti$,上一季度末机构持有股票占流通股数的比例),杠杆率(Lev,上年末总负债与总资产的比率),盈利能力(ROA,上年末净利润除以总资产),公司规模($lnCap$,上年末公司市值除以 10 亿后的自然对数),以及特质风险指标($SIGMA$,日个股收益率对市值加权的市场收益率回归模型残差的标准差)。

　　表 6-6 的列(1)~(3)给出了分别将 $AdjPS$、$AdjBM$ 和 $AdjTQ$ 作为经行业调整的错误定价指标的全样本回归结果。在 1% 的显著性水平下,列(2)中 $MarginVol$ 的系数显著为负,列(3)中 $MarginVol$ 的系数显著为正(t 统计量分别为 −6.60 和 3.43),意味着融资交易波动更大的股票具有更低的经行业调整账面市值比和更高的经行业调整的托宾 Q 比率。这一结果表明融资买入波动更大的股票更可能被高估。

　　为了使我们的研究结果更稳健,我们对剔除异常值(2015 年的个股月度数据)后的子样本重新进行回归。表 6-6 中的列(4)~(6)给出了分别使用 $AdjPS$、$AdjBM$ 和 $AdjTQ$ 作为经行业调整的错误定价指标的参数估计结果。列(5)/列(6)中 $MarginVol$ 的系数依然显著为负/正,这与全样本的估计结果一

---

[1]　我们也使用上一季度财务报表中的公司总销售收入计算了该指标,结果并未改变。
[2]　在没有标准化的情况下,我们的结果依然稳健。

致。此外,列(4)中 $MarginVol$ 的系数在 5% 的显著性水平下也显著为正,表明融资买入波动更大的股票具有更高的经行业调整的市销率。因此,剔除 2015 年异常期间后,我们的回归结果也支持全样本回归下的结论——融资买入波动更大的股票更容易被高估。

表 6 - 6　融资交易波动对股票估值水平的影响

	全样本			剔除 2015 年数据后的子样本		
	(1)	(2)	(3)	(4)	(5)	(6)
	$AdjPS_{i,t}$	$AdjBM_{i,t}$	$AdjTQ_{i,t}$	$AdjPS_{i,t}$	$AdjBM_{i,t}$	$AdjTQ_{i,t}$
$MarginVol_{i,t}$	0.0407	−0.1890 ***	0.0734 ***	0.0507 **	−0.1643 ***	0.0548 **
	(1.13)	(−6.60)	(3.43)	(2.02)	(−5.06)	(2.26)
$Margin_{i,t}$	−0.0294	0.0657 ***	−0.0100	−0.0147	0.0583 ***	−0.0110
	(−1.57)	(4.34)	(−0.84)	(−1.01)	(3.44)	(−0.78)
$MarginDebt_{i,t}$	−0.0369	0.0260	−0.0373 *	−0.0393	0.0427	−0.0546
	(−1.14)	(1.04)	(−1.90)	(−1.50)	(1.35)	(−1.63)
$Insti_{i,t}$	0.0421	−0.0370 *	0.0003	0.0143	−0.0270	−0.0051
	(1.48)	(−1.67)	(0.03)	(1.33)	(−1.14)	(−0.44)
$Lev_{i,t}$	−0.0031 ***	0.0030 ***	−0.0009 **	−0.0021 ***	0.0023 **	−0.0002
	(−3.25)	(3.04)	(−2.22)	(−2.74)	(2.09)	(−0.34)
$ROA_{i,t}$	0.0003	−0.0190	0.0251	−0.0089	−0.0535 ***	0.0470 **
	(0.02)	(−1.23)	(1.49)	(−0.57)	(−2.71)	(2.37)
$lnCap_{i,t}$	−0.0084 ***	−0.0071 ***	0.0026	−0.0013	−0.0074 ***	0.0022
	(−2.86)	(−3.23)	(1.51)	(−0.95)	(−3.37)	(1.13)
$Sigma_{i,t} \times 100$	0.0019 **	−0.0118 ***	0.0054 ***	0.0034 ***	−0.0130 ***	0.0059 ***
	(2.03)	(−18.57)	(9.96)	(7.52)	(−18.46)	(9.28)
个体固定效应	Yes	Yes	Yes	Yes	Yes	Yes
月度固定效应	Yes	Yes	Yes	Yes	Yes	Yes
N	22 955	22 955	22 955	17 349	17 349	17 349
$Adj\ R^2$	0.723	0.752	0.714	0.726	0.773	0.730

注:表中括号内表示系数对应的 t 值;*、**、*** 分别表示在 0.10、0.05、0.01 的显著性水平下显著。

6.5.2　融资买入波动与股价信息含量

为了研究融资买入交易对信息含量的影响,我们使用日内报价数据计算了多个信息含量指标。第 1 个信息含量的指标是定价错误指标,用于度量实际股价与随机游走价格的偏差。参考 Hasbrouck(1993)和 Boehmer and Kelley(2009)的做法,我们利用向量自回归模型从实际股价序列(P_t)中分离得到错误定价水平(S_t),并将 S_t 标准差除以 P_t 标准差进行规格化处理后得到了具有可比性的错误定价指标($PriceErr$)。第 2 个相对信息含量的高频指标是报价中间价收益率自相关系数绝对值。Boehmer and Wu(2013)认为无论报价中间价收益率自相关性的方向(正相关或负相关)如何,如果报价中间价越有效,那么其收益率自相关系数绝对值应该越小。参考 Chordia et al.(2005)的做法,我们使用日内 5 分钟分笔交易数据计算该指标($|AR5|$)。第 3 个指标是方差比率。前人广泛使用方差比率研究资产价格是否符合随机游走(Lo and MacKinlay,1988;Boehmer and Kelley,2009;Saffi and Sigurdsson,2011)。我们将 5 分钟频率的报价中间价收益率的方差除以 1 分钟报价中间价收益率方差的 5 倍,然后减 1 并取绝对值得到了该信息含量指标($|VR1\_5|$)。值得注意的是,$PriceErr$、$|AR5|$ 和 $|VR1\_5|$ 都是股价信息含量的反向指标,指标值越大,股价信息含量越低。

在此基础上,我们构建面板回归模型检验融资交易波动($MarginVol$)对股价信息含量的影响。参考前人文献(Boehmer and Kelley,2009;Saffi and Sigurdsson,2011;Boehmer et al.,2013),我们控制了可能影响股价信息含量的其他变量:①上月末股价的自然对数($\ln Price$);②公司规模($\ln Cap$),股票市值除以 10 亿后取自然对数;③换手率($Turnover$),每月交易量除以上年末流通股数;④上季度末机构投资者的持股比例($Insti$)。此外,我们还使用个体和时间聚类稳健标准误以控制个股和时间层面可能存在的序列相关(Thompson,2011)。

为减少异常值的干扰,我们使用剔除 2015 年个股月度观察值后的数据将信息含量指标对融资买入波动进行回归。[①] 表 6-7 中的列(1)~(3)给出了分别使用 $PriceErr_{i,t}$、$|AR5|_{i,t}$ 和 $|VR1\_5|_{i,t}$ 作为信息含量指标的回归结果。[②] 回归结果显示,$MarginVol_{i,t}$ 的系数在 1% 的显著性水平下均显著为正(t 统计量分别为 14.25、5.03 和 14.62),意味着融资交易波动更大的股票具有更大的定价错误、更大的报价中间价收益率自相关系数绝对值和更大的方差比率。这一结果表明融

---

① 这一结果与使用未剔除 2015 年个股月度观察值的数据的结果相同。
② 即使控制了融资买入活动($Margin$)的影响之后,$MarginDev$ 的系数依然显著为正。

资交易波动降低了股价的信息含量,与我们的理论分析基本一致。[①]

此外,部分前人研究(Boehmer et al.,2013;Zhao et al.,2013;Shyu et al.,2018)认为融券交易活动也可能影响股价的信息含量。为了控制融券交易的可能影响,我们也将融券交易活动指标($Shorting$)作为控制变量并重新对模型进行参数估计。表 6-7 中的列(4)~(6)给出了分别使用 $PriceErr_{i,t}$、$|AR5|_{i,t}$ 和 $|VR1\_5|_{i,t}$ 作为被解释变量的回归结果。控制了融券交易活动影响指标,$MarginVol_{i,t}$ 的系数依然显著为正且 t 统计量依然很高,这与表 6-7 中列(1)~(3)的结果一致,意味着融资买入波动降低了股价信息含量。

表 6-7　融资交易波动对股价信息含量的影响

	(1)	(2)	(3)	(4)	(5)	(6)
	$PriceErr_{i,t}$	$|AR5|_{i,t}$	$|VR1\_5|_{i,t}$	$PriceErr_{i,t}$	$|AR5|_{i,t}$	$|VR1\_5|_{i,t}$
$MarginVol_{i,t}$	0.1161***	0.0779***	0.2216***	0.1154***	0.0768***	0.2210***
	(14.25)	(5.03)	(14.62)	(14.31)	(4.97)	(14.62)
$Shorting_{i,t}$				−0.0804***	−0.0516*	−0.0316
				(−5.75)	(−1.70)	(−1.14)
$Price_{i,t}$	−0.0111***	−0.0131***	−0.0226***	−0.0111***	−0.0130***	−0.0226***
	(−15.34)	(−10.70)	(−13.56)	(−15.06)	(−10.62)	(−13.51)
$lnCap_{i,t}$	−0.0006	0.0041***	0.0007	−0.0001	0.0043***	0.0009
	(−0.82)	(3.79)	(0.44)	(−0.21)	(4.00)	(0.54)
$Turnover_{i,t}$	−0.0157***	−0.0079***	−0.0095***	−0.0157***	−0.0079***	−0.0095***
	(−20.79)	(−6.48)	(−5.78)	(−20.70)	(−6.48)	(−5.77)
$Insti_{i,t}$	0.0040	0.0231**	0.0010	0.0038	0.0229**	0.0009
	(1.00)	(2.47)	(0.13)	(0.96)	(2.45)	(0.12)
个体固定效应	Yes	Yes	Yes	Yes	Yes	Yes
月度固定效应	Yes	Yes	Yes	Yes	Yes	Yes
N	17 656	17 656	17 656	17 656	17 656	17 656
$Adj\ R^2$	0.569	0.085	0.538	0.571	0.085	0.538

注:表中括号内表示系数对应的 t 值;*、**、*** 分别表示在 0.10、0.05、0.01 的显著性水平下显著。

[①] 参考 Boehmer and Wu(2013)的做法,我们使用一阶滞后的 $MarginDev$($LagMarginDev$)作为解释变量以解决可能存在的内生性问题。$LagMarginDev$ 的系数也显著为正,说明我们的回归结果具有一定的稳健性。

因此,通过多个信息含量指标对融资买入波动指标的回归分析,我们发现融资买入波动降低了股价信息含量。考虑到融资交易机制允许投资者通过购买股票获利,融资交易者更有可能对利好信息积极反应,增加了股价中的正面信息含量。而我们前一部分的研究也表明更高的融资买入波动导致了更严重的股价高估。因此,融资交易波动对信息含量的不利影响很可能是由于其降低了股价中的负面信息含量。这可能进一步加剧负面信息的积累,增加未来股价崩盘风险(Jin and Myers,2006;Hutton et al.,2009)。

6.6 进一步研究

6.6.1 实施融资交易制度对崩盘风险的影响

自 2010 年 3 月 31 日首次实施融资交易制度后,融资标的清单经过数次扩容。本研究选取了 2011 年 12 月 5 日、2013 年 1 月 31 日、2013 年 9 月 16 日、2014 年 9 月 22 日和 2016 年 12 月 12 日进行的 5 次主要的扩容。这些事件为我们检验融资交易制度对股价崩盘风险的整体影响提供了一个良好的准自然实验。参考 Bao 等(2018)的做法,我们使用 DID 模型研究上述问题,样本区间是 2006 年 1 月—2017 年 6 月。具体来说,对于每次事件,我们以新调入融资标的股票作为处理组,并根据换手率、市值、股价计算倾向得分后进行匹配得到对照组(LaLonde,1986;Chang et al.,2007)。[①] 基于此,我们设定如下回归模型进行估计

$$CrashRisk_{i,t} = \beta_0 + \beta_1 \cdot List_{i,t} + \beta_2 \cdot Post_{i,t} +$$
$$\beta_3 \cdot List_{i,t} \times Post_{i,t} + \delta \cdot \sum Controls_{i,t-1} + \varepsilon_{i,t} \quad (6-7)$$

其中,$CrashRisk_{i,t}$ 是第 t 个月 i 股票的股价崩盘风险指标,由 $NCSKEW_{i,t}$ 或 $DUVOL_{i,t}$ 表示;$List_{i,t}$ 是一个虚拟变量,融资标的股票为 1,非融资标的股票取 0;$Post_{i,t}$ 代表事件前后的虚拟变量,对于每次事件,事件前 $Post_{i,t} = 0$、事件后 $Post_{i,t} = 1$。此外,我们也在模型式(6-7)中加入了一系列控制变量以控制其他因素的可能干扰。

在上述模型中,$List_{i,t}$ 的系数(β_1)衡量了样本期间融资标的与非融资标的之间的崩盘风险差异,$Post_{i,t}$ 的系数(β_2)度量了事件发生前后整体股票崩盘风险的

---

① 我们也根据换手率、市值、波动率计算倾向得分并重新构建对照组,DID 的回归结果依然稳健。此外,参考 Chan et al.(2013)的方法,我们使用样本期间未在试点名单内的股票构建对照组,估计结果也与 PSM 方法的结论一致。

变化。因此,交乘项 $List_{i,t} \times Post_{i,t}$ 的系数(β_3)则反映了融资列表扩容对新标的股价崩盘风险的净影响。

我们利用包含月份固定效应的最小二乘法对模型式(6-7)进行估计,回归结果如表 6-8 所示。列(1)和列(3)给出了使用 $NCSKEW_{i,t}$ 作为被解释变量的参数估计结果,列(2)和列(4)给出了将 $DUVOL_{i,t}$ 作为被解释变量的回归结果。从表 6-8 可以看出,$List_{i,t}$ 在列(1)~(4)中的系数均显著为负,说明与非融资标的相比,融资标的崩盘风险更小。同时,列(1)~(4)中 $List_{i,t} \times Post_{i,t}$ 的系数在 1% 的显著性水平下显著为正,意味着允许融资交易制度的推出(净)增加了标的股票的股价崩盘风险。

表 6-8　融资交易制度的推出对标的股票崩盘风险的影响

	(1) $NCSKEW_t$	(2) $DUVOL_t$	(3) $NCSKEW_t$	(4) $DUVOL_t$
$List_{i,t} \times Post_{i,t}$	0.0610***	0.0941***	0.0503***	0.0799***
	(7.54)	(6.96)	(6.14)	(5.81)
$List_{i,t}$	−0.0582***	−0.0929***	−0.0477***	−0.0803***
	(−8.86)	(−8.57)	(−6.48)	(−6.56)
$Post_{i,t}$	−0.0064	−0.0102	−0.0144	−0.0203
	(−0.67)	(−0.65)	(−1.52)	(−1.29)
$lnCap_{i,t-1}$			−0.0003	0.0002
			(−0.12)	(0.04)
$Dturnover_{i,t-1}$			0.0107*	0.0175*
			(1.77)	(1.75)
$Return_{i,t-1}$			0.3320***	0.4948***
			(18.44)	(16.47)
$BM_{i,t-1}$			−0.0037	−0.0041
			(−1.63)	(−1.22)
$Lev_{i,t-1}$			0.0000	0.0001
			(0.49)	(1.07)
$Sigma_{i,t-1} \times 100$			0.2889***	0.3532***
			(5.17)	(4.51)
月度固定效应	Yes	Yes	Yes	Yes
N	146 060	146 060	146 060	146 060
$Adj\ R^2$	0.050	0.048	0.055	0.052

注:表中括号内表示系数对应的 t 值;*、**、*** 分别表示在 0.10、0.05、0.01 的显著性水平下显著。

通过运用 DID 方法,我们发现允许融资交易之后,融资标的股票的股价崩盘风险显著增加。[①] 本部分通过比较事件前后融资标的股票相对于非融资标的股票的崩盘风险变化,为融资交易影响标的股价崩盘风险提供了进一步的证据。

6.6.2　不同流动性水平下融资交易与崩盘风险的关系

在本章的理论分析部分,我们提出融资交易可能通过"流动性提供"机制或"资产抛售"机制进而影响标的股票的未来股价崩盘风险。然而,我们的实证结果表明,融资买入交易活动或融资余额均无法解释未来股价崩盘风险的变化,即实证结果尚不支持"流动性提供"机制或"资产抛售"机制。

然而,上述两种渠道却可能在不同的市场流动性水平下发挥作用。例如,Kahraman and Tookes(2017)认为融资交易整体上有利于增加市场流动性,但是在市场缺少流动性时很可能加剧流动性枯竭。因此,融资交易对未来崩盘风险影响的机制("流动性提供"机制或"资产抛售"机制)可能会因市场流动性水平不同而有所差异。在市场流动性充足时,融资交易可能充当流动性提供者的角色,进而降低未来崩盘风险,即"流动性提供"机制很可能在市场流动性充足的时候发挥作用;而在流动性下降时期,融资偿还交易可能进一步造成流动性枯竭并导致未来更大的崩盘风险,即"资产抛售"机制可能在市场流动性较差时发挥作用。为了检验这一可能,我们根据市场流动性水平差异将样本分为高分组和低分组,并进一步进行回归分析。表 6 - 9 报告了使用 2011 年 4 月—2017 年 6 月样本区间的参数估计结果。[②]

在表 6 - 9 中的列(1)和列(4),我们加入了两个新的解释变量:①高流动性虚拟变量(Dhl),t 月的市场换手率高于均值则 Dhl 取 1,否则取 0;②$Margin$ 和 Dhl 的交乘项($Margin \times Dhl$)。从列(1)和列(4)的结果来看,$Margin$ 和 $Margin \times Dhl$ 的系数均不显著。这说明即使在高流动性的市场上,融资买入交易也不能起到降低未来股价崩盘风险的作用,进一步拒绝了"流动性提供"机制。[③]

类似地,我们在表 6 - 9 中的列(2)和列(5)报告了加入 Dhl、$MarginDebt$ 及 $MarginDebt \times Dhl$ 作为解释变量的回归结果。结果显示,$MarginDebt$ 和 $MarginDebt \times Dhl$ 的系数均不显著,表明即使在更差流动性的市场,融资余额更

[①]　我们也使用周度频率的数据计算了年度频率的崩盘风险指标,运用年度 DID 回归检验了融资交易制度开通的影响。使用年度数据(未列出)的回归结果与使用月度数据的回归结果一致。

[②]　我们在剔除异常值(2015 年个股月度观察值)之后也进行了回归,研究结果依然稳健。

[③]　$Margin_{i,t-1}$ 的系数不显著,这与表 6 - 2 的结果一致。

高的股票在未来也不具有更大的崩盘风险,这也进一步拒绝了"资产抛售"机制。[①]

此外,我们将 $Margin$、$Margin \times Dhl$、$MarginDebt$ 和 $MarginDebt \times Dhl$ 同时作为解释变量重新对回归模型进行估计,并将参数估计结果报告于表 6 - 9 的列(3)和列(6)中。可以看出,相关变量的回归系数依然不显著。

总之,我们的回归结果表明即使在流动性高的市场,融资买入交易和融资余额均不会对未来崩盘风险产生影响。[②] 这进一步否定了"流动性提供"机制和"资产抛售"机制假说。

表 6 - 9 整体流动性对"流动性提供"和"资产抛售"渠道的影响

	因变量:$NCSKEW_{i,t}$			因变量:$DUVOL_{i,t}$		
	(1)	(2)	(3)	(4)	(5)	(6)
$Margin_{i,t-1}$	0.2284		0.0226	0.2082		-0.0931
	(1.14)		(0.10)	(0.61)		(-0.25)
$Margin_{i,t-1} \times Dhl_{i,t-1}$	-0.1921		-0.1666	-0.3309		-0.2829
	(-0.85)		(-0.71)	(-0.84)		(-0.70)
$MarginDebt_{i,t-1}$		0.2500	0.2559		0.2823	0.3661
		(0.69)	(0.68)		(0.45)	(0.56)
$MarginDebt_{i,t-1} \times Dhl_{i,t-1}$		0.0262	0.0835		-0.0068	0.0712
		(0.09)	(0.27)		(-0.01)	(0.13)
$MarginVol_{i,t-1}$			0.9132***			1.3397**
			(2.63)			(2.24)
$Dhl_{i,t-1}$	0.0659	0.0584	0.0330	0.1117	0.0702	0.0336
	(0.57)	(0.56)	(0.46)	(0.56)	(0.37)	(0.28)
控制变量	Yes	Yes	Yes	Yes	Yes	Yes
个体固定效应	Yes	Yes	Yes	Yes	Yes	Yes
月度固定效应	Yes	Yes	Yes	Yes	Yes	Yes
N	23 423	23 423	23 423	23 423	23 423	23 423
$Adj R^2$	0.045	0.045	0.045	0.038	0.038	0.039

注:表中括号内表示系数对应的 t 值;*、**、*** 分别表示在 0.10、0.05、0.01 的显著性水平下显著。

[①] $MarginDebt_{i,t-1}$ 的系数不显著,这与表 6 - 2 的结果一致。

[②] 此外,我们按照总体市场换手率的均值将我们的样本分为两个子样本,分别使用子样本重新估计模型式(6 - 4)(回归结果未列出)。无论是使用高于还是低于均值的样本,$Margin$($MarginDebt$)的系数均不显著,这也进一步证明即使在高流动性的市场,"流动性提供"渠道和"资产抛售"渠道均无效。

6.7　本章小结

融资交易被普遍认为是导致更多投机性杠杆交易、降低股市稳定性的"元凶",尤其是在 1987 年美国股市崩盘之后。此外,我国股票市场 2015 年的异常波动也使得监管层、学者们纷纷关注杠杆融资交易对市场稳定性的影响。然而,鲜有文献研究融资交易对未来股价崩盘风险的影响。我们提出融资交易可能通过"流动性提供""资产抛售"和"套利风险"这 3 个机制影响未来股价崩盘风险。

我们以"经市场调整后的日收益率负偏度"和"股价上升和下降阶段波动性的差异"作为衡量标的股价崩盘风险的指标,并使用衡量融资交易不同方面的多个代理变量,运用回归分析方法实证检验了融资交易制度对未来股价崩盘风险的影响及其机制。我们的实证结果表明融资买入交易相对水平和融资余额均不会对未来股价崩盘风险产生影响,这拒绝了"流动性提供"机制和"资产抛售"机制的假说。同时,我们发现融资交易波动越高的股票未来的崩盘风险越大,这为"套利风险"机制提供了证据。此外,我们证明了融资交易波动更高的股票更可能被高估,且融资交易波动降低了股价的信息含量,这进一步支持"套利风险"机制的观点。总之,上述结论表明融资交易波动导致股价高估和更少的信息含量,并因此导致未来更大的崩盘风险。

本章通过提供直接的证据表明融资买入波动导致股价高估,降低股价信息含量,进而增加未来崩盘风险,进一步补充了前人关于融资交易影响的研究。此外,我们从微观市场结构的角度丰富了股价崩盘风险的相关文献。我们认为融资买入波动增加了套利风险,抑制了知情交易者的套利交易活动,引发了更高的崩盘风险。最后,我们的研究结果具有重要的政策意义。由于是融资交易波动而不是融资买入交易和融资余额导致了未来更高的崩盘风险,政策制定者应更多地通过控制融资交易波动来稳定股票市场。

第7章　融资交易与投资者行为偏差：
基于股价前期高点的研究

7.1　引言

我国于 2010 年 3 月 31 日正式实施的融资融券交易制度填补了我国股票市场长期以来卖空交易的空白，是我国股票市场走向成熟的重要举措之一。那么，融资融券交易制度的开通是否有利于我国股票市场的价格发现、促进市场稳定，在这一过程中融资交易、融券交易各自的作用又如何？目前相关研究主要基于价格延迟、定价错误、R^2 等指标并运用 DID、面板回归模型等方法检验融资交易、融券交易对定价效率的影响（Chang et al.，2014；李志生等，2015；Chen et al.，2016；褚剑、方军雄，2016；顾琪、王策，2017），但是由于融资融券标的入选的非随机性且不同的指标代表了定价效率的不同方面，前人的研究结论并不一致。特别地，虽然目前关于融券交易促进我国股市价格发现的结论比较一致，但是对于融资交易对我国股市的影响仍存在较大的分歧。[①]

金融异象的存在为进一步研究融资交易、融券交易对我国股市的影响提供了新的途径（Hwang and Liu，2012；Israel and Moskowitz，2013）。De Long et al.（1990）、Grinblatt and Keloharju（2001）的研究表明，成熟、理性的交易者受其他投资者行为偏差的影响较小，甚至能够发现并修正其他投资者的行为偏差。因此，如果融资（融券）交易者是成熟、理性的交易者，那么融资（融券）交易应该有助于缓解金融异象。反之，如果融资（融券）交易者是以缺乏经验的噪声交易者为主，则可能加剧已有的金融异象。

在诸多的金融异象中，股价上涨至前期高价附近时表现出来的动量或反转效应（简称"前期高点效应"）在近年来讨论较多。例如，George and Hwang（2004）

[①]　例如 Chang et al.(2014)并没有发现融资对定价效率有显著的影响，Chen et al.(2016)的研究表明融资交易提高了标的的定价效率。相反，褚剑、方军雄(2016)却发现融资交易提高了股价的崩盘风险，降低了市场的定价效率。

发现美国市场中存在 52 周前期高价效应：当股价接近 52 周前期高价时，投资者对好消息反应不足，股价在未来会进一步上涨；而当股价远离 52 周前期高价时，投资者对坏消息反应不足，股价在未来将会进一步下跌。而且，Hong et al.(2015)发现 52 周高价效应不能用传统的风险因子解释。Li and Yu(2012)则发现了"锚定"历史高价的行为偏误：当股价接近历史高价时，投资者对好消息反应过度，导致未来股价下跌；当股价远离历史高价时，投资者对坏消息反应过度，导致未来股价上涨。我国学者的研究重点以 52 周股价新高效应为主。张峥等(2005)讨论了中国市场的 52 周前期股价高点效应，发现采用 52 周前期股价高点构造的惯性策略能获得 0.84% 的显著的超额收益率。饶育蕾等(2014)则发现股价新高后存在"短期内正收益、后续收益反转"的收益率异常现象。吴晶和王燕鸣(2015)也发现股价突破 52 周历史最高价后持有期为 1～2 周的投资策略能够获取正的超额收益率。

前期高价的存在并不一定具有基本面的信息，但是却是投资者在投资决策过程中的重要参考(Lee and Piqueira，2017)。例如，Grinblatt and Keloharju(2001)的研究表明投资者会以上个月的最高价(或最低价)作为当期卖出(或买入)的参考点。因此，前期高价往往会成为投资者决策时重要的"锚"，投资者以前期高价为"参照点"的行为偏差是"前期高点效应"的主要成因(George and Hwang，2004；张峥等，2005；Huddart et al.，2009；Li and Yu，2012；Hong et al.，2015)。

与此同时，诸多研究表明，卖空交易者是理性的、成熟的知情交易者(例如，Hong and Stein，2003；Saffi and Sigurdsson，2011；Boehmer and Wu，2013)。因此，卖空交易者可能有助于发现并修正其他投资者的行为偏差，在一定程度上缓解"前期高点效应"的金融异象(De Long et al.，1990；Grinblatt and Keloharju，2001)。例如，Lee and Piqueira(2017)基于 52 周高价和历史高价的研究发现，卖空交易有助于修正股价在接近 52 周高价或历史高价时的收益率异常现象，意味着卖空交易者是成熟的交易者，有助于发现并修正其他交易者的行为偏差。那么，对我国股市而言，融资交易、融券交易在"前期高点效应"这一金融异象中的作用如何？是如同成熟、理性的交易者那样，发现并修正其他交易者的行为偏差(De Long et al.，1990；Grinblatt and Keloharju，2001)，还是与其他非理性投资者类似，存在严重的行为偏差(Barber and Odean，2001)，并进一步加剧了股市的"前期高点效应"？此外，在这个过程中，融资交易、融券交易的角色是否存在差异？

我国股市是一个以个人投资者为主的市场。长期以来，个人投资者更习惯于先买入后卖出并以此获利，因此个人投资者更有可能参与融资交易而避免从事不擅长、风险较高的融券交易(Chang et al.,2014)。此外，相比机构投资者而言，我国股市的个人投资者存在较高的融资障碍，当个人投资者判断未来股价要上涨的时候，较难从其他的渠道获得资金。融资融券交易制度开通以后，个人投资者更有可能成为融资交易的主体。然而，大部分的个人投资者是缺乏经验、非理性的投资者，存在更严重的行为偏差(Barber and Odean,2001;Ang et al.,2006)。因此，以个人投资者为主体的融资交易可能无法发现并修正已经存在的"股价前期高点效应"，反而可能会加剧这一金融异象。相反，机构投资者有更丰富的交易经验，其交易行为也更理性，并且机构投资者也被证明是拥有信息的知情交易者。在面临较高的融券成本的情况下，只有拥有比较确定的负面信息的机构投资者才会参与到融券交易中来。例如，Boehmer et al.(2008)就发现有 74% 的融券交易来自机构投资者，而仅有 2% 不到的融券交易来自个人投资者。因此，我国机构投资者更有可能是融券交易的主体，融券交易更有可能是来自成熟投资者的信息交易(Chang et al.,2014)。因此，我国的融券交易可能有助于发现并修正"股价前期高点效应"的行为偏差。

更重要的是，从目前的发展来看，我国股市融资交易、融券交易发展呈现出极不平衡的态势(如图 7 - 1 所示)。截至 2017 年 5 月，我国股市融资余额达到9063亿元，而同期融券余额仅有 47 亿元，融券余额仅占到融资余额的 0.52%。在此情况下，融资交易的影响可能会远远高于融券交易所带来的影响，因此进一步区分并检验融资交易、融券交易对我国股市效率的影响，具有重要的意义。

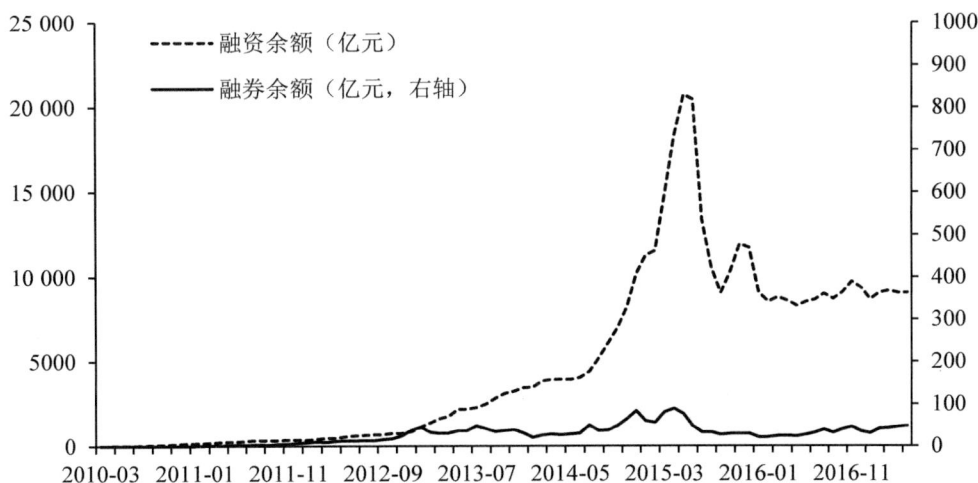

图 7 - 1　我国股市融资余额、融券余额变化情况

本章首先利用股权分置改革以来全部个股的数据样本构建面板回归模型,并检验了我国股市存在的"股价前期高点效应"。我们发现,我国股市存在显著的前期 1 个月、3 个月高价效应,不存在明显的前期 6 个月、12 个月以及历史高价效应。具体表现为,股价越接近前期 1 个月或 3 个月高价,未来收益率越低,即股价接近短期高价时投资者更倾向于对好消息过度反应,导致未来收益率下降。进一步地,我们利用我国股市融资融券开通以来的标的融资、融券交易的相关数据,讨论当股价接近前期 1 个月、3 个月最高价时的融资、融券交易情况。我们发现,当股价接近前期股价高点且未来收益率较低(甚至为负)的情况下,融资交易显著增加而融券交易并无明显变化,意味着融资、融券交易者均未能发现我国股市的"股价前期高点效应"这一收益率"异象"。特别地,在股价接近前期 1 个月、3 个月高价且在未来很可能下降的情况下,融资反而显著增加,这进一步说明我国的融资交易者并非理性、成熟的交易者,可能更多的是来自个人投资者的投机交易。最后,我们还进一步检验了股价临近前期高点时融资交易对未来收益率的影响,我们发现,股价距离前期高点越近且融资越多的股票,其未来的收益率下降越多,这意味着融资交易进一步加剧了我国股市的"股价前期高点效应",说明我国股市的融资交易者也存在行为偏差。

本章的主要贡献在于,针对现有文献在融资、融券交易如何影响定价效率方面的研究不足,我们基于行为金融学的视角讨论了融资、融券交易对"股价前期高点效应"的反应。通过实证发现,融资交易加剧了股价接近前期高价时的行为偏差,而融券交易的影响并不明显。本章的研究为检验融资、融券对我国证券市场的影响提供了一个更直接的证据,也对监管部门更有针对性地规范融资、融券交易提供了政策参考意义。从市场良性运行的角度,提高融资交易门槛,适当限制融资交易,对于减少市场中的非理性投资、提高整个市场的定价效率具有重要的意义。

本章余下部分的结构如下:第 2 部分为研究设计,主要介绍实证分析模型、关键指标的度量、控制变量的选取等;第 3 部分为实证结果及其分析,展示了实证结果,并进行了详细的解释和讨论;第 4 部分为结论。

7.2 研究设计

7.2.1 当前价与前期最高价的相对指标

股价的前期高点不具备与公司基本面有关的信息,却是投资者在买卖决策过程中的重要"参照点"。例如，投资者在交易时会参考当前股价与前期均价（例如 20 天、60 天、120 天等移动平均价）的关系，并决定买入或者卖出。而前期的高价往往会被视为股价上涨时的压力价位或者股价下跌时的支撑价位。因此，当前价与前期高价的接近程度很可能影响了投资者的行为决策并对股价产生影响。参考 George and Hwang(2004)、Li and Yu(2012)、Lee and Piqueira(2017)的做法，我们以月收盘价除以前期最高价作为当前股价与前期股价高点的接近程度，用 NH 表示。具体而言，我们定义

$$NH_{i,t} = \frac{P_{i,t}}{PH_{i,t}} \qquad\qquad (7-1)$$

式中，$P_{i,t}$ 表示个股 i 在 t 月的收盘价，而 $PH_{i,t}$ 则表示个股 i 的前期高价。从该指标的定义可以看出，NH 越大说明当月股价越接近前期高价，而 NH 越小说明当月股价越远离前期高价。值得注意的是，由于本章研究的重点在于讨论股价上涨至接近前期高价（而非股价新高）时的融资、融券行为，因此我们剔除了当前价大于前期高价的样本，即不考虑 NH 大于 1 的样本。

在计算当前价与前期高价的接近程度指标（NH）过程中，前人的研究集中于前 52 周（12 个月）高价、历史高价这两种类型，因此我们也分别用上式计算得到当前股价与前 12 个月最高价的相对价格（$NH12$）、与历史最高价的相对价格（NHH）。此外，考虑到投资者决策过程中会参考 20 天、60 天、120 天等移动平均价，[①]我们也分别计算了当前价与前 1 个月最高价、前 3 个月最高价、前 6 个月最高价的相对价格指标，分别用 $NH1$、$NH3$、$NH6$ 表示。

7.2.2　实证分析模型

目前关于我国"股价前期高点效应"的相关研究（饶育蕾等，2014；吴晶、王燕鸣，2015）主要讨论股价突破前期高价之后的收益率动量或者收益率反转现象，较少有文献讨论在我国股票市场中股价接近前期高价时可能存在的收益率异象，而由于市场发展程度不同、投资者结构差异等因素，国外关于前 52 周最高价、历史最高价所得到的结论也不一定适合我国的市场。因此，为了检验融资、融券交易是否有助于发现并修正股价接近前期高价时可能存在定价偏误，我们首先基于股权分置改革以来的全市场个股的数据样本构建了月度面板回归模型用于检验我国市场存在的"股价前期高点效应"。模型设定如下

---

① 例如 Grinblatt and Keloharju(2001)就发现投资者倾向于以上个月的最高价或最低价为参考点，在上个月最高价附近卖出而在上个月最低价附近买入。

$$CAR_{i,t+1} = \alpha + \beta \cdot NH_{i,t-1} + \gamma \cdot Controls_{i,t} + \varepsilon_{i,t} \qquad (7-2)$$

式中,$CAR_{i,t+1}$ 表示个股 i 在 $t+1$ 月的收益率,在具体实证过程中,我们使用经 CAPM 模型调整后的超额收益率作为被解释变量。为了避免由于买卖价差引起的收益率偏误(Kaul and Nimalendran,1990),我们参考 Lee and Piqueira(2017) 的做法,在 NH 指标和被解释变量之间间隔 1 个月,即取个股 i 在 $t-1$ 月的相对价格指标($NH_{i,t-1}$)作为关键的解释变量。在该模型中,如果 β 显著大于 0,则说明股价接近前期高价时,未来将进一步上涨(动量);反之,如果 β 显著小于 0,则说明股价越接近前期高价,未来收益率越低(反转)。

此外,参考 Diether et al.(2009)、Lee and Piqueira(2017)等研究,我们还在上述模型中引入了可能对未来股价收益率产生影响的其他指标,主要包括:①当月实际收益率($Ret_{i,t}$);②滞后一期的公司规模($\ln Cap_{i,t-1}$),用 $t-1$ 月末个股流通市值除以 10 亿后取自然对数计算得到;③滞后一期的账面价值与市值比($B/M_{i,t-1}$);④过去 5 个月的实际累计收益率($Ret_{t-5,t-1}$);⑤过去 5 个月的平均换手率($Turnover_{t-5,t-1}$)。

在此基础上,我们进一步讨论股价接近前期高点时的融资、融券交易行为。如果股价上涨至接近前期高价时表现出收益率动量,那么理性、成熟的交易者应该增加融资交易、减少融券交易;反之,如果股价上涨至接近前期高价时表现出收益率反转,那么理性、成熟的交易者应该减少融资交易、增加融券交易。而非理性、不成熟的交易者则可能采取与上述相反的操作。为了检验股价上涨至前期高价时的融资、融券交易行为,我们以 2010—2016 年以来的所有融资、融券标的为研究对象,参考 Lee and Piqueira(2017)的做法构建如下月度面板回归模型

$$LevTra_{i,t} = \theta + \varphi \cdot NH_{i,t-1} + \omega \cdot Controls_{i,t} + \varepsilon_{i,t} \qquad (7-3)$$

式中,$LevTra_{i,t}$ 表示融资交易或融券交易指标。具体而言,参考褚剑、方军雄(2016)、Lee and Piqueira(2017)的做法,我们将个股 i 在 t 月末的融资交易余额除以当月的流通市值均值作为融资交易指标(用$Margin_{i,t}$表示),并将个股 i 在 t 月末的融券交易余量除以当月的流通股均值作为融券交易指标(用$Shorting_{i,t}$表示)。$NH_{i,t-1}$ 表示个股 i 在 $t-1$ 月的收盘价与对应期间最高价的比值,用以反映当前股价与前期高价的接近程度。在该模型中,如果 φ 显著大于 0,则说明股价接近前期高价时,融资交易或融券交易显著增加;反之,如果 φ 显著小于 0,则说明股价接近前期高价时,融资交易或融券交易减少。

参考 Diether et al.(2009)、Chang et al.(2014)的做法,我们还在模型中引入了模型式(7-2)中的控制变量。此外,考虑到过去的融资、融券交易也可能会对

未来的融资、融券交易产生影响,我们还在模型式(7-3)中增加滞后一期的被解释变量作为控制变量。

因此,模型式(7-2)和模型式(7-3)的回归系数为我们检验融资、融券交易对市场的影响提供了直接的证据。当模型式(7-2)中的 β 显著小于 0,即股价接近前期高点表现出收益率反转时:如果融资交易减少(对应的 φ 显著小于 0)或融券交易增加(对应的 φ 显著大于 0),则说明融资、融券交易者是理性、成熟的交易者,能够在一定程度上发现其他交易者的行为偏差;如果融资、融券交易增加(对应的 φ 显著大于 0)或融券交易减少(对应的 φ 显著小于 0),则说明融资、融券交易者是非理性、不成熟的交易者。反之,当模型式(7-2)中的 β 显著大于 0,即股价接近前期高点表现出收益率动量时:如果融资交易减少(对应的 φ 显著小于 0)或融券交易增加(对应的 φ 显著大于 0),则说明融资、融券交易者并非理性、成熟的交易者;而如果融资交易增加(对应的 φ 显著大于 0)或融券交易减少(对应的 φ 显著小于 0),则说明融资、融券交易者是理性、成熟的交易者,能够发现其他投资者的行为偏差。

最后,如果股价接近前期高点时的融资、融券交易发生了显著变化,即模型式(7-3)中的系数 φ 显著地异于 0,我们还将进一步在模型式(7-2)的基础上引入了融资、融券交易变量及其与 NH 指标的交乘项,以进一步讨论融资、融券交易对"股价前期高点效应"的影响。具体而言,模型设定如下

$$CAR_{i,t+1} = \alpha + \beta_1 \cdot NH_{i,t-1} + \beta_2 \cdot LevTra_{i,t} +$$
$$\beta_3 \cdot LevTra_{i,t} \times NH_{i,t-1} + \gamma \cdot Controls_{i,t} + \varepsilon_{i,t} \quad (7-4)$$

式中,所有的变量与模型式(7-2)、模型式(7-3)的变量定义一致。通过比较该回归模型的系数,可以进一步讨论融资、融券交易对其他投资者行为偏差,即"股价前期高点效应"的影响。如果 β_1 和 β_3 均显著异于 0 且符号相同,则说明融资、融券交易加剧了"股价前期高点效应",意味着融资、融券交易者也表现出一定的行为偏差;反之,如果 β_1 和 β_3 均显著异于 0 但符号相反,则说明融资、融券交易有助于修正"股价前期高点效应",意味着融资、融券交易者受其他投资者的行为偏差影响较小,甚至有助于修正其他投资者的行为偏差。

7.2.3 数据和样本

为了检验我国股市可能存在的"股价前期高点效应",我们首先选取了股权分置改革以来(2005 年 1 月—2016 年 12 月)我国股票市场的全部个股作为研究对象,探讨股价临近前期高点时可能存在的收益率异象。而我国的融资、融券交易

制度是从 2010 年 3 月 31 日开始的,且先后进行了 5 次主要的标的扩容,标的股票数量从开始的 90 只增加到 2016 年底的 950 只。因此,在讨论股价临近高点时的融资、融券交易行为时,我们选择以 2010 年 4 月—2016 年 12 月为研究期间,以这段期间内的融资、融券标的为研究对象。在指标计算过程中,由于新股上市之后股价暴涨暴跌,因此我们剔除了新股上市一年以内的数据,并且在计算股价前期最高价的时候也不考虑上市一年以内的股价数据。本章计算 NH 指标的股价数据采用新浪财经提供的复权价,其他数据均来自国泰安数据库。

7.3 实证结果及其分析

7.3.1 我国股市的“前期高点效应”检验

国外的相关研究表明,当股价接近 52 周最高价的时候,投资者对好消息的反应不足,导致股价未来进一步上涨(George and Hwang,2004);而当股价接近历史最高价时,投资者对坏消息的反应不足,从而导致未来股价下跌(Li and Yu,2012)。那么我国股市是否也存在如国外股市一样的效应?目前国内的相关研究(饶育蕾等,2014;吴晶、王燕鸣,2015)主要侧重于讨论股价新高对未来收益率的影响,较少有文献讨论股价上涨至接近前期高价时的未来收益率变化。因此,为了检验我国融资、融券交易在股价接近前期高价时的反应是否是理性的,我们首先对我国的股价“前期高点效应”进行检验。

为了尽可能具有代表性,我们以 2005 年股权分置改革以来全市场的个股为研究对象,分别计算个股在每个交易月份的相关变量指标,并利用控制个体效应和月度效应的面板回归模型进行实证检验。

1. 描述性统计

表 7-1 的面板 A 给出了 2005—2016 年期间以全部股票为研究对象的变量描述性统计,可以看出:前期高价的参考期间越长,对应的 NH 指标均值越低、标准差越大,这与 Lee and Piqueira(2017)的数据基本一致。但是,当前价与 52 周高价相对指标($NH12$)、与历史高价的相对指标(NHH)的均值均低于美国市场,标准差却高于美国市场的标准差(Lee and Piqueira,2017),这也间接表明了我国股市的波动性较大,容易暴涨暴跌。此外,从各个关键解释变量的相关系数(如表 7-1 的面板 B 所示)来看,不同期间下前期高价的相对指标均表现出显著的正相关关系,甚至 $NH1$、$NH3$、$NH6$、$NH12$ 的相关系数均高于 70%。

表 7 - 1　2005—2016 年全市场样本下的变量描述性统计及相关系数

面板 A:变量描述性统计

	样本容量	均值	标准差	25%分位数	中位数	75%分位数
$NH1$	171 922	0.8832	0.1724	0.7859	0.8848	0.9789
$NH3$	171 922	0.8379	0.1887	0.7323	0.8422	0.9462
$NH6$	171 922	0.7968	0.2047	0.6745	0.8019	0.9192
$NH12$	171 922	0.7453	0.2222	0.5976	0.7483	0.8863
NHH	171 922	0.5853	0.2544	0.3894	0.5547	0.7616
Ret	171 922	0.0251	0.1551	−0.0668	0.0143	0.1056
$\ln Cap$	171 922	1.4173	1.1058	0.6657	1.2690	2.0124
B/M	171 922	0.5874	0.2599	0.3832	0.5754	0.7861
$Ret_{t-5,t-1}$	171 922	0.1261	0.3682	−0.1004	0.0832	0.3118
$Turnover_{t-5,t-1}$	171 922	0.3460	0.2663	0.1535	0.2729	0.4663

面板 B:NH 变量的相关系数

	$NH1$	$NH3$	$NH6$	$NH12$	NHH
$NH1$	1.000				
$NH3$	0.925***	1.000			
$NH6$	0.841***	0.936***	1.000		
$NH12$	0.735***	0.825***	0.915***	1.000	
NHH	0.436***	0.487***	0.550***	0.651***	1.000

注:表中*、**、*** 分别表示在 0.10、0.05、0.01 的显著性水平下显著。

2. 实证结果分析

　　由于不同期间得到的 NH 指标呈现出显著的正相关关系,我们首先以单个 NH 指标作为模型式(7 - 2)的关键解释变量,并利用控制个体效应和月度效应的面板回归模型对模型式(7 - 2)进行参数估计。表 7 - 2 给出面板模型的回归结果。从表 7 - 2 中可以看出,NH1、NH3、NH6 指标对 CAR_{t+1} 的回归系数均在 5% 的置信水平下显著为负,说明当股价越接近前期 1 个月、3 个月、6 个月高价,未来的收益率越低。NH12 指标对 CAR_{t+1} 的回归系数仅在 10% 的置信水平下显著为负,而 NHH 指标对 CAR_{t+1} 的回归系数不显著,说明我国股市存在较弱的 52 周高价效应但不存在显著的历史高价效应。

表 7 - 2   前期高价对未来收益率的影响

	(1)	(2)	(3)	(4)	(5)
	CAR_{t+1}	CAR_{t+1}	CAR_{t+1}	CAR_{t+1}	CAR_{t+1}
$NH1_{t-1}$	-0.0424^{***}				
	(-8.56)				
$NH3_{t-1}$		-0.0307^{***}			
		(-6.31)			
$NH6_{t-1}$			-0.0107^{**}		
			(-2.34)		
$NH12_{t-1}$				-0.0064^{*}	
				(-1.71)	
NHH_{t-1}					0.0024
					(0.76)
Ret_t	-0.1290^{***}	-0.1258^{***}	-0.1236^{***}	-0.1221^{***}	-0.1246^{***}
	(-28.71)	(-29.12)	(-29.23)	(-29.22)	(-31.67)
$\ln Cap_{t-1}$	-0.0299^{***}	-0.0298^{***}	-0.0296^{***}	-0.0298^{***}	-0.0303^{***}
	(-25.43)	(-25.59)	(-25.51)	(-25.96)	(-26.86)
B/M_{t-1}	0.0211^{***}	0.0228^{***}	0.0229^{***}	0.0230^{***}	0.0250^{***}
	(6.49)	(7.16)	(7.29)	(7.42)	(8.03)
$Ret_{t-5,t-1}$	-0.0316^{***}	-0.0314^{***}	-0.0355^{***}	-0.0361^{***}	-0.0398^{***}
	(-14.81)	(-13.18)	(-14.54)	(-15.53)	(-19.31)
$Turnover_{t-5,t-1}$	-0.0235^{***}	-0.0236^{***}	-0.0214^{***}	-0.0215^{***}	-0.0216^{***}
	(-10.80)	(-11.08)	(-10.41)	(-10.74)	(-10.90)
月度效应	Control	Control	Control	Control	Control
个体效应	Control	Control	Control	Control	Control
N	132 708	140 492	144 555	148 583	157 331
$Adj\ R^2$	0.221	0.219	0.218	0.216	0.215

注:表中括号内表示系数对应的 t 值;*、**、*** 分别表示在 0.10、0.05、0.01 的显著性水平下显著。

然而,由于 $NH1$、$NH3$、$NH6$、$NH12$ 指标之间存在显著的正相关关系,

表 7-2 的结果很可能是指标之间的相关性导致的。由于短期的高价可能也是长期的高价，例如个股在 $t-1$ 月的最高价可能也是 $[t-3,t-1]$ 期间的最高价，此时计算得到的 $NH1$ 与 $NH3$ 相等。因此，我们参考 Lee and Piqueira(2017)的做法，在研究长期高价时剔除与短期高价相等的样本（例如在研究 $NH3$ 对未来收益率的影响时剔除了 $NH3=NH1$ 的样本），并重新进行参数估计，结果如表 7-3 所示。

表 7-3　剔除相同样本后 NH 对收益率(CAR_{t+1})的影响

	(1)	(2)	(3)
	剔除等于 $NH1_{t-1}$ 的样本	剔除等于 $NH3_{t-1}$ 的样本	剔除等于 $NH6_{t-1}$ 的样本
面板 A：剔除相同样本后 $NH3$ 对 $CAR_{i,t+1}$ 的回归系数			
$NH3_{t-1}$	-0.0495^{***}		
	(-7.15)		
N	73648		
$Adj\ R^2$	0.214		
面板 B：剔除相同样本后 $NH6$ 对 $CAR_{i,t+1}$ 的回归系数			
$NH6_{t-1}$	-0.0186^{***}	-0.0137^{*}	
	(-3.25)	(-1.76)	
N	95 754	65 839	
$Adj\ R^2$	0.213	0.190	
面板 C：剔除相同样本后 $NH12$ 对 $CAR_{i,t+1}$ 的回归系数			
$NH12_{t-1}$	-0.0089^{**}	-0.0058	-0.0041
	(-2.08)	(-1.19)	(-0.73)
N	110574	90136	68739
$Adj\ R^2$	0.209	0.187	0.167

注：表中括号内表示系数对应的 t 值；*、**、*** 分别表示在 0.10、0.05、0.01 的显著性水平下显著。出于篇幅考虑，本表仅给出了变量 NH 的参数估计结果。

面板 A 给出了剔除 $NH3=NH1$ 样本之后的 $NH3$ 对未来收益率的回归系数，可以发现，即使剔除了与短期相关的数据样本，$NH3$ 对 CAR_{t+1} 的回归系数依然显著为负，再次验证了当股价越接近前 3 个月最高价时，未来收益率越低。

面板 B 的列(1)～(2)分别给出了剔除 $NH6=NH1$、$NH6=NH3$ 的样本后 $NH6$ 对未来收益率的回归系数。可以看出当剔除了 $NH6=NH3$ 样本之后(面板 B 中第(2)列),$NH6$ 对 CAR_{t+1} 的回归系数仅在 10% 的显著性水平下显著为负,说明 $NH6$ 对收益率的影响是由于其与 $NH3$ 的正相关导致的。进一步地,面板 C 的列(1)～(3)分别给出了剔除 $NH12=NH1$、$NH12=NH3$、$NH12=NH6$ 的样本后 $NH12$ 对未来收益率的回归系数。可以看出,剔除了与短期高价相等样本后,$NH12$ 对 CAR_{t+1} 的回归系数均不显著,意味着剔除了短期高价的影响之后,前 12 个月的高价并不对未来的收益率产生影响。

因此,本部分的研究表明,我国股市存在较强的短期高价效应:当前价越接近前期 1 个月、3 个月高价,未来的收益率越低。我国股市也存在一定的 52 周高价效应,但是控制了短期高价效应之后,我国股市的 52 周高价效应并不明显。更重要的是,与 Li and Yu(2012)的研究结论不同,我们并没有发现我国股市存在显著的历史高价效应。

7.3.2　融资、融券交易加剧还是修正了股价前期高点效应？

上述的研究表明,我国股票市场存在较强的前期 1 个月、3 个月高价效应,但是不存在显著的前期 52 周(即 12 个月)高价效应、历史高价效应。根据 George and Hwang(2004)、Li and Yu(2012)、Hong et al.(2015)的观点,"股价前期高点效应"表明我国股市投资者存在明显的行为偏差。从前人的研究来看,卖空交易者一直被视为拥有信息的成熟交易者,那么我国融资、融券制度推出以后,融券交易者(卖空交易者)是否有助于发现并修正其他投资者的行为偏差？ 同时,融资交易者又扮演了什么样的角色？ 这是本部分要讨论的内容。

为了回答上述的问题,我们以 2010 年 3 月融资、融券开通以来的所有融资、融券标的为研究对象,以 2010 年 4 月—2016 年 12 月为研究期间,构建面板数据对模型式(7-3)进行参数估计,讨论股价接近前期高价时的融资、融券交易行为。进一步地,我们又对模型式(7-4)进行参数估计,以讨论股价接近前期高点时融资、融券交易对未来收益率的影响。

1. 描述性统计

表 7-4 给出了 2010 年 4 月—2016 年 12 月期间以融资、融券标的为研究对象的相关变量的描述性统计。可以看出,该期间的各变量的均值和标准差均与表 7-1 中对应变量的均值和标准差基本一致。但是,表 7-4 中的公司市值指标($\ln Cap$)的均值(2.71)高于表 7-1 中对应的均值(1.10),这主要是由于表 7-4 统

计的样本仅包含融资、融券标的,而融资、融券标的的基本条件之一就是要满足较高的市值要求。此外,$Margin$ 的均值为 4.04%,而 $Shorting$ 的均值仅为 0.01%,意味着我国的融资、融券交易发展较不平衡——融资交易比较活跃而融券交易相对不活跃。

表 7 - 4　以融资、融券标的为样本的变量描述性统计

	样本容量	均值	标准差	25%分位数	中位数	75%分位数
$NH1$	26 732	0.8895	0.1708	0.8001	0.8933	0.9835
$NH3$	26 732	0.8449	0.1865	0.7436	0.8502	0.9544
$Margin$	26 732	0.0404	0.0338	0.0132	0.0318	0.0599
$Shorting$	26 732	0.0001	0.0003	0.0000	0.0001	0.0002
$\ln Cap$	26 732	2.7104	1.1073	1.9193	2.5857	3.2941
$Insti$	26 732	0.0822	0.1174	0.0196	0.0474	0.0895
Ret	26 732	0.0206	0.1408	-0.0607	0.0081	0.0897
$Ret_{t-5,t-1}$	26 732	0.1068	0.3234	-0.1040	0.0685	0.2799
$Turnover_{t-5,t-1}$	26 732	0.3621	0.3181	0.1334	0.2612	0.4975
B/M	26 732	0.6154	0.2688	0.3963	0.6099	0.8304

2. 股价接近前期高点时的融资、融券交易分析

融资、融券交易制度的推出为我们进一步讨论股价接近前期高点时的融资、融券交易行为提供了可能。本部分以 2010 年 4 月—2016 年 12 月的融资、融券标的的月度数据为基础构建面板数据,并控制个体效应和月度效应后对模型式(7-3)进行参数估计。表 7-5 给出了参数估计结果。其中,列(1)~(3)以融资交易指标($Margin$)为被解释变量,列(4)~(6)以融券交易指标($Shorting$)为被解释变量。由于 $NH1$ 与 $NH3$ 具有显著且较高的正相关系数,因此我们在列(4)和列(6)中给出了剔除 $NH3=NH1$ 的样本之后的样本回归系数。

从列(1)~(2)的回归系数可以看出,$NH1$、$NH3$ 对 $Margin$ 的回归系数显著为正,并且剔除了 $NH1=NH3$ 的样本之后[表 7-5 中第(3)列],$NH3$ 对 $Margin$ 的回归系数依然显著为正,说明当股价越接近过去 1 个月、3 个月的高价,融资交易越显著增加。特别地,我们已在模型中控制了可能影响融资交易的动量效应($Ret_{t-5,t-1}$)的前提下,上述指标对 $Margin$ 的回归系数依然显著为正,

表 7－5 前期高价对融资、融券交易的影响

	(1) $Margin_t$	(2) $Margin_t$	(3) $Margin_t$	(4) $Shorting_t$	(5) $Shorting_t$	(6) $Shorting_t$
$NH1_{t-1}$	0.0030***			0.0070		
	(4.19)			(0.32)		
$NH3_{t-1}$		0.0036***	0.0052***		−0.0044	0.0057
		(4.92)	(4.56)		(−0.15)	(0.61)
$Margin_{t-1}$	0.8739***	0.8734***	0.8646***			
	(157.20)	(159.07)	(103.22)			
$Shorting_{t-1}$				0.8424***	0.8443***	1.0961***
				(317.09)	(295.71)	(60.01)
$lnCap_{t-1}$	0.0002	0.0003	0.0002	0.0037	0.0027	−0.0132
	(0.99)	(1.24)	(0.69)	(0.40)	(0.29)	(−1.14)
$Insti_{t-1}$	0.0023	0.0015	−0.0014	0.0247	0.0221	0.0207
	(1.36)	(0.94)	(−0.70)	(0.55)	(0.53)	(0.65)
Ret_t	−0.0100***	−0.0099***	−0.0072***	0.0593*	0.0622*	0.1100***
	(−14.71)	(−15.39)	(−8.18)	(1.70)	(1.93)	(13.11)
$Ret_{t-5,t-1}$	0.0009***	0.0006*	−0.0004	−0.0129	−0.0100	−0.0071
	(2.97)	(1.67)	(−0.51)	(−0.84)	(−0.84)	(−0.94)
$Turnover_{t-5,t-1}$	0.0028***	0.0028***	0.0044***	−0.0065	−0.0079	−0.0084
	(5.30)	(5.23)	(5.41)	(−0.63)	(−0.70)	(−1.00)
B/M_{t-1}	−0.0001	−0.0001	−0.0015*	0.0052	0.0094	−0.0143
	(−0.16)	(−0.10)	(−1.72)	(0.85)	(1.51)	(−0.63)
月度效应	Control	Control	Control	Control	Control	Control
个体效应	Control	Control	Control	Control	Control	Control
N	20 029	21 183	11 226	20 029	21 183	11 226
$Adj\ R^2$	0.930	0.928	0.934	0.676	0.680	0.906

注：表中括号内表示系数对应的 t 值；*、**、*** 分别表示在 0.10、0.05、0.01 的显著性水平下显著；考虑到 $Shorting$ 变量的数值较小，我们对表中的 $Shorting$ 变量都做了乘以 1000 处理。

意味着投资者确实在股价接近前期 1 个月、3 个月高点时增加融资交易。然而，表 7－2、表 7－3 的结果却表明股价越接近过去 1 个月、3 个月的高价，未来的收益率越低。因此，综合来看，融资交易者并不能发现我国股市存在的"股价前期高点效应"，在未来收益率下降（甚至可能为负）的情况下，当前的融资交易却显著增

加,这意味着融资交易者并非有经验、成熟的交易者,而可能是噪声交易者或非理性交易者。

然而,$NH1$ 对 $Shorting$ 的回归系数为正但不显著[表 7 - 5 中第(4)列],且 $NH3$ 对 $Shorting$ 的回归系数也不显著异于 0(第(5)~(6)列)。这意味着融券交易者也未能发现"股价前期高点效应",在股价接近前期高点且未来下跌概率较大的情况未能增加融券交易。因此,我国的融券交易者并没有表现出与 Lee and Piqueira(2017)所述的一致的行为,没有显著的证据表明我国的融券交易者能够发现其他交易者的行为偏差。

因此,本部分的研究表明,我国的融资交易者并非理性、成熟的交易者,无法发现我国股市存在的"股价前期高点效应",甚至在股价处于下跌概率较大的高位时进一步增加融资交易。但是,在股价接近前期高点且未来很可能下跌的情况下,融券并没有显著的增加,说明我国的融券交易者也未能发现其他交易者的行为偏差。

3. 融资交易与未来收益率:股价处于前期高点时

上述的研究表明,当股价接近前期 1 个月、3 个月的高价时,融资交易显著增加,融券交易的变化并不明显。但是,融资交易的增加可能只是融资交易者的反向交易或流动性交易行为导致的,并不一定会对表 7 - 2 发现的"股价前期高点效应"产生影响。根据 De Long et al.(1990)、Grinblatt and Keloharju(2001)的研究,理性、成熟的投资者有助于发现并修正其他投资者的行为偏差。相反,如果我国的融资交易者是非理性、不成熟的交易者,那么融资交易可能进一步加剧了投资者的行为偏差,导致更严重的"股价前期高点效应"。

考虑到融券交易在股价接近前期高点时并没有显著变化(如表 7 - 5 所示),因此本部分仅讨论融资交易对我国股市"股价前期高点效应"的影响。我们在模型式(7 - 2)的基础上加入融资交易指标($Margin$)及其与股价相对指标(NH)的交乘项($Margin \times NH$)得到模型式(7 - 4)。如果融资交易指标与股价相对指标的交乘项的回归系数显著为负,则说明当股价接近前期高点(NH 越大)且融资交易越多($Margin$ 越大)的股票,未来股价下跌的幅度越大,意味着融资交易加剧了"股价前期高点效应",即融资交易者也表现出比较明显的行为偏差。

考虑到 $Margin$、NH 以及两者交乘项($NH \times Margin$)存在正相关关系,我们参考 Boehmer and Wu(2013)的做法对这 3 者进行正交化处理,并且分别以 $Margin$、$NH \times Margin$ 的残差项作为对应的解释变量进入回归模型式(7 - 4)。表 7 - 6 给出了模型式(7 - 4)的参数估计结果。其中,列(3)给出了剔除 $NH1 =$

$NH3$ 后的样本回归结果。从表 7 - 6 的列(1)~(3)可以看出，$NH1$、$NH3$ 的系数显著为负，且 $NH1 \times Margin$、$NH3 \times Margin$ 的回归系数也显著为负，意味着股价接近前期 1 个月、3 个月的高点（$NH1$、$NH3$ 越大）时，融资越多（$Margin$ 越大）的股票其未来收益率越低，说明融资交易加剧了"股价前期高点效应"。

表 7 - 6 融资交易对"股价前期高点效应"的影响

	(1) CAR_{t+1}	(2) CAR_{t+1}	(3) CAR_{t+1}
$NH1_{t-1}$	-0.0626^{***}		
	(-4.56)		
$NH1_{t-1} \times Margin_t$	-0.0131^{***}		
	(-9.85)		
$NH3_{t-1}$		-0.0644^{***}	-0.1153^{***}
		(-4.40)	(-5.63)
$NH3_{t-1} \times Margin_t$		-0.0134^{***}	-0.0154^{***}
		(-10.39)	(-7.29)
$Margin_t$	0.0007	0.0019	-0.0019
	(0.24)	(0.67)	(-0.41)
Ret_t	-0.1912^{***}	-0.1868^{***}	-0.1489^{***}
	(-16.20)	(-17.02)	(-8.59)
$\ln Cap_{t-1}$	-0.0442^{***}	-0.0424^{***}	-0.0340^{***}
	(-11.06)	(-11.20)	(-6.54)
B/M_{t-1}	0.0919^{***}	0.0953^{***}	0.1258^{***}
	(6.21)	(6.48)	(7.01)
$Ret_{t-5,t-1}$	-0.0664^{***}	-0.0671^{***}	-0.0383^{***}
	(-9.28)	(-8.41)	(-3.45)
$Turnover_{t-5,t-1}$	-0.0490^{***}	-0.0536^{***}	-0.0643^{***}
	(-5.81)	(-6.14)	(-4.03)
月度效应	Control	Control	Control
个体效应	Control	Control	Control
N	20 029	21 183	11 226
$Adj\ R^2$	0.167	0.164	0.130

注：表中括号内表示系数对应的 t 值；*、**、*** 分别表示在 0.10、0.05、0.01 的显著性水平下显著。

因此,本部分的实证结果表明融资交易显著加剧了"股价前期高点效应",意味着融资交易者也存在明显的行为偏差,是非理性、不成熟的交易者。

7.3.3 稳健性检验

在稳健性检验部分,考虑到参数估计结果可能受到异常值的影响,我们对所有的变量都做 5% 的 Winsorize 处理,并对模型重新进行参数估计,各变量符号和显著性与前文的对应表格输出结果基本一致。我们还使用实际收益率代替超额收益率作为模型式(7－2)和模型式(7－4)的被解释变量并重新对模型进行参数估计,主要解释变量的回归系数和符号与前文的结果也基本一致。

此外,在前文以融资、融券标的作为样本的实证检验过程中,我们将股票纳入融资、融券标的之后 1 个月的数据开始计入样本并进行回归分析。但是,考虑到新增融、资融券标的的融资交易额、融券交易量等指标与已有标的存在较大差距,我们剔除了个股进入融资、融券标的之后第 1 年的数据并重新进行参数估计,表 7－7 给出了新的回归结果。从面板 A 可以看出,$NH1$、$NH3$ 对 $Margin$ 的回归系数显著为正,对 $Shorting$ 的回归系数并不显著,这与表 7－5 的结果一致,意味着当股价接近前期 1 个月、3 个月的高价时,融资交易显著增加而融券交易并没有明显变化。从面板 B 可以看出,$NH1$、$NH3$ 对 CAR 的回归系数显著为负,且 $NH1 \times Margin$、$NH3 \times Margin$ 对 CAR 的回归系数也显著为负,这与表 7－5 的结果也一致,意味着股价越接近前期 1 个月、3 个月高点且融资越多的股票,其未来收益率越低,表现出更强的"股价前期高点效应"。因此,我们前文的研究结论具有较强的稳健性。

表 7－7 稳健性检验

	(1)	(2)	(3)	(4)	(5)	(6)
面板 A：前期高价对融资、融券交易的影响						
	$Margin_t$	$Margin_t$	$Margin_t$	$Shorting_t$	$Shorting_t$	$Shorting_t$
$NH1_{t-1}$	0.0027***			−0.0103		
	(2.76)			(−0.24)		
$NH3_{t-1}$		0.0035***	0.0049***		−0.0278	0.0032
		(3.31)	(2.98)		(−0.51)	(0.22)
N	12 521	13 269	6899	12 521	13 269	6899
$Adj\ R^2$	0.881	0.880	0.884	0.656	0.661	0.901

（续表）

	(1)	(2)	(3)	(4)	(5)	(6)
面板 B：融资、融券交易对"股价前期高点效应"的影响						
	CAR_{t+1}	CAR_{t+1}	CAR_{t+1}			
$NH1_{t-1}$	−0.0521***					
	(−2.89)					
$NH1_{t-1} \times Margin_t$	−0.0161***					
	(−9.60)					
$NH3_{t-1}$		−0.0667***	−0.1693***			
		(−3.54)	(−6.30)			
$NH3_{t-1} \times Margin_t$		−0.0176***	−0.0222***			
		(−10.43)	(−8.05)			
N	12 521	13 269	6899			
$Adj\ R^2$	0.171	0.172	0.150			

注：表中括号内表示系数对应的 t 值；*、**、*** 分别表示在 0.10、0.05、0.01 的显著性水平下显著；面板 A、面板 B 分别为新样本下重新估计表 7 - 5、表 7 - 6 使用的模型后的参数估计结果；出于篇幅的考虑，我们在本表中仅给出关键解释变量的回归系数。

7.4 本章小结

股价前期高点是投资者在投资决策时重要的参考点，这一投资者行为偏差为进一步检验融资、融券对我国股市的影响提供了更直接的途径。本章首先基于我国股权分置改革以来的全市场个股的数据，通过构建面板回归模型，实证检验我国股市可能存在的"股价前期高点效应"。我们的研究发现，股价越接近前期 1 个月、3 个月高价，未来收益率越低，说明我国股市存在显著的"股价前期高点效应"。在此基础上，我们又以 2010 年 3 月我国融资、融券交易制度创设以来全部的融资、融券标的为研究对象，构建面板回归模型，讨论当股价接近前期 1 个月、3 个月高价时的融资、融券交易行为。我们发现，当股价越接近前期 1 个月、3 个月高价且未来收益率下降概率较大的情况下，融资交易显著增加而融券交易并无明显变化，说明参与融资交易的投资者主要以非理性的投资者为主。更重要的是，我们还进一步检验了股价接近前期高点时，融资交易对未来收益率的影响。

我们发现，当股价接近前期高价时融资越多的股票，其未来收益率越低，意味着融资交易者也存在行为偏差，加剧了我国股市存在的"前期股价高点效应"。

　　与前人的研究不同，我们利用"股价前期高点效应"这一投资者行为偏差，更直接地检验了融资、融券交易对我国股市的影响。我们的研究表明，融资交易者是非理性的交易者且存在一定的行为偏差，融资交易加剧了"股价前期高点效应"，而融券交易的影响并不明显。因此，我们的研究对监管层制定更有针对性的规范融资、融券交易的政策具有一定的参考价值。由于融资交易者是非理性交易者，因而从市场良性运行的角度，应提高融资交易门槛，适当限制融资交易（提高融资利率、降低担保品折算率等），这对于减少市场中的非理性投资、提高整个市场的定价效率具有重要的意义。

第 8 章　结论与展望

8.1　主要研究结论

本书重点讨论了我国融资交易的标的特征、交易策略及其对信息效率、股价崩盘风险、投资者行为偏差的影响。具体而言,笔者主要研究工作和结论如下:

第一,标的股票的投机性特征对融资交易活动的影响。我国的个人投资者具有较强的投机性特征却面临更高的融资约束,因此他们更有可能是融资交易的主体,融资交易者可能具有较强的投机性偏好。我们从传统指标(市值、市盈率、换手率)、股票的彩票型特征、散户化程度(散户持股比例、散户规模)3 个方面分别衡量标的股票的投机性特征,并分别运用分组比较和面板回归分析法检验标的股票的投机性特征对融资交易活动的影响。我们的研究发现,标的股票的市值越小、市盈率越高、换手率越高、具有彩票型特征、散户持股比例越高、散户规模越大,其融资交易越活跃。这意味着投机性越强的标的股票具有越活跃的融资交易活动,我国的融资交易者具有明显的投机偏好。

第二,我国融资交易者的交易策略研究。首先,通过分析融资交易活动对未来收益率的预测能力,讨论我国的融资交易者是否采取基于公司特质性信息的交易策略。结果表明,融资买入交易更活跃的股票在未来并不具有显著更高的市场表现,这说明我国的融资交易者在融资开仓买入标的时并不拥有正面的公司特质性信息,意味着融资交易者在融资开仓买入时并非采取基于公司特质性信息的交易策略。其次,我们检验了我国融资交易者是否采取正反馈、移动均线等具有噪声交易特征的交易策略。我们的实证研究表明,我国融资交易者在日频率的融资交易上表现出较强的移动均线交易策略、不具有明显的正反馈交易特征,在周频率上的融资交易表现出了较强的正反馈交易特征以及较弱的移动均线交易特征,在月频率上的融资交易具有较强的正反馈交易特征、不具有明显的移动均线交易特征。这意味着我国的融资交易者也倾向于采用正反馈交易、移动均线交易等具有噪声交易特征的交易策略。

第三,融资交易对股价信息效率影响的研究,解决了相关文献存在的争议。首先,我们将信息效率分解为"股价信息含量"与"价格调整速度",并选取多种指标分别衡量信息效率的这两个方面。其次,运用 DID 模型讨论融资交易制度的开通(或扩容)事件对标的股价信息效率不同方面影响可能存在的差异。结果表明,融资交易制度的推出降低了股价的信息含量却提高了股价调整速度,说明融资交易制度的开通对信息效率的不同方面的影响并不一致。更重要的是,我们以信息效率指标为被解释变量、以融资交易活跃程度为关键解释变量进行面板回归分析,检验融资交易活跃程度对信息效率不同方面影响可能存在的不一致性。基于面板回归的结果也表明,融资交易对信息效率不同方面的影响并不一致——融资交易不利于标的股价的信息含量却有助于提高标的股价调整速度。

第四,融资交易及其波动对标的股价崩盘风险的影响研究。在现有文献和相关理论梳理总结基础上,我们提出融资交易可能通过"流动性提供""资产抛售"和"套利风险"这 3 个机制影响未来股价崩盘风险。进一步地,运用回归分析方法实证检验了融资交易制度对未来股价崩盘风险的影响及其机制。我们的实证结果表明,融资买入交易相对水平未能显著降低未来股价崩盘风险,融资余额更高的股票也没有更高的未来股价崩盘风险,这些结果拒绝了"流动性提供"机制和"资产抛售"机制的假说。更重要的是,融资交易波动越高的股票未来的崩盘风险越大,这为"套利风险"机制提供了初步证据。进一步地,我们还发现融资交易波动更高的股票更可能被高估,且融资交易波动降低了股价的信息含量,这进一步支持"套利风险"机制的观点——融资交易波动增加了噪声交易风险、抑制了知情交易者的套利交易活动,导致股价高估和更高的未来崩盘风险。

第五,融资交易对投资者行为偏差(以"股价前期高点效应"为例)的影响研究。我们首先检验了我国股市可能存在的"股价前期高点效应",实证结果表明,股价越接近前期 1 个月、3 个月高点时,未来收益率越低,意味着我国股市存在显著的 1 个月、3 个月"股价前期高点效应"。在此基础上,我们进一步讨论了当股价接近前期 1 个月、3 个月高价时的融资、融券交易行为。我们发现,当股价越接近前期 1 个月、3 个月高价且未来收益率下降概率较大的情况下,融资交易显著增加而融券交易并无明显变化,说明参与融资交易的投资者主要以非理性的投资者为主,他们未能识别"股价前期高点效应"这一现象。更重要的是,当股价接近前期高价时,融资越多的股票,其未来收益率越低,意味着融资交易加剧(而不是"修正")了我国股市存在的"前期股价高点效应"。

8.2　研究展望

由于笔者能力和外部资源的限制,本书的研究不可避免地存在一些不足之处。回顾整个研究过程,我们认为本课题未来可以在以下几个方面做更深入的讨论和研究。

第一,加深理论建模研究。本书在整个写作过程中,主要运用实证研究方法,通过分组对比分析、回归分析等方法讨论融资交易的标的特征、交易策略及其影响,缺少相应的理论模型推导,需要在未来的研究过程中进一步深化理论建模。

第二,本书的研究重点关注融资交易的一个方面——融资买入开仓,而由于数据原因无法深入、有效讨论融资偿还交易的影响。在未来数据可得或可以转化得到的情况下,应进一步重点关注融资交易者通过卖出标的股票偿还融资的交易的影响因素及其对信息效率、股价崩盘风险的影响。

第三,本书的研究主要是基于证券交易所公布的标的股票每个交易日的融资买入金额计算融资交易活动指标,以此讨论融资交易活动及其影响。在未来的进一步研究中,在信用账户交易数据可得的情况下,可以根据融资交易者的每一笔融资买入交易、偿还交易的情况,进一步研究融资交易者的交易特征。

第四,融资交易为个人投资者提供了更多的资金,增强了个人投资者的杠杆能力,因此融资交易也必然会影响个人投资者的交易行为。在未来的研究过程中,可以尝试讨论检验融资交易对个人投资者的交易次数、每次交易金额等传统交易行为指标的影响,或探讨融资交易对个人交易者的行为偏差(例如过度反应、羊群效应等)可能产生的影响。

第五,本书综合了多个指标分别衡量股价信息含量和股价调整速度,但是对于哪个指标能更好地度量股价信息含量或股价调整速度,相关文献并没有一个比较充分的研究。因此,关于信息效率的度量指标的优劣判断,可以作为未来深入研究的方向之一。

参 考 文 献

[1] 陈海强，范云菲，2015. 融资融券交易制度对中国股市波动率的影响——基于面板数据政策评估方法的分析[J]. 金融研究，(6)：159 - 172.

[2] 陈海强，方颖，王方舟，2019. 融资融券制度对尾部系统风险的非对称影响——基于 A 股市场极值相关性的研究[J]. 管理科学学报，(05)：99 - 109.

[3] 褚剑，方军雄，2016. 中国式融资融券制度安排与股价崩盘风险的恶化[J]. 经济研究，(5)：143 - 158.

[4] 方立兵，刘烨，2014. 融资融券大扩容:标的股票定价效率提升了吗？[J]. 证券市场导报，(10)：56 - 61.

[5] 方立兵，肖斌卿，2015. 融资融券失衡对标的股票定价效率的影响[J]. 当代经济科学，(02)：48 - 56.

[6] 谷文林，孔祥忠，2010. 融资融券业务对市场资本流动性的短期影响[J]. 证券市场导报，(7)：50 - 52.

[7] 顾海峰，孙赞赞，2013. 融资融券对中国证券市场运行绩效的影响研究——基于沪深股市的经验证据[J]. 南京审计学院学报，(1)：22 - 30.

[8] 顾琪，王策，2017. 融资融券制度与市场定价效率——基于卖空摩擦的视角[J]. 统计研究，(01)：80 - 90.

[9] 黄飞鸣，2018. 融资融券标的股调整的股价效应研究——以深市 A 股为例[J]. 当代财经，(04)：45 - 53.

[10] 蒋振凯，2017. 融资融券非对称性交易行为及其对市场的影响研究[D]. 南京：南京大学.

[11] 李丹，袁淳，廖冠民，2016. 卖空机制与分析师乐观性偏差——基于双重差分模型的检验[J]. 会计研究，(09)：25 - 31.

[12] 李峰，李志生，2018. 融资融券对投资者交易偏好影响的实证检验[J]. 统计与决策，(1)：156 - 161.

[13] 李锋森，2017. 融资融券对股市波动的影响机制研究——基于投资者交易策略

视角[J]. 南方金融，(07)：44 - 63.

[14] 李锋森，2017. 我国融资融券助涨助跌了吗？——基于波动非对称性视角[J]. 金融研究，(02)：147 - 162.

[15] 李科，徐龙炳，朱伟骅，2014. 卖空限制与股票错误定价——融资融券制度的证据[J]. 经济研究，(10)：165 - 178.

[16] 李小荣，刘行，2012. CEO vs CFO：性别与股价崩盘风险[J]. 世界经济，(12)：102 - 129.

[17] 李志生，陈晨，林秉旋，2015. 卖空机制提高了中国股票市场的定价效率吗？——基于自然实验的证据[J]. 经济研究，(4)：165 - 177.

[18] 李志生，李好，马伟力，等，2017. 融资融券交易的信息治理效应[J]. 经济研究，(11)：150 - 164.

[19] 梁权熙，曾海舰，2016. 独立董事制度改革、独立董事的独立性与股价崩盘风险[J]. 管理世界，(3)：144 - 159.

[20] 廖理，张云亭，张伟强，2018. 中国融资投资者是否更为过度交易[J]. 系统工程理论与实践，(4)：836 - 847.

[21] 刘光彦，侯佳楠，于达，2019. 融资融券对中国 A 股市场波动的影响——基于事件研究法下沪深两市的比较研究[J]. 山东工商学院学报，(03)：29 - 38.

[22] 刘晓星，张旭，顾笑贤，等，2016. 投资者行为如何影响股票市场流动性？——基于投资者情绪、信息认知和卖空约束的分析[J]. 管理科学学报，(10)：87 - 100.

[23] 刘烨，方立兵，李冬昕，等，2016. 融资融券交易与市场稳定性：基于动态视角的证据[J]. 管理科学学报，(01)：102 - 116.

[24] 罗进辉，杜兴强，2014. 媒体报道、制度环境与股价崩盘风险[J]. 会计研究，(9)：53 - 59.

[25] 罗进辉，向元高，金思静，2017. 中国资本市场低价股的溢价之谜[J]. 金融研究，(01)：191 - 206.

[26] 吕大永，吴文锋，2018. 融资、融券交易及其波动对股价稳定性的影响一致吗[J]. 经济理论与经济管理，(04)：49 - 62.

[27] 吕大永，吴文锋，2018. 融资交易与融券交易对中国股票定价效率的影响一致吗？[J]. 经济与管理研究，(05)：38 - 50.

[28] 吕大永，吴文锋，2019. 杠杆融资交易与股市崩盘风险——来自融资融券交易的证据[J]. 系统管理学报，(01)：116 - 122.

[29] 马洪潮，2001. 中国股市投机的实证研究[J]. 金融研究，(03)：1 - 9.

[30] 饶育蕾,徐莎,彭叠峰,2014. 股价历史新高会导致股票收益异常吗?——来自中国 A 股市场的证据[J]. 中国管理科学,(12):18-25.

[31] 唐松,吴秋君,温德尔,等,2016. 卖空机制、股价信息含量与暴跌风险——基于融资融券交易的经验证据[J]. 财经研究,(8):74-84.

[32] 田景坤,倪博,2015. 融资融券交易促进股票市场有效性了吗[J]. 南方经济,(11):1-15.

[33] 万迪昉,李佳岚,葛星,2012. 融资融券能否提高交易所自律监管效率?[J]. 证券市场导报,(08):66-71.

[34] 王化成,曹丰,高升好,等,2014. 投资者保护与股价崩盘风险[J]. 财贸经济,(10):73-82.

[35] 王化成,曹丰,叶康涛,2015. 监督还是掏空:大股东持股比例与股价崩盘风险[J]. 管理世界,(02):45-57.

[36] 王帅,谢赤,2016. 基于小波 CCC-GARCH 模型的融资融券交易与证券市场波动率关系研究[J]. 财经理论与实践,(06):47-52.

[37] 王性玉,王帆,2013. 做空机制对我国股市波动性、流动性影响的实证分析[J]. 经济管理,(11):118-127.

[38] 王雨,粟勤,2017. 融资融券对我国 A 股市场标的证券波动性的影响分析[J]. 管理世界,(03):176-177.

[39] 吴国平,谷慎,2015. 融资融券交易对我国股市波动性影响的实证研究[J]. 价格理论与实践,(10):105-107.

[40] 吴晶,王燕鸣,2015. 股价前期高点,投资者行为与股票收益[J]. 金融经济学研究,(4):53-64.

[41] 吴敬琏,2005. 中国股市是一个无规矩的赌场[J]. 商界名家,(4):11.

[42] 吴术,张兵,李心丹,2014. 融资融券交易对市场有效性影响的计算实验[J]. 系统工程,(09):42-47.

[43] 武志伟,周耿,陈莹,等,2017. 中国股票市场融资融券制度有效性的实证检验——基于实验经济学视角的研究[J]. 中国经济问题,(01):49-59.

[44] 肖浩,孔爱国,2014. 融资融券对股价特质性波动的影响机理研究:基于双重差分模型的检验[J]. 管理世界,(8):30-43.

[45] 徐浩峰,2009. 信息与价值发现过程——基于散户微结构交易行为的实证研究[J]. 金融研究,(02):133-148.

[46] 徐小君,2010. 公司特质风险与股票收益——中国股市投机行为研究[J]. 经济管理,(12):127-136.

[47] 徐长生，马克，2017. 牛市中融资融券交易对股价高估的影响——基于上证 A 股交易数据的双重差分法分析[J]. 经济评论，(01)：40 - 52.

[48] 许红伟，陈欣，2012. 我国推出融资融券交易促进了标的股票的定价效率吗？——基于双重差分模型的实证研究[J]. 管理世界，(5)：52 - 61.

[49] 许年行，江轩宇，伊志宏，等，2012. 分析师利益冲突、乐观偏差与股价崩盘风险[J]. 经济研究，(07)：127 - 140.

[50] 许年行，于上尧，伊志宏，2013. 机构投资者羊群行为与股价崩盘风险[J]. 管理世界，(07)：31 - 43.

[51] 杨德勇，吴琼，2011. 融资融券对上海证券市场影响的实证分析——基于流动性和波动性的视角[J]. 中央财经大学学报，(5)：28 - 34.

[52] 杨丽彬，李虹含，周凯，2015. 融资融券交易对股票价格波动影响研究——基于旅游行业的实证检验[J]. 价格理论与实践，(7)：85 - 87.

[53] 叶康涛，曹丰，王化成，2015. 内部控制信息披露能够降低股价崩盘风险吗？[J]. 金融研究，(02)：192 - 206.

[54] 俞红海，陈百助，蒋振凯，等，2018. 融资融券交易行为及其收益可预测性研究[J]. 管理科学学报，(1)：72 - 87.

[55] 张博，扈文秀，杨熙安，2017. 融资融券制度对我国股票市场波动性影响的实证研究[J]. 管理工程学报，(04)：109 - 115.

[56] 张浩，2016. 基于行为金融学的融资融券投资者投资行为探究[D]. 上海：华东理工大学.

[57] 张峥，欧阳红兵，刘力，2005. 股价前期高点，投资者行为与股票收益——中国股票市场的经验研究[J]. 金融研究，(12)：40 - 54.

[58] 郑振龙，孙清泉，2013. 彩票类股票交易行为分析：来自中国 A 股市场的证据[J]. 经济研究，(05)：128 - 140.

[59] AABO T，PANTZALIS C，PARK J C，2017. Idiosyncratic volatility：an indicator of noise trading？[J]. Journal of banking & finance. 75：136 - 151.

[60] AGNEW J R，2006. Do behavioral biases vary across individuals? Evidence from individual level 401（k）data[J]. Journal of financial and quantitative analysis. 41(4)：939 - 962.

[61] ALEXANDER B，Liu X，2007. Market transparency and the accounting regime [J]. Journal of accounting research. 45(2)：229 - 256.

[62] ALEXANDER G J，ORS E，PETERSON M A，et al.，2004. Margin regulation and market quality：a microstructure analysis[J]. Journal of corporate finance.

10(4)：549 - 574.

[63] ALI A，HWANG L，TROMBLEY M A，2003. Arbitrage risk and the book-to-market anomaly[J]. Journal of financial economics. 69(2)：355 - 373.

[64] ALLEN F，KARJALAINEN R，1999. Using genetic algorithms to find technical trading rules[J]. Journal of financial economics. 51(2)：245 - 271.

[65] AMIHUD Y，HAMEED A，KANG W，et al.，2015. The illiquidity premium：international evidence[J]. Journal of financial economics. 117(2)：350 - 368.

[66] AN H，ZHANG T，2013. Stock price synchronicity，crash risk，and institutional investors[J]. Journal of corporate finance. 21：1 - 15.

[67] ANDRADE S C，CHANG C，SEASHOLES M S，2008. Trading imbalances，predictable reversals，and cross-stock price pressure[J]. Journal of financial economics. 88(2)：406 - 423.

[68] ANDREOU P C，LOUCA C，PETROU A P，2016. CEO age and stock price crash risk[J]. Review of finance. 21(3)：1287 - 1325.

[69] ANG A，HODRICK R J，XING Y，et al.，2006. The cross-section of volatility and expected returns[J]. Journal of finance. 61(1)：259 - 299.

[70] ANG A，HODRICK R J，XING Y，et al.，2009. High idiosyncratic volatility and low returns：International and further US evidence[J]. Journal of financial economics. 91(1)：1 - 23.

[71] BAJGROWICZ P，SCAILLET O，2012. Technical trading revisited：false discoveries，persistence tests，and transaction costs[J]. Journal of financial economics. 106(3)：473 - 491.

[72] BALI T G，CAKICI N，WHITELAW R F，2011. Maxing out：Stocks as lotteries and the cross-section of expected returns[J]. Journal of financial economics. 99(2)：427 - 446.

[73] BALL R，2009. Market and political/regulatory perspectives on the recent accounting scandals[J]. Journal of accounting research. 47(2)：277 - 323.

[74] BANGE M M，2009. Do the portfolios of small investors reflect positive feedback trading? [J]. Journal of financial and quantitative analysis. 35(2)：239 - 255.

[75] BAO D，FUNG S Y K，SU L N 2018. Can shareholders be at rest after adopting clawback provisions? Evidence from stock price crash risk[J]. Contemporary accounting research. 35(3)：1578 - 1615.

[76] BARBER B M，ODEAN T，2000. Trading is hazardous to your wealth：the

common stock investment performance of individual investors[J]. Journal of finance. 55(2): 773 – 806.

[77] BARBER B M, ODEAN T, 2001. Boys will be boys: gender, overconfidence, and common stock investment[J]. Quarterly journal of economics. 116(1): 261 –292.

[78] BARBER B M, ODEAN T, 2013. The behavior of individual investors[M]// Constantinides G M, Harris M, Stulz R M. Handbook of the economics of finance. Philadelphia: Elsevier, 1533 – 1570.

[79] BARBERIS N, HUANG M, 2008. Stocks as lotteries: the implications of probability weighting for security prices[J]. American economic review. 98(5): 2066 – 2100.

[80] BEBER A, PAGANO M, 2013. Short-selling bans around the world: evidence from the 2007-09 crisis[J]. Journal of finance. 68(1): 343 – 381.

[81] BEKAERT G, WU G, 2015. Asymmetric volatility and risk in equity markets [J]. The review of financial studies. 13(1): 1 – 42.

[82] BESSEMBINDER H, CHAN K, SEGUIN P J, 1996. An empirical examination of information, differences of opinion, and trading activity[J]. Journal of financial economics. 40(1): 105 – 134.

[83] BEVERIDGE S, NELSON C R, 1981. A new approach to decomposition of economic time series into permanent and transitory components with particular attention to measurement of the 'business cycle'[J]. Journal of monetary economics. 7(2): 151 – 174.

[84] BHOJRAJ S, BLOOMFIELD R J, TAYLER W B, 2009. Margin trading, overpricing, and synchronization risk[J]. Review of financial studies. 22(5): 2059 – 2085.

[85] BIAN J, HE Z, SHUE K, et al, 2018. Leverage-induced fire sales and stock market crashes[J]. National bureau of economic research working paper series. No. 25040.

[86] BLANCHARD O J, WATSON M W, 1982, "Bubbles, rational expectations and financial markets"[DB/OL]. SSRN, NBERworking paper: w0945(2010-08-03) [2019-04-03]. https://www.ssrn.com/abstract=226909.

[87] BOEHMER E, HUSZAR Z R, JORDAN B D, 2010. The good news in short interest[J]. Journal of financial economics. 96(1): 80 – 97.

［88］ BOEHMER E，JONES C M，ZHANG X，2008. Which shorts are informed?
［J］. Journal of finance. 63(2)：491 – 527.

［89］ BOEHMER E，JONES C M，ZHANG X，2013. Shackling short sellers：the
2008 shorting ban［J］. Review of financial studies. 26(6)：1363 – 1400.

［90］ BOEHMER E，KELLEY E K，2009. Institutional investors and the
informational efficiency of prices［J］. Review of financial studies. 22(9)：3563 –
3594.

［91］ BOEHMER E，WU J J，2013. Short selling and the price discovery process［J］.
Review of financial studies. 26(2)：287 – 322.

［92］ BOLLERSLEV T，LITVINOVA J，TAUCHEN G，2006. Leverage and
volatility feedback effects in high-frequency data［J］. Journal of financial
econometrics. 4(3)：353 – 384.

［93］ BONAIMÉ A A，ÖZTEKIN Ö，WARR R S，2014. Capital structure，equity
mispricing，and stock repurchases［J］. Journal of corporate finance. 26：182 –200.

［94］ BRENNAN M J，JEGADEESH N，SWAMINATHAN B，1993. Investment
analysis and the adjustment of stock prices to common information［J］. Review of
financial studies. 6(4)：799 – 824.

［95］ BRIS A，GOETZMANN W N，ZHU N，2007. Efficiency and the bear：short
sales and markets around the world［J］. Journal of finance. 62(3)：1029 – 1079.

［96］ BROCK W，LAKONISHOK J，LEBARON B，1992. Simple technical trading
rules and the stochastic properties of stock returns［J］. Journal of finance. 47(5)：
1731 –1764.

［97］ BROCKMAN P，YAN X，2009. Block ownership and firm-specific information
［J］. Journal of banking & finance. 33(2)：308 – 316.

［98］ BROWN G W，1999. Volatility，sentiment，and noise traders［J］. Financial
analysts journal. 55(2)：82 – 90.

［99］ BROWN S J，WARNER J B，1985. Using daily stock returns：the case of event
studies［J］. Journal of financial economics. 14(1)：3 – 31.

［100］ BRUMM J，GRILL M，KUBLER F，et al，2015. Margin regulation and
volatility［J］. Journal of monetary economics. 75：54 – 68.

［101］ BRUNNERMEIER M K，GOLLIER C，PARKER J A，2007. Optimal beliefs，
asset prices，and the preference for skewed returns［J］. American economic
review. 97(2)：159 – 165.

［102］BRUNNERMEIER M K，PEDERSEN L H，2009. Market liquidity and funding liquidity［J］. Review of financial studies. 22(6)：2201 – 2238.

［103］CALLEN J L，FANG X，2013. Institutional investor stability and crash risk：monitoring versus short-termism？［J］. Journal of banking & finance. 37(8)：3047 – 3063.

［104］CALLEN J L，FANG X，2015. Religion and stock price crash risk［J］. Journal of financial and quantitative analysis. 50(1 – 2)：169 – 195.

［105］CALLEN J L，FANG X，2015. Short interest and stock price crash risk［J］. Journal of banking & finance. 60：181 – 194.

［106］CHAN L H，CHEN K C W，CHEN T，2013. The effects of firm-initiated clawback provisions on bank loan contracting［J］. Journal of financial economics. 110(3)：659 – 679.

［107］CHANG C，HSIEH P，WANG Y，2010. Information content of options trading volume for future volatility：evidence from the Taiwan options market［J］. Journal of banking & finance. 34(1)：174 – 183.

［108］CHANG E C，CHENG J W，YU Y，2007. Short-sales constraints and price discovery：evidence from the Hong Kong market［J］. Journal of finance. 62(5)：2097 – 2121.

［109］CHANG E C，LUO Y，REN J，2014. Short-selling，margin-trading，and price efficiency：evidence from the Chinese market［J］. Journal of banking & finance. 48：411 – 424.

［110］CHANG X，CHEN Y，ZOLOTOY L，2017. Stock liquidity and stock price crash risk［J］. Journal of financial and quantitative analysis. 52(4)：1605 – 1637.

［111］CHARLES R，SOPHIA Y. China's stock market crash in two minutes［N/OL］. CNN Business(2019-01-25)［2019-03-25］. https：//money. cnn. com/2015/07/09/investing/china-crash-in-two-minutes/index.html.

［112］CHEN C X，RHEE S G，2010. Short sales and speed of price adjustment：evidence from the Hong Kong stock market［J］. Journal of banking & finance. 34(2)：471 – 483.

［113］CHEN C，KIM J，YAO L，2017. Earnings smoothing：Does it exacerbate or constrain stock price crash risk？［J］. Journal of corporate finance. 42：36 – 54.

［114］CHEN J，HONG H，STEIN J C，2001. Forecasting crashes：trading volume，past returns，and conditional skewness in stock prices［J］. Journal of financial economics. 61(3): 345 - 381.

[115] CHEN J, KADAPAKKAM P, YANG T, 2016. Short selling, margin trading, and the incorporation of new information into prices[J]. International review of financial analysis. 44: 1 - 17.

[116] CHORDIA T, ROLL R, SUBRAHMANYAM A, 2001. Market liquidity and trading activity[J]. Journal of finance. 56(2): 501 - 530.

[117] CHORDIA T, ROLL R, SUBRAHMANYAM A, 2005. Evidence on the speed of convergence to market efficiency[J]. Journal of financial economics. 76(2): 271 - 292.

[118] CHORDIA T, ROLL R, SUBRAHMANYAM A, 2008. Liquidity and market efficiency[J]. Journal of financial economics. 87(2): 249 - 268.

[119] CHORDIA T, SUBRAHMANYAM A, ANSHUMAN V R, 2001. Trading activity and expected stock returns [J]. Journal of financial economics. 59(1): 3 - 32.

[120] CHORDIA T, SWAMINATHAN B, 2000. Trading volume and cross-autocorrelations in stock returns[J]. Journal of finance. 55(2): 913 - 935.

[121] CHOWDHRY B, NANDA V, 1998. Leverage and market stability: the role of margin rules and price limits[J]. Journal of business. 71(2): 179 - 210.

[122] CHRISTIE A A, 1982. The stochastic behavior of common stock variances: value, leverage and interest rate effects[J]. Journal of financial economics. 10(4): 407 - 432.

[123] CHRISTOPHE S E, FERRI M G, ANGEL J J, 2005. Short-selling prior to earnings announcements[J]. Journal of finance. 59(4): 1845 - 1876.

[124] COEN-PIRANI D, 2005. Margin requirements and equilibrium asset prices[J]. Journal of monetary economics. 52(2): 449 - 475.

[125] COMERTON-FORDE C, DO B H, GRAY P, et al, 2016. Assessing the information content of short-selling metrics using daily disclosures[J]. Journal of banking & finance. 64: 188 - 204.

[126] DASGUPTA S, GAN J, GAO N, 2010. Transparency, price informativeness, and stock return synchronicity: Theory and evidence[J]. Journal of financial and quantitative analysis. 45(5): 1189 - 1220.

[127] D'AVOLIO G, 2002. The market for borrowing stock[J]. Journal of financial economics. 66(2): 271 - 306.

[128] DE LONG J B，Shleifer A，Summers L H，et al，1990. Noise trader risk in financial markets[J]. Journal of political economy. 98(4)：703－738.

[129] DE LONG J B，Shleifer A，Summers L H，et al，1990. Positive feedback investment strategies and destabilizing rational speculation[J]. Journal of finance. 45(2)：379－395.

[130] DIAMOND D W，Verrecchia R E，1987. Constraints on short-selling and asset price adjustment to private information[J]. Journal of financial economics. 18(2)：277－311.

[131] DIETHER K B，LEE K，WERNER I M，2009. Short-sale strategies and return predictability[J]. Review of financial studies. 22(2)：575－607.

[132] DIMSON E，1979. Risk measurement when shares are subject to infrequent trading[J]. Journal of financial economics. 7(2)：197－226.

[133] DONG M，HIRSHLEIFER D，RICHARDSON S，et al，2006. Does investor misvaluation drive the takeover market? [J]. The journal of finance. 61(2)：725－762.

[134] DOUKAS J A，KIM C F，PANTZALIS C，2010. Arbitrage risk and stock mispricing[J]. Journal of financial and quantitative analysis. 45(4)：907－934.

[135] DOW J，HAN J，2017. The paradox of financial fire sales：the role of arbitrage capital in determining liquidity[J]. Journal of finance. 151(1)：127－140.

[136] DURNEV A，MORCK R，YEUNG B，et al，2003. Does greater firm-specific return variation mean more or less informed stock pricing? [J]. Journal of accounting research. 41(5)：797－836.

[137] ENGELBERG J E，REED A V，RINGGENBERG M C，2012. How are shorts informed?：Short sellers，news，and information processing[J]. Journal of financial economics. 105(2)：260－278.

[138] FAMA E F，FRENCH K R，1993. Common risk factors in the returns on stocks and bonds[J]. Journal of financial economics. 33(1)：3－56.

[139] FAMA E F，FRENCH K R，2012. Size，value，and momentum in international stock returns[J]. Journal of financial economics. 105(3)：457－472.

[140] FAMA E F，MACBETH J D，1973. Risk，return，and equilibrium：empirical tests[J]. Journal of political economy. 81(3)：607－636.

[141] FARKAS M，VVRADI K，2017. Do individual investors consciously speculate on reversals? Evidence from leveraged warrant trading[J]. SSRN electronic

journal.

[142] FOTAK V, RAMAN V, YADAV P K, 2014. Fails-to-deliver, short selling, and market quality[J]. Journal of financial economics. 114(3): 493 - 516.

[143] FOUCAULT T, SRAER D, THESMAR D J, 2011. Individual investors and volatility[J]. Journal of finance. 66(4): 1369 - 1406.

[144] FRANKEL R, LEE C M C, 1998. Accounting valuation, market expectation, and cross-sectional stock returns[J]. Journal of accounting and economics. 25(3): 283 - 319.

[145] FRINO A, LECCE S, LEPONE A, 2011. Short-sales constraints and market quality: evidence from the 2008 short-sales bans[J]. International review of financial Analysis. 20(4): 225 - 236.

[146] GAO L, ZHANG J H, 2015. Firms' earnings smoothing, corporate social responsibility, and valuation[J]. Journal of corporate finance. 32: 108 - 127.

[147] GARBADE K D, 1982. Federal reserve margin requirements: a regulatory initiative to inhibit speculative bubbles[M]. Lexington: Paul Wachtel.

[148] GEORGE T J, HWANG C Y, 2004. The 52-week high and momentum investing[J]. Journal of finance. 59(5): 2145 - 2176.

[149] GRINBLATT M, KELOHARJU M, 2001. What makes investors trade? [J]. Journal of finance. 56(2): 589 - 616.

[150] GUO W, WANG F Y, WU H, 2011. Financial leverage and market volatility with diverse beliefs[J]. Economic theory. 47(2/3): 337 - 364.

[151] HABIB A, HASAN M M, 2017. Managerial ability, investment efficiency and stock price crash risk[J]. Research in international business and finance. 42: 262 - 274.

[152] HAN B, KUMAR A, 2013. Speculative retail trading and asset prices[J]. Journal of financial and quantitative analysis. 48(2): 377 - 404.

[153] HARDOUVELIS G A, 1990. Margin requirements, volatility, and the transitory component of stock prices[J]. American economic review. 80(4): 736 -762.

[154] HARDOUVELIS G A, PERISTIANI S, 1992. Margin requirements, speculative trading, and stock price fluctuations: the case of Japan [J]. Quarterly journal of economics. 107(4): 1333 - 1370.

[155] HARDOUVELIS G A, THEODOSSIOU P, 2002. The asymmetric relation

between initial margin requirements and stock market volatility across bull and bear markets[J]. Review of financial studies. 15(5)：1525 - 1559.

［156］ HARVEY C R，SIDDIQUE A，2000. Conditional skewness in asset pricing tests[J]. Journal of finance. 55(3)：1263 - 1295.

［157］ HASBROUCK J，1991. Measuring the Information Content of Stock Trades[J]. Journal of finance. 46(1)：179 - 207.

［158］ HASBROUCK J，1993. Assessing the quality of a security market：a new approach to transaction-cost measurement[J]. Review of financial studies. 6(1)：191 - 212.

［159］ HAUSER F，HUBER J，2012. Short-selling constraints as cause for price distortions：an experimental study [J]. Journal of international money & finance. 31(5)：1279 - 1298.

［160］ HIROSE T，KATO H K，BREMER M，2009. Can margin traders predict future stock returns in Japan? [J]. Pacific-basin finance journal. 17(1)：41 - 57.

［161］ HONG H，STEIN J C，2003. Differences of opinion，short-sales constraints，and market crashes[J]. Review of financial studies. 16(2)：487 - 525.

［162］ HONG X，JORDAN B D，LIU M H，2015. Industry information and the 52-week high effect[J]. Pacific-basin finance journal. 32：111 - 130.

［163］ HOU K，MOSKOWITZ T J，2005. Market frictions，price delay，and the cross-section of expected returns⌊J⌋. Review of financial studies. 18(3)：981 - 1020.

［164］ HSIEH D A，MILLER M H，1990. Margin regulation and stock market volatility[J]. Journal of finance. 45(1)：3 - 29.

［165］ HU G，WANG Y，2018. Political connections and stock price crash risk[J]. China finance review international. 8(2)：140 - 157.

［166］ HUDDART S，LANG M，YETMAN M H，2009. Volume and price patterns around a stock's 52-week highs and lows：theory and evidence[J]. Management science. 55(1)：16 - 31.

［167］ HUTTON A P，MARCUS A J，TEHRANIAN H，2009. Opaque financial reports，R^2，and crash risk[J]. Journal of financial economics. 94(1)：67 - 86.

［168］ HWANG B，LIU B，2012. Which anomalies are more popular? And why? [J]. Purdue University，Unpublished working paper.

［169］ ISRAEL R，MOSKOWITZ T J，2013. The role of shorting，firm size，and time on market anomalies[J]. Journal of financial economics. 108(2): 275 - 301.

[170] JENNINGS R, STARKS L, 1986. Earnings announcements, stock price adjustment, and the existence of option markets[J]. Journal of finance. 41(1): 107 - 125.

[171] JIN L, MYERS S C, 2006. R^2 around the world: new theory and new tests[J]. Journal of financial economics. 79(2): 257 - 292.

[172] JOHN D. 3 Reasons China's stock market will crash in 2015[EB/OL]. INVESTORPLACE(2019-01-27)[2019-03-25]. https://investorplace. com/2015/01/china-stock-market-crash-2015/.

[173] KAHRAMAN B, TOOKES H E, 2017. Trader leverage and liquidity[J]. Journal of finance. 72(4): 1567 - 1610.

[174] KAUL G, NIMALENDRAN M, 1990. Price reversals: bid-ask errors or market overreaction? [J]. Journal of financial economics. 28(1): 67 - 93.

[175] KHURANA I K, PEREIRA R, ZHANG E X, 2018. Is real earnings smoothing harmful? evidence from firm-specific stock price crash risk[J]. Contemporary accounting research. 35(1): 558 - 587.

[176] KIM C F, WANG K, ZHANG L, 2019. Readability of 10-K reports and stock price crash risk[J]. Contemporary accounting research. 36(2): 1184 -1216.

[177] KIM J, LI Y, ZHANG L, 2011. Corporate tax avoidance and stock price crash risk: firm-level analysis[J]. Journal of financial economics. 100(3): 639 - 662.

[178] KIM J, LI Y, ZHANG L, 2011. CFOs versus CEOs: equity incentives and crashes[J]. Journal of financial economics. 101(3): 713 - 730.

[179] KIM J, WANG Z, ZHANG L, 2016. CEO overconfidence and stock price crash risk[J]. Contemporary accounting research. 33(4): 1720 - 1749.

[180] KIM J, ZHANG L, 2016. Accounting conservatism and stock price crash risk: firm-level evidence[J]. Contemporary accounting Research. 33(1): 412 - 441.

[181] KOTHARI S P, SHU S, WYSOCKI P D, 2009. Do managers withhold bad news? [J]. Journal of accounting research. 47(1): 241 - 276.

[182] KOUDIJS P, VOTH H, 2016. Leverage and beliefs: Personal experience and risk-taking in margin lending[J]. American economic review. 106(11): 3367 - 3400.

[183] KUMAR A, 2009. Who gambles in the stock market? [J]. Journal of finance. 64(4): 1889 - 1933.

[184] LALONDE R J, 1986. Evaluating the econometric evaluations of training programs with experimental data[J]. The american economic review. 76(4): 604-620.

[185] LARDY N R. False alarm on a crisis in China[N/OL]. New York Times. (2018-05-19)[2019-03-25]. https://www.nytimes.com/2015/08/26/opinion/false-alarm-on-a-crisis-in-china.html.

[186] LARRY H P L, STULZ R X M, 1994. Tobin's Q, corporate diversification, and firm performance[J]. Journal of political economy. 102(6): 1248-1280.

[187] LEE E, PIQUEIRA N, 2017. Short selling around the 52-week and historical highs[J]. Journal of financial markets. 33: 75-101.

[188] LEE M, 2016. Corporate social responsibility and stock price crash risk: evidence from an Asian emerging market[J]. Managerial finance. 42(10): 963-979.

[189] LI J, YU J, 2012. Investor attention, psychological anchors, and stock return predictability[J]. Journal of financial economics. 104(2): 401-419.

[190] LI R, LI J, Yuan J, 2017. Short-sale prohibitions, firm characteristics and stock returns: evidence from Chinese market [J]. China finance review international. 7(4): 407-428.

[191] LI R, LI N, LI J, et al, 2018. Short selling, margin buying and stock return in China market[J]. Accounting & finance, 58(2): 477-501.

[192] LI X, WANG S S, WANG X, 2017. Trust and stock price crash risk: Evidence from China[J]. Journal of banking & finance. 76: 74-91.

[193] LIN A Y, LIN Y, 2014. Herding of institutional investors and margin traders on extreme market movements[J]. International review of economics & finance. 33: 186-198.

[194] LO A W, MACKINLAY A C, 1988. Stock market prices do not follow random walks: evidence from a simple specification test[J]. Review of financial studies. 1(1): 41-66.

[195] LOVE I, ZICCHINO L, 2006. Financial development and dynamic investment behavior: evidence from panel VAR[J]. The quarterly review of economics and finance. 46(2): 190-210.

[196] LV D, WU W, 2018. Margin trading and price efficiency: information content or price-adjustment speed? [J]. Accounting & finance.

［197］LV D，WU W，2019. Are margin traders informed? ［J］. Accounting &. finance，59(5)：3105 – 3131.

［198］LV D，WU W，2019. Margin-trading volatility and stock price crash risk［J］. Pacific-basin finance journal. 56：179 – 196.

［199］MILLER E M，1977. Risk，uncertainty，and divergence of opinion［J］. Journal of finance. 32(4)：1151 – 1168.

［200］MOORE T G，1966. Stock market margin requirements［J］. Journal of political economy. 74(2)：158 – 167.

［201］MORCK R，YEUNG B，YU W，2000. The information content of stock markets：why do emerging markets have synchronous stock price movements? ［J］. Journal of financial economics. 58(1)：215 – 260.

［202］NG L，WU F，2006. Revealed stock preferences of individual investors：evidence from Chinese equity markets［J］. Pacific-basin finance journal. 14(2)：175 – 192.

［203］OHLSON J A，1995. Earnings，book values，and dividends in equity valuation ［J］. Contemporary accounting research. 11(2)：661 – 687.

［204］PALOMINO F X，D X，RIC，1996. Noise trading in small markets［J］. The journal of finance. 51(4)：1537 – 1550.

［205］PIOTROSKI J D，ROULSTONE D T，2004. The influence of analysts，institutional investors，and insiders on the incorporation of market，industry，and firm-specific information into stock prices［J］. Accounting review. 79(4)：1119 – 1151.

［206］PIOTROSKI J D，WONG T J，ZHANG T，2015. Political incentives to suppress negative information：evidence from Chinese listed firms［J］. Journal of accounting research. 53(2)：405 – 459.

［207］ROLL R，1988. R^2［J］. Journal of finance. 43(3)：541 – 566.

［208］RYTCHKOV O，2014. Asset pricing with dynamic margin constraints［J］. Journal of finance. 69(1)：405 – 452.

［209］SAFFI P A，SIGURDSSON K，2011. Price efficiency and short selling［J］. Review of financial studies. 24(3)：821 – 852.

［210］SEGUIN P J，1990. Stock volatility and margin trading［J］. Journal of monetary economics. 26(1)：101 – 121.

［211］SEGUIN P J，JARRELL G A，1993. The irrelevance of margin：evidence from the crash of '87[J]. Journal of finance. 48(4): 1457 – 1473.

[212] SHARIF S, ANDERSON H D, MARSHALL B R, et al, 2014. Against the tide: the commencement of short selling and margin trading in mainland China [J]. Accounting & finance. 54(4): 1319 – 1355.

[213] SHARIF S, ANDERSON H D, MARSHALL B R, 2014. The announcement and implementation reaction to China's margin trading and short selling pilot programme[J]. International journal of managerial finance. 10(3): 368 – 384.

[214] SHLEIFER A, SUMMERS L H, 1990. The noise trader approach to finance [J]. Journal of economic perspectives. 4(2): 19 – 33.

[215] SHLEIFER A, VISHNY R W, 1997. The limits of arbitrage[J]. The journal of finance. 52(1): 35 – 55.

[216] SHYU Y, CHAN K C, LIANG H, 2018. Spillovers of price efficiency and informed trading from short sales to margin purchases in absence of uptick rule [J]. Pacific-basin finance journal. 50: 163 – 183.

[217] SKINNER D J, SLOAN R G, 2002. Earnings surprises, growth expectations, and stock returns or don't let an earnings torpedo sink your portfolio[J]. Review of accounting studies. 7(2): 289 – 312.

[218] STATMAN M, 2002. Lottery players/stock traders[J]. Financial analysts journal. 58(1): 14 – 21.

[219] TAYLOR N, 2014. The rise and fall of technical trading rule success[J]. Journal of banking & finance. 40(Supplement C): 286 – 302.

[220] THOMPSON S B, 2011. Simple formulas for standard errors that cluster by both firm and time[J]. Journal of financial economics. 99(1): 1 – 10.

[221] THURNER S, FARMER J D, GEANAKOPLOS J, 2012. Leverage causes fat tails and clustered volatility[J]. Quantitative finance. 12(5): 695 – 707.

[222] TSE S, YU A C, ROSSEN F, et al, 2010. Examination of Chinese gambling problems through a socio-historical-cultural perspective[J]. Scientific world journal. 10(1): 1694.

[223] WANG Y, 2015, Margin-trading and short-selling with asymmetric information [EB/OL].[2019-04-25]. http://yongleiwang.weebly.com/research.html.

[224] WU G, 2015. The determinants of asymmetric volatility[J]. The Review of financial studies. 14(3): 837 – 859.

[225] WURGLER J, ZHURAVSKAYA E, 2002. Does arbitrage flatten demand

curves for stocks? [J]. The journal of business. 75(4): 583 - 608.

[226] XIONG X, GAO Y, FENG X, 2017. Successive short-selling ban lifts and gradual price efficiency: evidence from China[J]. Accounting & finance. 57(5): 1557 - 1604.

[227] XU N, JIANG X, CHAN K C, et al, 2013. Analyst coverage, optimism, and stock price crash risk: evidence from China[J]. Pacific-basin finance journal. 25: 217 - 239.

[228] XU N, JIANG X, CHAN K C, et al, 2017. Analyst herding and stock price crash risk: evidence from China [J]. Journal of international financial management & accounting. 28(3): 308 - 348.

[229] XU N, LI X, YUAN Q, et al, 2014. Excess perks and stock price crash risk: evidence from China[J]. Journal of corporate finance. 25: 419 - 434.

[230] ZHANG M, XIE L, XU H, 2016. Corporate philanthropy and stock price crash risk: evidence from China[J]. Journal of business ethics. 139(3): 595 - 617.

[231] ZHAO Y, CHENG L, CHANG C, et al, 2013. Short sales, margin purchases and bid-ask spreads[J]. Pacific-basin finance journal. 24: 199 - 220.

索　引